著　者　近　影

直木孝次郎
古代を語る
1

古代の日本

吉川弘文館

凡例

一、本シリーズは、一般読者に親しみやすい著者の論文・研究ノート・講演記録・エッセイを選び、テーマ別に一四巻に編成して収録した。

二、収録の論考は、各巻ごとの書名に基づき三〜五章程度に編成し、新たに見出しを加えた。

三、本文は、発表時の原文通りを原則としたが、つぎのような訂正・整理を行なった。

1　明らかな誤記・誤植は訂正した。

2　読者の便を考慮し、新たに見出し、西暦・和暦を加え、送り仮名・ルビを付した場合もある。

3　文中・文末に〔付記〕〔追記〕等とあるものは、発表時および単行本収録時のものである。

4　本シリーズの刊行時点において、収載論考の内容に変更、注意すべき点がある場合には、著者が必要に応じて新たに文中・文末に〔後記〕を加え、現時点で特別の意味を持つものは記入年次を記した。

5　図版・写真の再録は、必要不可欠なものに限った。

五、巻末には、著者による書き下ろしの「あとがき」を収録した。

六、各論文・エッセイ・講演の初出書誌、および収録著書は巻末の「出典一覧」に明記した。

目次

序　古代の王権

1　古代の文献史料について

弥生《やよい》時代に始まる日本古代の王権は、古墳時代に入ってしだいに成長し、飛鳥《あすか》・白鳳《はくほう》期にいたるまでに、領域的には東北地方北半と九州南部以南を除く日本列島の大部分を支配するだけでなく、内部組織において部民《べみん》制・国造《くにのみやつこ》制などの氏族制的な体制をへて、律令《りつりょう》的官僚制をもつ強固な国家体制を確立する。その過程は日本の全歴史のなかでもとくに興味が深い。

しかし、その過程を文献のうえから跡づけるのは、はなはだむずかしい。いうまでもなく、日本国家ないし王権の歴史を伝える『古事記』『日本書紀』（以下『記紀』と略す）の記述には、信用できない部分がきわめて多いからである。とくに六世紀以前の歴史は、津田左右吉《つだそうきち》が明らかにしたように、両書とも六世紀中葉前後に成立したと推定される『帝紀《ていき》』『旧辞《きゅうじ》』を主要な材料とし、ほかに天皇家をふくめる有力氏族や渡来系氏族の家に伝わる伝承や墓記の類、その他を用いて述作されているが、それらは天皇が日本を支配するにいたった事情を正当化するため、あるいは各氏族が朝廷における自分の立場を確立するためにつくられたと思われるところが多く、そのままには信じがたい。『日本書紀』はこのほか、

『百済記《くだらき》』『百済新撰』『百済本記』など、百済滅亡後、日本に亡命した百済人が、『日本書紀』編纂の史局に提出したと思われる百済の歴史に関する史料も利用しているが、分量が少ないだけでなく、日本に亡命後に、日本人の歓心を得ることを目的として加筆した部分があり、日本の王権の歴史を再構成する史料として用いるには、十分な注意が必要である。

現在では、神武《じんむ》天皇の東征と大和《やまと》の平定、崇《す》神《じん》朝の四道将軍《しどうしょうぐん》の派遣、景行《けいこう》天皇の九州征討と日本武《やまとたけるの》尊《みこと》の熊襲《くまそ》および東国遠征などの物語は、それぞれの天皇の時代のこととしては否定され、崇神朝における任那《みまな》の朝貢や、仲哀《ちゅうあい》天皇没後における神功《じんぐう》皇后の新羅《しらぎ》征討と服属の物語なども疑問とされている。また垂仁《すいにん》朝における伊勢神宮の創立や、成務《せいむ》朝における国造・県主《あがたぬし》の設定（『古事記』）、あるいは「国郡《くにこおり》に造長《ぞうちょう》を立て、県邑《あがたむら》に稲置《いなぎ》を置く」（『日本書紀』）などの記事も同様である。

外国史料には、日本のことを記した中国の史書がある。中国は西暦紀元前にすでに高度の文化を発達させているから、中国史書にみえる日本関係記事は、『古事記』『日本書紀』など日本側文献よりはるかに信頼できる。『漢書《かんじょ》』地理志《ちりし》をはじめ、『三国志《さんごくし》』魏書東夷《ぎしょとうい》伝倭《でんわ》人《じん》の条（通称「魏志」倭人伝）・『後漢《ごかん》書《じょ》』倭伝・『宋書《そうしょ》』倭国伝などが、六世紀以前の日本の状態を知る史料として重視されているのは周知のとおりである。

そのなかで、「魏志」倭人伝は、倭とよばれた二〜三世紀の日本でもっとも有力な国の一つである邪《や》馬《ま》台国《たいこく》の王に、一少女が推戴《すいたい》された事情や、その女王の政治のしかた、中国の魏王朝との関係、倭人の社会状態などを具体的に記し、『宋書』倭国伝は、五世紀における倭国の政治的統一の進行状態を報じた文章を含む倭王（武《ぶ》）の中国への国書を収録しているなど、日本古代の王権の性格や展開の歴史を考えるうえにきわめて有益である。

しかしこれら中国史料は、当然のことながら各史料間に長い時間的空白があって、王権の継続的な発展の歴史を考えるには不適当である。また外国人の見る日本だから、その記述には誤解や誇張もあったと思われる。以下の本文中でも述べるように（直木「永遠の謎《なぞ》か、邪馬台国と女王卑弥呼《ひみこ》」第二巻収録）、二〇〇年を超える論争にもかかわらず邪馬台国の所在地論争が決着しないおもな理由は、中国人の書いた「魏志」倭人伝の記載が不正確なためである。中国史料は貴重ではあるが、そればかりに頼ることはできないのである。

外国史料としてはその他に朝鮮の史書『三国史記《さんごくしき》』と『三国遺事《いじ》』とがあるが、両書とも日本（倭）関係記事はそれほど多くはないうえに、編纂《へんさん》の時期が前者は一二世紀中葉、後者は一四世紀初めと年代が下るので、記事のすべてを信頼するわけにはいかない。

日本の歴史を語る金石文《きんせきぶん》（金属や石などに刻まれた文字・文章。銘文《めいぶん》ともいう）もわずかである。日本に文字が伝わったのは、『記紀』の伝説でも四世紀末ないし五世紀前半にあたる応神《おうじん》・仁徳《にんとく》朝といわれるくらいだから、日本列島に住む人の手になる金石文の出土を多く期待することはできない。六世紀およびそれ以前についてみると、以前から知られていた熊本県（肥後《ひご》）菊水町の江田船山《えたふなやま》古墳出土鉄刀銘、和歌山県（紀伊《きい》）橋本市の隅田《すだ》八幡宮《はちまんぐう》所蔵人物画像鏡銘《じんぶつがぞうきょうめい》と、一九七八年に発見された埼玉県（武蔵《むさし》）行田市の稲荷山《いなりやま》古墳出土鉄剣銘、一九八四年に知られた島根県（出雲《いずも》）松江市の岡田山《おかだやま》一号墳出土鉄刀銘と兵庫県（但馬《たじま》）八鹿町の箕谷《みいだに》二号墳出土鉄刀銘の五例が知られる。それぞれに貴重な内容を持つ銘文であるが、もっとも長文の稲荷山古墳出土鉄剣銘で一一五字、それに次ぐのが江田船山古墳出土鉄刀銘の七五字、もっとも短いのは箕谷二号墳出土鉄刀銘の五字（ただし現状で解読できる文字数）で、五つの銘文を合計しても二五二字（不確かなものを含む）である。銘文から知りうるところは、かならずしも大きいとはいえない。しかもそれらの銘文で、五世紀中葉以前に書かれたものはない（隅田八幡宮鏡の「癸未《きび》年」を四四三年と解すれば、上記の五銘文中最古となるが、それでも五世紀中葉である）。

日本古代史、なかでも六世紀以前の王権の歴史を考えるのに役立つ文字史料は、このように多くないのである。

2 古墳からみた古代の王権

古代における文献史料の性格および遺存《いそん》状態が右に述べたとおりであるから、この時代の王権を考えるうえに考古学の占めるウエートは、それ以後の時代に比べて相対的に大きい。

とくに王権が伸張してくるのに文献が不確かな三世紀から六世紀までの期間は、弥生時代末期の墳丘《ふんきゅう》墓《ぼ》がつくられる時代から、前方後円墳《ぜんぽうこうえんふん》が出現する古墳時代の前・中期および後期前半に相当し、その時期の墳丘墓や大型の古墳は、各地域に成立してくる王や王に次ぐ豪族の墓と考えられ、王権の発展の歴史を考える資料として利用することができる。

本書（『王権の争奪』一九八六年、集英社）に収める七編の論考のうち、渡辺貞幸氏「古代出雲の栄光と挫折」、白石太一郎氏「巨大古墳にみる大王権の推移」、吉田晶氏「王権に抵抗した吉備一族の消長」、金井塚良一氏「東国の覇者『毛野《けぬ》国』と大王」、佐田茂氏「磐井の乱と九州王権の盛衰」の五編は、この観点に立って、弥生時代の墳丘墓や古墳時代の古墳の形態と副葬品、あるいは分布の状態を手がかりとして、弥生時代後期から古墳時代後期前半における畿内と各地域の王権の発展・消長の歴史を考察する。とりあげた地域は、畿内《きない》・出雲《いずも》・吉備《きび》・筑紫《つくし》、および毛野を中心とする東国で、古代国家成立期における主要な地域をほぼカバーしている。執筆者は畿内を対象とする白石氏を除き、いずれもその地域に長く腰をすえて研究を深めておられる人びとである。

多くが考古学者であるが、吉備を論ずる吉田氏だけは文献を主とする古代史家であるので、考察はおのずから文献史料が中心となり、これを批判したうえで考古学の成果にもとづいて、文献を修正し、あるいは補強して論を進めておられる。

吉田氏以外の四氏は文献を無視するのではないが、かつて一部の研究者が古墳の示すところを、『記紀』の伝承と安易に結びつけて解釈し、せっかくの綿密な考古学的研究が十分に生かされなかった弊におちいらず、考古学的研究の成果を軸にして、王権の歴史を論じておられる。当然のことではあるが、これが考古学の立場から古代を考察する場合の正しい態度であろう。こうした研究によって『記紀』の誤りが是正されるのである。

このように文献を主とする研究者は、『記紀』の批判を十分に行なったうえで考古学的研究をとりいれ、考古学を主とする研究者は、考古学の成果によって歴史の発展過程を考え、そののちに『記紀』伝承との比較をするのが、古代研究の正道であろう。自説につごうのよい部分だけ、他の研究分野から借用するようなことは厳につつしまなければならない。このことは言うはやすいが、実行するのはむずかしい。本書収載の諸編が、すべての点において完璧とはいえないかもしれないが、従来のこの種の研究よりさらに数段の進歩があると思う。

五編の論考の成果を簡単に要約するならば、六世紀前半までは各地に存在した王たちは、畿内の王権と何らかの関係を持ちながらも独自の勢力を温存し、なかには半独立の地位を維持していたものもあったが、六世紀後半以降はその独自性を失い、畿内の王権の支配が優越する、ということではあるまいか。ただしこの点については、筆者相互間で意見の調整が行なわれたわけではない。各筆者によって若干意見の差があると思う。読者の味読《みどく》を望みたい。

私（直木）の「永遠の謎か、邪馬台国と女王卑弥呼」は、テーマの性質と私の能力から、「魏志」倭人伝の分析を主とし、考古学的研究は従とした。しかし邪馬台国は畿内にあったとする私の結論は、古墳における鏡の出土という考古学の研究成果に支えられている。考古学を専門としない私の考察に誤りはないか、批判をまちたいと思う。またこの論考は、邪馬台国の位置論を主としており、王権の問題にはほとんどふれていない。だが私見のごとく邪馬台国の所在地が畿内であるとすると、北九州までを勢力下に入れた畿内王権の成立は卑弥呼が王となった二世紀末までさかのぼることになり、王権の歴史に間接的にかかわってくる。

さてさきにみたように、畿内の王権は六世紀後半には、日本列島の主要部分を支配下に入れた。それにつづく七世紀から八世紀初頭にかけての古墳時代後期後半は、六世紀中葉に朝鮮から渡来した仏教文化が畿内を中心に発達し、文化史上飛鳥・白鳳時代とよばれる時期に相当する。この時期についての『日本書紀』の記事は確かさを増し、信頼度が高まる。『古事記』の記事は七世紀初頭に在位した推古《すいこ》天皇条をもって終わるので、『古事記』の編纂過程や壬申《じんしん》の乱《らん》（六七二）についての記述のある序文を除くと、七世紀史の考察にはあまり役に立たないが、聖徳太子《しょうとくたいし》の伝記である『上宮聖徳法王帝説《じょうぐうしょうとくほうおうていせつ》』、藤原《ふじわらの》鎌足《かまたり》の伝記である『藤氏家伝《とうしかでん》』上（大織冠伝《たいしょくかんでん》ともいう）、『懐風藻《かいふうそう》』にのせられた大友《おおとも》皇子・葛野《かどの》王の伝など、七世紀の政治史に関係する文献はふえてくる。『万葉集』も七世紀中葉以降の天皇・皇族・貴族の歌を多数収載しているし、仏像の光背銘《こうはいめい》や火葬墓の墓誌銘などの金石文も、七世紀に入ると増加する。

このような状態であってみれば、七世紀にも古墳はつくりつづけられるが、王権の歴史を考えるうえで、かつてのような重要な役割を果たさないことは自明である。しかし白石氏の論考に指摘されているように、七世紀中ごろに八角形の墳丘を持つ古墳が現われることは、畿内の王権がより一層高まったことを示すと思われる。これは一例にすぎないが、七世紀の後期古墳の考察は、王権の性格やその展開の究明に貢献するところ少なくないのである。

後期古墳のうちでも七世紀後半から八世紀初頭まで、約半世紀のあいだに築かれた切石《きりいし》積みの横穴式《よこあなしき》石室《せきしつ》や、横口式石槨《よこぐちしきせっかく》を持つ精巧な古墳を、とくに終末期の古墳とよぶ。大和《やまと》・河内《かわち》を中心に築かれ、その数は現在知られているところ三〇基内外といわれる。葬られている人（被葬者）は天皇・皇族や高級官人に限られているので、新しく発掘されるたびに被葬者が問題となるが、石室や石槨造成の高度の技術は、まれに発見される壁画（高松塚《たかまつづか》とキトラ古墳の二基だけだが）とともに、この時代の文化の高さや、大陸文化との関連を考えるうえに貴重である。猪熊兼勝氏の「飛鳥の終末期古墳と『王家の谷』」は、この面から終末期古墳の諸相を描く。

3　古墳出土の銘文と王権の歴史

以上で日本古代の王権の行方《ゆくえ》をテーマとする本巻（『王権の争奪』一九八六年、集英社）の意図および収載の論考を解説した。

王権にかかわる主要な古墳はほとんどもれなくとりあげられているが、古墳出土の剣や鏡の銘文は、さきに述べたように五点あるうち、金井塚氏の文で稲荷山古墳出土鉄剣銘が論ぜられている以外は、スペースの関係もあって、ほとんど論及されていない。以下、それらの銘文の解説を行ない、欠を補うこととしたい。

古代史研究のうえに大きな波紋を起こし、衝撃を与えたのは、何といっても稲荷山古墳出土の鉄剣銘である。前述のように、この銘文は刻まれた文字が一一五字で、古墳出土の銘文中最長であるうえに、形式的な嘉句《かく》をつらねた吉祥句《きっしょうく》を含まず、つぎのような充実した内容を持つ（句読点は直木。以下同様）。

〔表〕辛亥年七月中記、乎獲居臣上祖名意富比垝其児（名脱カ）多加利足尼其児名弖已加利獲居其児名多加披次
　獲居其児名多沙鬼獲居其児名半弖比

〔裏〕其児名加差披余其児名乎獲居臣、世々為杖刀人首奉事来至今、獲加多支鹵大王寺在斯鬼宮時、
　吾左治天下令作此百練利刀、記吾奉事根原也

この銘文が学界を驚かせた問題点は多いが、第一に「獲加多支鹵大王」はワカタケル（若建）大王で雄略《ゆうりやく》天皇を指すと考えられること、第二にワカタケル大王に仕えた乎獲居臣《おわけのおみ》より数えて七代（乎獲居

を入れると八代）の上祖の意富比垝はオホヒコと読まれ、崇神《すじん》天皇に仕えて高志道《こし》（または北陸道）征討の将軍に任ぜられた大彦命《おおひこのみこと》に相当すると考えられること、第三に乎獲居臣が杖刀人首という職名を持ってワカタケル王に仕え、天下を左治（たすけおさめる）したと称したこと、第四にワカタケル大王の宮が斯鬼（のちの磯城《しき》か）にあり、寺（官司）が存在したこと、第五に臣《おみ》・首《おびと》などカバネとなる文字が見えるが、ウジにあたる名称が見えないこと、などはとくに注目に値する。干支《かんし》で記された「辛亥年《しんがい》」は四七一年とする説が有力だが、一運《うん》くりさげて五三一年とする説もある。

しかしいずれにせよ、五世紀後半の雄略朝に、畿内政権が関東地方南部を勢力下に入れていたことは認めねばなるまい。また大彦命についての伝承が雄略朝にすでに成立していたことも知られる。この点では『帝紀』『旧辞』の成立を六世紀中葉前後とする津田左右吉の学説も若干の修正が必要となった。ただしそうだからといって、大彦命を実在の人物とし、津田学説の動揺を云々《うんぬん》するのは早計にすぎる。乎獲居臣が杖刀人首として大王に仕えたことを誇っているのは、東国豪族が畿内王権の軍事面を担当していたことを思わせるが、「左治天下」といっているのは、東国豪族の勢力の強さを示すものであろうか。ただし、乎獲居臣を畿内有力豪族の出身とする説もある。

稲荷山鉄剣に次ぐ長い銘文を持つのは、左記の熊本県江田船山古墳出土鉄刀銘である。

治天下獲□□□鹵大王世、奉□(三)典曹人名无□(利カ)弖、八月中用大鐺(錡)釜并四尺廷刀八十練六十捃(据)三寸上好
□刀、服此刀者長寿子孫注々得其恩也、不失其所統、作刀者名伊太加書者張安也

銘文に見える大王の名は、かつては「獲宮弥図歯」（タジヒノ宮ミズハ）などと解読して、五世紀中葉ごろに存在した反正《はんぜい》天皇にあてる説が有力であったが、稲荷山古墳出土鉄剣銘の出現により、獲加多支

鹵すなわち雄略大王と解することにほぼ一定した。したがって稲荷山鉄剣銘とだいたい同時期の製作と考えられ、雄略の勢力が東は関東地方に及んだだけでなく、西は熊本県の豪族をも支配していたことが知られる。

しかしそうだからといって畿内王権が、この時期に東は埼玉県、西は熊本県にわたる全地域を支配していたとはいえない。遠交近攻の策というものもある。その間に畿内王権に完全には服していない独立・半独立の豪族（地域的王権）の存在を考慮に入れるべきであろう。この銘文にも、「此《こ》の刀を服する者」は、「其《そ》の統《す》ぶる所を失わず」とあり、刀の所有者（船山古墳の被葬者またはその近親者）が、土地・人民を領有する半独立の首長であったことを語っている。稲荷山鉄剣銘が大王への奉仕を強調しているのに対し、船山鉄刀銘が地域の首長の地位の持続を主張しているのは興味がある。同じく地域の首長でも、畿内王権との関係はさまざまであったことが知られる。その反面、稲荷山鉄剣銘に杖刀人、船山鉄刀銘に典曹人という「人」の称を共通に持つ官職名らしい称号が見えるのはおもしろい。王権を支える官職の制の萌芽がすでに生まれていたのかもしれない。しかしウジ（氏）・カバネ（姓）にあたるものは、船山古墳鉄刀銘にはまだ見えていない。

つぎに長い銘文は、左に示す和歌山県の隅田八幡宮所蔵鏡の銘四八字である。

癸未年八月日十(1)大王年、(2)男弟王(3)在意柴沙加宮時、(4)斯麻念長(5)寿、遣(6)開中費直穢人今州利二人等、所白
上(7)同二百旱取此竟(8)

この鏡は江戸時代に八幡宮の近くの古墳から出土したと伝えられるので、古墳出土の銘文とした。銘文には難読難解の字句が多く、まだ定訓とすべきものはない。（1）の大は六、（5）の寿は泰・奉・彦、

（6）の開は辟と読む説もある。（7）の同は銅、（8）の竟は鏡の略字である。読みかたの問題点をいちいち解説する余裕はないが、一番の問題点は（2）の男弟王を「弟の王」と解するか、オオト王と読んで男大迹《おおと》王すなわち継体《けいたい》天皇を指すとみるか、であろう。

男弟王＝継体とすると、年紀を示す癸未年は五〇三年にあてざるをえず、この時すでに継体が（3）の意柴沙加《おしさか》宮（大和十市郡の忍坂宮《おしさか》）にいたことになる。しかしそれでは、継体が越前で育ち、河内《かわち》の樟葉《くすは》で即位し、二〇年をへて大和に入ったという『日本書紀』の所伝をすべて否定することになる。弟の王と読むときは、反正天皇の弟の允恭《いんぎょう》天皇が即位するまえに忍坂大中姫を妃《きさき》としていたところから、男弟王を允恭にあてることが可能となり、癸未年は四四三年となる。この場合問題は（6）の開中費直である。通説では開中はカハチ（河内）でウジ、費直はアタヒ（直）でカバネと解するから、五世紀の中葉以前にウジ・カバネの制（氏姓《しせい》制）の成立を認めることになる。それは氏姓制の成立を六世紀以降とする近年の研究と矛盾する。

私自身は男弟王を弟の王、癸未年を五〇三年とする第三の解読を試みているが、まだ結論には達していない。この場合、もし（4）の斯麻《しま》が百済の武寧王《ぶねいおう》ならば（武寧王陵出土の墓誌に武寧のことを斯麻と記す）、日朝関係を考える重要な史料となるが、そう断定するにはなお検討を必要とするだろう。

以上三点のほか、近年に発見されたのが島根県岡田山一号墳出土の鉄刀銘と、兵庫県箕谷二号墳出土の鉄刀銘で、前者は

各（1）田卩（2）臣□（今カ）□□□（素カ）　□（得カ）大利□

と読める。右のうち（1）は額の略字、（2）は部の略字で、額田部臣《ぬかたべのおみ》の氏姓を読み取ることができる。

後者の銘文の読み取れる部分はさらに少なく

　戊辰年五月□

の五字にすぎない。

　岡田山古墳出土の鉄刀銘文には年代に関する記載はないが、鉄刀を出土した古墳は形態・構造や副葬品から六世紀代と判定される。また額田部という部の存在と、額田部がウジの名称となり、臣というカバネを持つことが注意される。箕谷鉄刀銘の「戊《ぼ》辰《しん》年」は、古墳の年代が六世紀というところから五四八年にあてるのが穏当であろう。銘を持つ刀が島根県の出雲、兵庫県の但馬から出土したことの意味も考えなければならないが、別の機会に譲る。

　以上で古墳出土の銘文のうち日本でつくられたと思われるものの解説を終わるが、畿内からは一点も出土していないことを最後に注意しておく。畿内の奈良県天理市東大寺《とうだいじ》山《やま》古墳からは、後漢の中平《ちゅうへい》（一八四〜一八八）の年号を刻んだ銘文のある鉄刀が出土し、同じく天理市の石上《いそのかみ》神宮には百済《くだら》でつくられたらしい銘文を持つ七支《しちし》刀《とう》が所蔵されている。日本でつくった銘文を持つ遺物が畿外から出土することと対比して考えるべきことかもしれない。

〔後記〕(1)本稿執筆後、一九八七年に、千葉県市原市の稲荷台一号墳より、左の銘文のある鉄剣が出土したことが報ぜられた。

〔表〕王賜□□敬安

〔裏〕此延刃□□□

王が地域の首長に剣を下賜したことを意味するのであろう。古墳の年代は、五世紀中ごろないし後半と推定される。

(2)山尾幸久氏は、隅田八幡宮所蔵鏡の銘文で、「男弟王」と読まれている文字を「孚第《フト》王」と読み、継体をさすと解するが、「孚」というまれにしか使われない文字を、倭人または渡来人が音仮名として使用したとは考えにくい。山尾幸久『古代王権の原像』（二〇〇三年、学生社）、参照。

I　古代国家と都の変遷

1998年に復元された平城宮朱雀門

一　国家の発生

はしがき

狩猟や漁撈をおもな生活の手段としている採集経済の社会では、余剰生産の蓄積が困難であって、階級の分化は生じないが、やがて人類が農耕や牧畜を行なう生産経済の段階に入ると、社会は支配階級と被支配階級とに分裂する。無階級社会に対する階級社会の出現である。被支配階級から余剰生産を収奪することによって富裕となった支配階級は、可能なあらゆる手段を利用して優越の地位を持続しようとする。その手段はたとえば血縁意識、呪術的《じゆじゆってき》宗教的権威の利用などであるが、階級分化が進めば力による支配が中心となる。力による階級支配が組織化された時、これを政治といってよいだろう。支配階級の内部にも、階級支配の維持に適合した職務・身分の分化が起こり、政治組織は強化され、階級支配は確立する。このような社会を国家と呼ぶこととしたい。

この場合、被支配階級は支配階級に対してほとんど無権利といってよく、支配階級を代表する国王の権利は被支配階級に対して無限に大きい。これが、古代の国家が、同じ国家の名で呼ばれながら、近代の国家と区別される最も大きな差異であろう。それゆえ、原則的に、古代国家の被支配階級は奴隷であり、古代国家は専制国家であるというのは、理由のないことではない。

ただし、この原則があらゆる地域の古代国家に適合するかどうかは、議論の存するところである。いまこの問題について論ずる余裕はないが、少なくともアジアの農業社会に関しては、原始・無階級社会の次にくるアジア的生産様式の社会を、奴隷制社会の一類型とみるか、それに先行する、あるいは系列をことにする社会とみるかは、ながい論議の存した問題であった。今日では、奴隷制の一形態である総体的奴隷制の社会とみようとする説が有力であるが、アジア的社会では原始的共同体が強固に存在し、民衆はその中で完結した生活を営んでいるというところから、奴隷とみなすのは不適当であるともいわれる。しかし、いずれにしても、彼らが政治的に無権利であり、経済的に独立性のない極めて微力な存在であり、その上に立つ国家が専制的な性格をもつことについては、何人も異論がないであろう。アジアの古代国家を、専制的奴隷制的国家の一種と考えるのは、必ずしも不適当ではないと思う。そして日本の古代国家も、これに準じて考えてよかろう。

さて本論文の課題は、このような専制的奴隷制的国家が、いつ、どのようにして日本に発生したかという問題を、主として文献によりながら考察することにある。ただし発生期の国家であるから、その専制的傾向も奴隷制的性格も、内在はしているがまだ十分には表面化していないことは予想される。またその時代は、狩猟・漁撈中心の縄文時代をすぎ、水稲耕作が全面的に展開する弥生時代に相当することも、推定してよかろう。しかし、この時代の日本に関する文献史料としては、わずかに『漢書《かんじょ》』『後漢《ごかん》書《じょ》』『三国志《さんごくし》』などの中国史籍に記された若干の記事があるにすぎない。貴重な史料ではあるが、伝聞の誤りのほかに、中華思想その他の先入観にもとづく誤解のあることを考慮に入れて、慎重に本文批判を行なう必要がある。こうした不十分な史料によって国家発生の過程を実証的に叙述することははなはだ困難で、そこにはある程度の推測をまじえねばならぬ場合が起こる。また文献史料以外に、考古学的資料を利用することも必要となるだろう。そうしてみても、当時の社会構造や生産関係までを具体的に復原することは、ほとんど不可能である。以下の叙述が、政治形態を中心とするであろうことを、はじめにことわっておきたい。また紙面の制約から、いままでにつみ重ねられた多数の業績のいちいちについてふれる余裕のないことについても、寛恕をこいたい。

これを要するに、上記の中国史籍をおもな史料として、日本における発生期の国家の政治権力とその組織の発展のあとを、段階づけることをもって、本稿の中心のテーマとしたいと思う。

1　漢書・後漢書の日本

楽浪海中の倭人　日本に国が存在することが、はじめて文献にあらわれるのは、広く知られているように『漢書《かんじょ》』地理志であって、

楽浪海中《ニ》有《リ》二倭人一、分《カレテ》為《ナリ》二百余国《ト》一、以《テ》二歳時《ヲ》一来《タリ》、献《ジ》見《マミユト》云《イウ》。

とある。(1) 楽浪《らくろう》は前漢の武帝が西紀前一〇八年に朝鮮を征服して設置した四郡の一つである。他の三郡のうち、真番《しんばん》・臨屯《りんとん》はまもなく廃止され、玄菟《げんと》郡も規模を縮小したので、前漢末から後漢にかけて、朝鮮半島にある郡は楽浪郡だけとなった。『漢書』は前漢（西紀前二〇六—西紀後七年）の歴史を記した書物だが、著者班固《はんこ》がこの書を完成した後漢章帝の建初年間（西紀七六—八三年）の朝鮮の状態がこのよう

であったから、『漢書』の筆者は楽浪をもって朝鮮を代表させたのである。楽浪海中の倭人というのは朝鮮の海のむこうにある倭人ということで、日本人を指したことに間違いはない。前漢末ないし後漢はじめには、日本人のことが、ある程度楽浪を通じて、中国人に知られていたのである。

（1）なおこの文には、中国人によって次のような注が付されている。「如淳曰、如墨委面、在帯方東南万里、臣瓚曰、倭是国名、不謂用墨故、謂之委也、師古曰、如淳云、如墨委面、蓋音委字耳、此音非也、倭音一戈反、今猶有倭国、魏略伝、倭在帯方東南大海中、依山島為国、度海千里、復有国、皆倭種」。これについては、内藤虎次郎「倭面土国」（『芸文』二巻六号、のちに『読史叢録』におさむ）、藤田元春「如墨委面考」（『史林』二一巻三号、のちに『上代日支交通史の研究』に収む）参照。

中国の古書の一つである『山海経《せんがいきょう》』(2)には、「蓋国《かいこく》は鉅燕の南、倭の北にあり、倭は燕に属す」とある。蓋は朝鮮東部に住む濊族《わいぞく》の国とも、韓民族の国ともいわれるが、燕《えん》は戦国時代（西紀前四―三世紀）の国で、そんな古い時代に倭にまで勢力をのばしていたとは思われない。また後漢の王充の著『論衡《ろんこう》』には「周の時天下大いに平らぐ。越裳は白雉を献じ、倭人は鬯草《ちょうそう》を貢す」、また「成王の時、越裳は雉を献じ、倭人は暢を貢す」などと見えるが、やはり信用するわけにはいかない。しかし、『山海経』も後漢時代に手を入れた部分が多いといわれ、『山海経』といい『論衡』といい、後漢代に倭人のことが中国人に注意されはじめたことが考えられる。それは、漢帝国が大統一をなしとげた結果、中国人の勢力がはじめて日本に近い朝鮮にまで及んだことと、このころ日本がようやく無統一の状態から抜け出して、社会的・政治的発展を開始し、外交上にも目ざめはじめたことによると思われる。『漢書』に倭人のことが記され、しかも「百余国となる」というように国の成立が注意されているのは偶然ではないのである。

（2）中国に現存する最古の地理書。一時の作ではなく、最も古い部分は戦国時代（西紀前四〜三世紀）に、ついで漢代・晋代に書き加えられ、今日の内容となったといわれる。

しかし、ここに国といわれているものが、さきに述べた国家の名に値するものとは、簡単にきめられない。何らかの意味で、日本人の間に政治的なまとまりが成立したことは認めてよいだろうが、それをもって、日本における国家の発生と解しうるかどうかは、別に考えてみなければならぬ問題である。しかしこの叙述（「分かれて百余国となり、歳時を以って来たり献じ見ゆという」）だけではあまり簡単すぎて、階級支配の有無や政治権力の問題にまで立ちいって論ずることは困難である。この記事からいえることは、日本人のことがはじめて中国人の知識にのぼった段階であるから、ここで取りあげられている倭人は北九州を中心とする地域のそれであるらしいことと、地域ごとに分かれて多数の小集団を構成していたらしいこととにすぎない。それはまだ階級分化を経験しない原始的共同体からあまり大きな隔たりのない社会のようにも思われる。このころの朝鮮南部は、社会発達の程度が日本とそれほど違っていなかったようであるが、『漢書』の朝鮮伝をみても、韓民族の間に国家らしいものの存在したことを思わせる記事はない。この時代の倭人の社会の発展が、低い程度にとどまっていたことが類推されるのである。

けれども、「歳時を以って」が季節ごとに、あるいは定期的に、の意味であるならば、ある程度持続的な支配組織が各集団の内部に成立していたと考えることも可能である。また「来たり献じ見ゆ」の来たるは楽浪郡への意であろうから、献じ見ゆは単なる物々交換ではなく、朝貢の意味をもって楽浪郡の中国人の治所（役所）へ渡航して来たのであろう。これは中国勢力の朝鮮進出という事態に即応する政治的行為といわざるをえない。このことからただちに当時の倭人の「国」の状態を高く評価することはできないが、政治的に高度に発達した中国人の社会に、持続的に接触することは、日本人の社会に何らかの影響を与えずにはおかないだろう。この時すでに狩猟・漁業を主とする採集経済の段階を脱し、水稲農業の社会に入り、定住の生活と余剰生産の蓄積とが可能になっていた北九州地域では、中国人社会の影響を受け入れる内的条件も熟しつつあったのである。

このようにみてくると、『漢書』地理志にみえる日本人の社会において、政治的支配組織が成立していたというのは早すぎるが、血縁にもとづく氏族制的な統制ではなく、小規模かつ萌芽的ながら政治権力による支配の体制が成立しはじめていたことは、認めてよいのではあるまいか。『後漢書』によると、一世紀のなかごろには、楽浪をこえて漢の都洛陽《らくよう》にまで使を送るような有力な国までもあらわれてくるのであるが、それはこの想定を裏書きするものといってよい。では次に『後漢書』の記載について述べることとしよう。

倭の奴国　『後漢書《ごかんじょ》』はいうまでもなく後漢（西紀二五―二二〇年）の歴史を記した書物であるが、後漢が滅んでから二〇〇年を経過した五世紀代に、南朝の宋の人、范曄《はんよう》（四四五年没）によって書かれた。王朝の順序でいえば、後漢の次に魏《ぎ》・呉《ご》・蜀漢《しょくかん》の三国鼎立《ていりつ》の時代がくるのであるが、この三国の歴史をまとめた『三国志』は、三国が滅んで間のない三世紀末ごろ、晋《しん》の陳寿《ちんじゅ》（二九七年没）によって書かれている。つまり『三国志』のほうが『後漢書』より早くできた。范曄が『後漢書』編纂にさいして『三国志』を参照したことは当然考えられるところで、とくに倭人に関する部分、すなわち『後漢書』東夷伝の倭の条（普通『後漢書』倭伝という）が『三国志』の中の『魏書』東夷伝倭人の条（普通『魏志』倭人伝という）によるところはなはだ多いことは、学界の通説である。『後漢書』によって倭人のことを考える場合、まずこのことに注意しなければならない。

たとえば『後漢書』倭伝のはじめに次の一文がある。

倭在《ハリ》二韓《ノ》東南大海中《ニ》一、依《リテ》二山島《ニ》一為《ナス》レ居《ヲ》。凡《ソ》百余国《アリ》。自《リ》三武帝滅《シテ》二朝鮮《ヲ》一、使駅通《ズル》二於漢《ニ》一者、三十許国。

これは『魏志』倭人伝の冒頭に、

倭人在《ハリ》二帯方《ノ》東南大海之中《ニ》一、依《リテ》二山島《ニ》一為《ナス》二国邑《ヲ》一。旧《モト》百余国《アリ》。漢時有《リ》二朝見《スル》者一。今使訳所レ通《ズル》三十国。

とある文章を若干修正して作りあげたものであることは明瞭である。ただし、『魏志』編纂より少しさきに『魏略』という書物ができ、『魏志』はそれを参考にして書かれているのだが、『後漢書』もあるいは、『魏略』によってこの文章をなしたかもしれない。どちらにしても、これは後漢代の日本に関する確かな史料とは考えられない。それゆえ、前漢代には楽浪に通じていた百余国が、後漢代には三〇国ほどに統合されたというような議論を、『後漢書』を材料として述べることは慎まねばならない。後漢の時代に、かつての小さな「国」が整理され、次第に大きな「国」が成立したであろうことは否定できないが、それは社会生活の発展という一般的現象、または『漢書』と『魏志』倭人伝との対比から導き出される推測にとどまる。

しかし『後漢書』倭伝はすべてが『魏志』『魏略』の焼き直しではなく、いくらかは独自の史料をも含んでいる。次に示すのがそれで、前節の終わりにふれた「一世紀なかごろ云々」というのは、その前半の部分にもとづく。

建武中元二年、倭奴国《ノ》奉《ジテ》レ貢《ヲ》朝賀《ス》。使人自称《ラス》二大夫《ト》一。倭国之極南界也。光武賜《ウニ》以《テス》二印綬《ヲ》一。安帝永初元年、倭国王帥升等、献《ジ》二生口百六十人《ヲ》一、願《ウ》二請見《ヲ》一。

内藤虎次郎（湖南）(3)は、この文章も、これにすぐつづく「桓・霊の間、倭国大いに乱れ、更《こもごも》相い攻伐し、歴年主無し。一女子あり、名を卑弥呼と曰う」という文章をふくめて、『魏略』からとったとしている。しかし現在知られている『魏略』の逸文にはこの部分はないから、内藤のいう通りであるかどうか、不明というよりほかはない。しかしかりに『魏略』に拠った文であるにしても、その内容は後漢代の実録として信用してよかろう。

（3）　内藤虎次郎「卑弥呼考」（『芸文』一巻二―四号、のちに『読史叢録』におさむ）。

さて前半の建武中元二年からはじまる部分であるが、この年は西紀五七年、後漢を建てた光武帝の最末年にあたる。使を出した「倭奴国」は、「倭《わ》の奴《な》の国」とよみ、大和時代の儺《な》ノ県・那《な》ノ津、いまの博多付近にあった倭人の国の一つであることに諸説は一致している。使人がみずから大夫と称したというのは、楽浪郡まではしばしば往来し、漢の官制の知識を持っていたからであろう。光武帝から印綬を賜わったというだけでは、使人が直接後漢の都まで行ったかどうか疑われるが、「朝賀」の語があるほかに、光武本紀の中元二年正月条にも、東夷の倭の奴の国王の使が来たことが記されているので、後漢の都まで行ったことは確かであろう。

北九州から洛陽まで行くのは、この当時としてはかなりの大旅行で、さきにもふれたように、従来より一段と有力な国が、倭人の社会にあらわれたことを意味する。ことに楽浪からさきは、中国側官人の誘導がなければはなはだ困難な道程であるのだから、奴国は建武中元二年以前に、光武帝のもとに至って印綬を賜わるに値する国であるという承認を、楽浪郡の官人からとりつけていたに違いない。奴国は東夷の中では相当の国だという印象を、楽浪官人は持ったわけだが、そのためには奴国自身に相当の政治力・経済力がなければならぬ。

それにしても、なぜわざわざ奴国は直接漢の朝廷に朝賀することを思いたったのであろうか。それには奴国の国力が高まったということのほかに、奴国自身が朝賀を必要とした事情と、後漢側が奴国を朝賀させようとした事情とがあったに違いない。後者について考えると、後漢は楽浪郡の南に接する韓民族を抑圧牽制するために、韓民族のさらに南に勢力を有する倭人を懐柔しようとしていたとする水野祐の説(4)が注意せられる。楽浪郡は、いったん韓民族の間に不穏のきざしがあらわれれば、倭と連合してこれを挟撃する策を講じていた、とするのは考えすぎのようだが、このころ後漢が楽浪郡南方の開拓に熱意をもっていたことは事実である。それは、奴国の入朝よりややさきだつ西紀四四年（建武二十）に、韓の廉斯《れんし》の人で蘇馬諟《そばし》という者たちが楽浪郡に来て貢献したので、光武帝はこの者を廉斯の邑君にして漢の支配下に入れ、楽浪郡所属として、四時朝謁させた、という『後漢書』韓伝の記載からもうかがうことができる。

（4）　水野祐「倭奴国考」（『史観』四八号）、四ページ（再後記　この論文は補正して「倭奴国論」と改題し、『水野祐著作集』第2巻に収める）。

朝鮮南部の韓民族の間に、漢の支配下に入る者があらわれたことは、楽浪と交渉をもっていた北九州の日本人も気づいたであろう。韓民族に劣らぬ地位を保つためには、倭もまた漢と直接の外交関係をもつことが必要である。これが前者、すなわち倭人側の事情である。『後漢書』韓伝をみると、半島の東南部を占める辰韓《しんかん》（後の新羅の地）から鉄が出、濊《わい》・倭・馬韓《ばかん》がその売買に従事していた、という記事がある。似た記事が『魏志』辰韓伝にも見えるから、『後漢書』はこれを書き直したものとも疑えるが、弥生時代における鉄器の普及状態から考えると、弥生時代の中期から後期にあたる一、二世紀のころに、『後漢書』に記すような事態があったことは承認すべきである。これは文献に見える一例であって、このころの倭と韓とがかなり密接な関係にあったことは、考古学上の諸事実、たとえば同じ系統に属する甕棺墓《かめかんぼ》や支石墓《しせきぼ》が南朝鮮と北九州で発見されることなどからも、明らかである。このような関係にある韓諸国との対抗上、倭は洛陽入朝を思いたったのであろう。

しかし倭人側の事情として、より重要なのは、この時期における倭人社会の政治的経済的発展であろう。洛陽まで使者を送りうる奴国の政治力・経済力も大切だが、北九州の諸国が生産力の発展を背景に、次第に勢力を高めてきたであろうことを考えなければならぬ。そのうちで奴国が最も有力であったのだろうが、奴国だけがとびはなれた地位にあったのでないことは、本論文一章「遺跡からの考察」(本巻三四ページ)に述べる弥生時代中期の遺跡の状態からも察せられるし、いくつもの小平野が分離して並存する北九州の地形からも推定することができる。『魏志』倭人伝によると、九州北岸地方には奴のほかに、末盧《まつら》(今の東松浦郡名護屋、あるいは唐津市付近か)・伊都《いと》(今の糸島郡深江または前原町付近か)・不弥《ふみ》(筑前糟屋郡宇美町付近か)の諸国があったことが記されているが、これらの前身をなす国々は西紀一世紀代から存在し、めいめいに韓および楽浪と交渉をもち、北九州では互いに対抗して勢力の拡張をはかっていたと考えてよかろう。この間にあって、自己の優位を確立するには、当時の東亜世界の中心、漢帝国に入貢してその権威を利用することが効果のあることはいうまでもあるまい。つまり、奴国は北九州の倭人諸国間の宗主権を獲得するために、漢の正朔を奉じようとして、遣使を断行したのである。

奴国入朝の背景をこのように考えると、北九州の倭人の国々が経済的だけでなく、政治的にも発展し、組織づけられつつあったことが想像される。

漢委奴国王の印　五七年、奴国の使者は無事洛陽に至り、光武帝から印綬を受けて、目的を果たした。綬は印に付属するくみひもで、印と綬で一組になる。周の時代には、任官・授爵に際して冊命《さくめい》が与えられたが、戦国時代以降は冊命とともに璽印《じいん》を賜与する方法が用いられ、のちには璽印こそが最も主要な官職・爵位のしるしと考えられ、「印綬を授く」ということが、任官・授爵を意味するようになった。(5)だから、奴国はこれで正式に漢の支配下に入り、属国の一つとなったのである。現在の意識からすれば名誉とは感じられないが、当時の倭人にとっては、漢を中心とする世界秩序の中に身をおいたことで、非常な名誉であり、倭人社会における奴国の地位は大いに高まったことと思われる。

(5)　この項、栗原朋信「文献にあらわれた秦漢璽印の研究」(『秦漢史の研究』に収む)による。以下本節はこの論文を多く参照した。

それから一千七百余年ののち、江戸時代も後期の一七八四年(天明四)に、博多湾口に浮かぶ志賀島《しかのしま》の海辺に近い田の中から、「漢委奴国王」の五文字を刻んだ金印《きんいん》が発見された。金印は発掘者、百姓甚兵衛の手から郡の役人を経て、この地方の領主黒田家の所蔵に帰したが、そのことは黒田藩の学者青柳種信《あおやぎたねのぶ》らによって注意され、この金印こそがかつて奴の国が光武帝より得た印ではなかろうか、ということが、種信はじめ当時の多くの学者(6)によって論じられた。ただし彼らの多くは、印文を「漢の委奴《いと》の国王」と読み、委奴を怡土《いと》(『魏志』の伊都)にあて、一方、『後漢書』の「倭の奴の国」も倭奴《いと》国と読んで、両者の同一を主張したのである。

（6）藤井貞幹・村瀬之煕・上田秋成・伴信友などの学者。

この読み方を批判し、新しい解釈を下したのが三宅米吉で、[7] 明治時代のことである。三宅は印文の委を倭の省画で、意味は同じと考え、「漢の委《わ》の奴《な》の国王」と読み、『後漢書』の「倭の奴の国」と同じく、儺《な》ノ県の地方の国王をいうとするのである。この説は、「奴」の音からいっても、志賀島の位置が伊都よりは儺の地に近いことからいっても、より合理的である。また、『後漢書』の「倭奴国」を伊都にあてる読み方では、「倭奴国は倭国の極南界なり」という句の解釈ができなくなる。[8] このような諸点から、今日では読み方においては三宅説が定説となっている。

（7）三宅米吉「漢委奴国王印考」（『史学雑誌』三編三七号、のちに『三宅米吉著述集』および『考古学研究』におさむ）。

（8）この文について、三宅米吉は次のような解釈を下している。『魏志』倭人伝を見ると、儺にあたる奴国のほかに、卑弥呼に所属するもう一つの奴国がある。この奴国は、所属二十数カ国の最後に記されていて、女王国の最南端にあるように読みうる。奴国が二つあることに気がつかなかった『後漢書』の編者は、「倭の奴国は、倭国の極南界」と書いたのである。

さて、志賀島出土の印が、奴国の得た印であるとすると、奴国は漢から金印を授けられたことになる。かつては、中国が塞外の異民族の王に与える印は銅印が多いなかにあって、奴国が黄金の印を得たことは特別の優遇であり、奴国の勢力が強かったことがわかる、と説かれることがよくあったが、栗原朋信の漢代印制の研究の結果は、異民族の王に金印の授けられる例が少なくないことを明らかにした。たとえば、南蛮の葉調王、西南夷の撣《ぜん》国王、羌種《きょうしゅ》の麻奴などがそうであり、西域の大国烏孫《うそん》のごときは、大吏・大禄・大監などの烏孫の臣に対してまで金印・紫綬を与えている。実物では近年、中国雲南省晋寧県から漢代の遺物とともに、「滇王之印《てんおう》」の四字を刻した金印の出土が報ぜられている。それゆえ、奴国は異民族の国王が一般に受ける待遇にあずかったということになる。これはこれで、奴国の国としての成長の度合いをはかる一つの標準となるであろう。

しかし以上は、志賀島出土の金印が偽物ではないという前提に立っての説である。もしも偽物であるならば、上述の議論は根底を失い、逆に漢代印制の通例から考えて、奴国が光武帝から得た印は金印かもしれない、という推定が成り立つにとどまる。今日学界の大勢は金印を真印と認めているが、偽印説もないではない。ここで真印・偽印の説をみておくのも無駄ではなかろう。

この論争もずいぶん長い間行なわれてきたが、論点は次第に煮つまって、栗原朋信が指摘するように、印刷の上からは両説おのおの次の諸条を自己の主要な論拠としているようである。まず真印説は、

(一) 印文に「漢」字が冠してあること。
(二) 方寸の印であること（この金印は印台の一辺がわが曲尺の七分六厘、二・三センチで、漢尺の一寸に相当し、「方寸の印」という規格にあう）。
(三) 金印であること。
(四) 白文であること（漢代の公印は元来封泥用のものであるから、白文すなわち陰刻が普通であるべきで、金印はその制にあう）。

右の四条が漢の印制に合致するほか、もし後代に偽作すれば、『後漢書』の記事にあわせて作るだろうから、「委」の字を用いるはずがないこと、などを理由とする。

これに対して偽印説は、

(一)　印文に「印」あるいは「章」の字を欠くこと（漢代の制では、印の終わりに「璽」「章」「印」などの字が付されるが、この場合は異民族の王だから、「印」または「章」を用いるべきである）。

(二)　印の鈕《ちゅう》（印のつまみの部分）が蛇の類の鈕であること（漢の印制では、このような場合亀鈕を例とする）。

(三)　印文中に「国」の字があること（異民族の王を呼ぶ場合は「南越王」「鮮卑王」のごとく、「国」字を付さないのが例である。『魏志』倭人伝に見える卑弥呼の得た称号も「親魏倭王」で国は入っていない）。

などの諸条が漢の制にあわないほかに、

(四)　印の出土状態が不明確で、不審が抱かれる。

ということも理由としている。ただし偽印説の(四)については、百姓甚兵衛の「口上書」や青柳種信の記録などを検討してみると、金印は地上に露出している大石の下の土中、三個の石をめぐらした中から発見されたもののようで、(9)近年北九州における弥生時代の墳墓としてその存在が注意されつつある支石墓の一つの中に埋められていたと思われるという説明もあって、偽印説の強い論拠にはできない。しかし他の理由はかなり有力で、偽印説はなお存在価値をもっている。

(9)　榧本杜人「委奴国と金印の遺跡」（『考古学雑誌』四五巻三、四号）。

けれども一方、この金印が漢の印制に合致した点が多いことも無視できない。そこで両説の矛盾を調和させるために、奴の国王が漢の制にならって作製させた私印であるとする折衷説も出されている。私自身の考えとしては、判定に苦しむのであるが、漢代の楽浪出土の封泥におされた印章には「章」「印」

の字をつけないものがあること、(10)異民族の王に与える印が亀鈕《きちゅう》に限るという明証はないこと、『後漢書』の光武本紀に「東夷倭奴国王」とある以上、印文に「国」の字を入れることもありうること、などを理由として、真印説に従っておきたい。

（10）藤田亮策「楽浪封泥攷」（『小田先生頌寿記念朝鮮論集』、のちに『朝鮮考古学研究』におさむ）。なおこの項、榧本氏の教示を得た。

倭国連合の形成　金印を得たのち、奴国がどうなったか、中国の文献には伝えるところがない。『後漢書』倭伝は、さきに記したように（二二ページ最終行以下）、それから約五十年後の一〇七年（永初元）における倭の国王帥升《すいしょう》らの入貢を記録するのみである。

その文章はわずか二二字にすぎないが、やはり問題が多い。第一は「倭国王」の部分である。『後漢書』のこの条は唐の杜佑《とゆう》が撰した『通典』をはじめ各種の書物に引用されているが、それらの古版本をしらべてみると「倭国」のところがいろいろに表現されている。列挙すると、「倭面国」（『釈日本紀解題』）、「倭面上国」（『日本書紀纂疏』、『翰苑』）、「倭面土国」（北宋版『通典』）、「倭面土地」（『異称日本伝』、元、大徳十一年版および嘉靖版『通典』、唐類函辺塞部倭国条所引『通典』）などである。このことに最初に気づいたのは内藤虎次郎であるが、(11)「倭面土国」が『後漢書』本来の形であると考え、これを倭面土国《やまと》と読み、大和朝廷に統一された日本とする説を立てた。白鳥庫吉は、(12)面の古い字体は囬で、この字は回に似ていることから、倭面土国は正しくは倭回土国であるとし、さらにそれを倭の回土《えと》国と読み、結局倭面土国は伊都《いと》国のことであるとした。橋本増吉(13)は、面土の古音を検討して『魏志』倭人伝に見える末盧国の前身を意味するという解釈に達した。末盧に相当する松浦の地は、『日本書紀』神功皇后条によると梅豆羅《めずら》国ともいったとも記してあり、面土の古音は梅豆羅に近いというのである。また榧本杜人《かやもと》(14)は、倭面土国よりも倭面土地の方が古い形であるが、土地は境域すなわち国土を意味する語で、倭面国・倭面土国と同義と解せられるとし、この時遣使したのは倭の面国であるという説を出した。

(11)　内藤虎次郎「倭面土国」(前掲)。
(12)　白鳥庫吉講演筆記(『史学雑誌』三八編一〇号彙報)。
(13)　橋本増吉『東洋史上より見たる日本上古史研究』一八〇ページ以下。
(14)　榧本杜人「委奴国と金印の遺跡」(前掲)。

このように諸説があるが、同じ『後漢書』の中で「倭奴国」は倭の奴国と分けて読んでいるのだから、倭面土を一つづきに読む内藤説は、まずこの点において難がある。また今日の考古学や文献批判の成果からすると、二世紀初頭に大和朝廷が成立したとする説は信じられない。白鳥説は、史料的な裏づけなしに字を入れかえる点に無理がある。橋本説は一説としては成り立つが、面土を末盧の音訳とするのはやや困難で、定論とはいいがたい。これらにくらべて榧本説は、面国をどこに比定するか明らかでない弱点があるが、「面」は「末盧」のマをあらわしたとも考えられ、解釈としてはこの説が最も穏当なのではあるまいか。ここは一応榧本説に従って論を進めることとしたい。

こう考えると、『後漢書』による限り、北九州の倭人を代表する国が一世紀中葉には奴国であったのが、二世紀初頭には面国に変わったこととなる。倭人諸国の間には勢力の盛衰があり、強力をほこった奴国でさえ優越的地位はせいぜい半世紀ぐらいしか維持できなかったのであって、この時期の倭人の国の政治組織や権力が、まだ未熟なものであったことを思わせる。しかし『後漢書』の記事からわれわれは諸国消長のあとだけを読みとればよいのだろうか。そこに「倭（面土地）国王帥升等」の等についての議論が関係をもってくる。それはどういうことかというと、等という字は複数を示すというところから出発する。帥升が使者ならば、その一行を等であらわすこともできるが、国王だから一人のはずである、それを複数に書いたのは、この時の朝貢国が複数だからであって、面国王帥升は数多の国々を代表して生口《せいこう》を献じ、入貢したのである、というのである。[15] そして、北九州の倭人の国々は、面（土地）国を中心とする連合を形成していた、と解釈する。

（15）井上光貞『日本国家の起源』（岩波新書）、二七ページ以下。藤間生大『埋もれた金印』（岩波新書）、一〇五ページ。

面白い考えだが、等一字の存在からここまで議論を発展させるのは、やはり危険であろう。「帥升等」は帥升とその従者たちの意味であるかもしれないではないか。[16] 帥升は国王だから、等は従者を意味しない、という理屈はありえない（なお、帥升の帥についても異論があって、師升とするのが正しいという意見があるが、あまり大きな問題ではないので深くは立ち入らない）。

（16）上田正昭「女王の世界」（『講座日本文化史（第一巻）』）、一〇五ページ。

しかし私は、倭国連合成立説にすてがたい魅力を感ずる。なぜなら、洛陽遣使という画期的な事業をやりとげた奴国が、漢の外藩《がいばん》となることによって得た権威を背景として、北九州の諸小国を統合して連合国を作り、みずからその盟主となることは十分に考えられるからである。また、『後漢書』は面国王帥升らが一六〇人もの生口《せいこう》を献上したことを伝えるが、それは面国の実力がなみならぬものであることを示しており、奴国の後継として、連合国の中心となるにふさわしい国であることを意味する。私は一世紀後半に奴国を中心とする連合が成立し、二世紀前半には面国を中心とする連合となったという仮説を抱いているが、それをいうためには、ここではじめてあらわれた「生口」について述べておかねばならぬ。

生口の意義については諸家の詳しい議論があるが、[17] 漢籍では捕虜の意に用いられることが多いようである。しかし古代の捕虜はしばしば奴隷として使役されるから、生口は奴隷の意にも用いられる。奴隷とすれば、一六〇人というのは相当の数だから、このころの倭人の社会はアジア的生産様式の社会（総体的奴隷制社会）を脱却して、より古典的な奴隷制時代に入ったという説も一応は考えられる。しかし、三世紀中葉の二三九年（景初三）、邪馬台国の卑弥呼《ひみこ》が魏に遣使した時に献上した生口でも、男女あわせてわずかに一〇人、卑弥呼の後継者壱与《いよ》の貢した生口も三〇人にとどまる。奴隷は三世紀代でもそれほど多くいたとは思われない。まして二世紀初頭の北九州に総体的奴隷制よりさらに進んだ奴隷制社会が展開していたという説は、やはり成り立たないであろう。

（17）　諸家の説については橋本増吉『東洋史上より見たる日本上古史研究』五一四ページ以下参照。

ではどうして一六〇人という多数の生口を集めることができたのか。それは、面国がこのころ大きな戦いに打ち勝って、一挙に莫大な捕虜を獲得したのか、あるいは面国が統率下にある連合諸国から数名ずつの奴隷を提供させたとみるか、さしあたり二つの解答がありうる。後者は井上光貞・牧健二両氏の[18]考えで、有力な説と思うが、前者の解釈に従うと、生口を得た戦いというのは、面国と奴国との合戦であって、面国はその結果連合国の宗主権を奴国から奪取したのではないか、という想像にみちびかれる。そうすると一〇七年の遣使は、面国の勝利と倭国連合の盟主国の交替を告げ、漢の承認を得ようとしたものと解せられる。この場合一六〇人の生口は、面国の報告が偽りでないことを示す生き証人の意味をもってくる。

(18) 井上光貞『日本国家の起源』(前掲)、牧健二「女王卑弥呼等倭の女王国王の共立」(『竜谷大学経済学論集開学記念号』一)。

どちらにしても、生口一六〇人の問題を考えてゆくと、有力な一国を中心とする倭の小国の連合が存在したことが想像される。それは権力的な政治組織が次第に整ってきたことを意味するが、同時に連合の中心国が移動することは、権力の基礎が薄弱で、組織が永続的でなく、奴国にせよ面国にせよ、まだ国家としては未成熟な点があったと考えられる。

遺跡からの考察　以上に述べたところは、西紀前一世紀から後二世紀のはじめにわたる期間のことで、ちょうど弥生文化の時代に相当する。弥生時代のはじまりを前三世紀とみるか、前二世紀とみるかで若干の相違はあるが、それが弥生中期を中心とする時期であることに間違いはない。北九州のこの時期の考古学的調査はかなり進んでいるので、この面からも倭人社会の性格を考え、できるならば文献の及ばないところを補いたい。

この時代の社会構造を考える材料となる遺跡としては墳墓があるが、とくに北九州地方に広くひろがっているのは甕棺墓《かめかんぼ》である。甕棺は一カ所に多数が集まり、共同墓地の形をなし、その大部分は目立った副葬品をもたないのが普通で、当時の共同体的集落を構成する一般民衆の墓ではないかといわれる。甕棺墓のこのような状態は、しばしば指摘されるように、弥生時代の社会の階級分化が未熟であったことを示すと解してよかろう。(19) この時代の他の形式の墳墓、すなわち箱式石棺や土壙墓《どこうぼ》においても、この傾向は変わらない。

(19)　たとえば杉原荘介は「このような当時（弥生前期）の墓地から推察されるところでは、当時の社会は共同体の色彩のつよいものであったとかんがえられるのである」(『世界考古学大系（2）』五ページ）といっているが、この傾向は弥生時代を通じて存続したとみられる。ただし、「弥生時代の葬墓は、群集してほとんど共同墓域のすがたをとっているが、集落の規模と対照してかんがえると、かならずしも死者のすべてを棺におさめたわけではない」(鏡山猛『世界考古学大系（2）』二一ページ）という意見があることも忘れてはならない。

このほか北九州には弥生時代の前期・中期を中心として、支石墓《しせきぼ》と呼ばれる墓がある。戦後は福岡県糸島郡怡土《いと》村石ヵ崎、同郡前原町志登《しと》、佐賀県東松浦郡鏡村葉山尻、熊本県玉名郡大野村年ノ神、長崎県南高木郡南串山村原山などで調査が行なわれた(20)。各遺跡によって差はあるが、ほぼ一辺二メートル内外、厚さ数十センチのかなりの石をすえて構成されており、運搬・構築の労力を考えると、ある程度の勢力者の出現を予想させる。しかしほとんどが極めて貧弱な副葬品しかもたず、階級分化の標識として支石墓の存在を大きく評価するのは、躊躇される。

(20)　支石墓の調査報告書としては、松尾禎作『佐賀県下の支石墓』(佐賀県文化財調査報告書、第四輯)、佐賀県教育委員会・文化財保護委員会『志登支石墓群』(埋蔵文化財発掘調査報告、第四)、熊本県旭志村教育委員会『藤尾支石墓群』、などが出ている。

だが、弥生中期のころの甕棺には、まれに銅鏡・銅剣・銅矛《どうぼこ》など船載品を主とする豊富な副葬品をもつ墓がある。有力者のあらわれたことを示すと解せられるが、そうした墓もたいていは副葬品の貧弱な、あるいは皆無の墓からなる共同墓地の一隅に位置を占め、一般民衆の墓からかけ離れた特別の場所に立派な墓を設けるという風はなく、外部標識も墳墓上に巨石をおくものが一、二見られる程度で、大げさな設備はなかったと思われる。これらの点から考えて、こうした墓の主は集落の支配者であっても、共同体の族長という性格を多分に残していたのではないかと見られる。その社会では権力的な支配組織はまだ発達せず、氏族制の遺制と、呪術的宗教的な力とによる支配が濃厚であったであろう。これは『漢書』『後漢書』から想定した北九州倭人社会の大勢と矛盾しない。そして文献では、その中に奴国や面国のようにとくに強力な国があったことがわかるが、遺跡の上でもとくに豊富な副葬品をもつ墓が、奴・伊都・末盧の諸国の領域に属する地から発見され、文献の記すところを裏づけるように思われることは、はなはだ興味が深い。

　現在知られているところでは、そうした遺跡として、(1)三雲《みくも》（糸島郡前原町）、(2)須玖《すぐ》（筑紫郡春日町）、(3)井原鑓溝《やりみぞ》（糸島郡前原町）、(4)桜馬場（唐津市）の四カ所(21)があげられる（図1参照）。おもな出土品と大体の年代を示すと、(22)(1)三雲遺跡の出土品は鏡三五、有柄細形《ゆうへいほそがた》銅剣、狭鋒銅戈《さほこどうか》各一、狭鋒銅矛二、ガラス製璧などで、そのうち鏡は内行花文精白鏡を主とし重圏鏡・雷文鏡をまじえた前漢鏡群、遺跡の時代は弥生中期と推定される。(2)須玖遺跡の出土品は内行花文精白鏡以下各種の前漢鏡三〇余、細形銅剣三、狭鋒銅矛五、狭鋒銅戈一、ガラス製璧などで、時代は弥生中期。(3)井原鑓溝遺跡の出土品は後漢代に属する方格規矩四神鏡二一以上、巴形銅器《ともえがたどうき》三、そのほか刀剣などが出土したらしいが明らかでない。時代は弥生中期末と推定される。(4)桜馬場遺跡の出土品は後漢代の方格規矩鏡二、銅釧《くしろ》二六、巴形銅器三などで、時代は弥生中期末。

(21)　この四カ所のほかに青銅器を伴出した重要な甕棺墓遺跡としては、唐津市宇木汲田《うきくんでん》の遺跡がある。しかしここでは、一つの甕棺から銅剣・銅矛などを一、二個ずつ出しているものが多く、本文に記した四つの遺跡とは性格を異にする。水野清一・小林行雄編『図解考古学辞典』の「宇木遺跡」の項、参照。この項、小林行雄氏の教示による。

(22) 出土品については、『図解考古学辞典』（前掲）、『筑前須玖史前遺跡の研究』（京都帝国大学文学部考古学研究報告、第一一冊）、原田大六「墳墓、西日本」（『日本考古学講座』四）、などを参照した。

図1

年代の順は、遺跡番号(1)(2)(3)(4)の順で、実年代にあてはめると、(1)(2)は一世紀代、すなわち奴国の時代、(3)(4)は一世紀末ないし二世紀前半ぐらいで、面国の時代に比定することが可能であろう。地域からいうと、(2)が奴国の領域、(1)(3)が伊都国の領域、(4)が末盧国の領域ということになる。この対比からただちに(2)須玖の墳墓の主を奴国の王と考えることは慎まねばならぬが、この墳墓によって奴国王の姿を想像することは許されてよいだろう。また面国が末盧国のことであるならば、(4)桜馬場の墓のありさまは、面国王帥升のことを考える手がかりとなるだろう。

ところが弥生後期になると、甕棺墓などは依然として作られるにかかわらず、このような豊富な副葬品をもつ墓はあとを絶つ。輸入青銅器を原料とした日本製の銅剣・銅矛は、後期にさかんに作られるが、祭祀遺跡と思われるようなところから出土し、墳墓にはおさめられていない。弥生の中期と後期の間になんらか変動が生じたのではないかと思われるが、この疑問はこの方面専攻の学者もまだ完全には解決しかねているようである。私もまた疑問を残して、さきに進まねばならない。

2　魏志倭人伝に見える日本

倭国の大乱　いよいよ邪馬台国と女王卑弥呼について語る順序となった。いうまでもなくそれは、『魏志』倭人伝に記されていることなのだが、倭人伝は卑弥呼の出現にさきだつ事件として、倭国に大乱のあったことを記している。まずそれについて述べておかねばならぬ。

倭人伝の文は次の通りである。

其国本亦以《テ》二男子《ヲ》一為《ナス》レ王《ト》。住《トドマルコト》　七八十年、倭国乱《レ》、相《アイ》攻伐《シテ》歴《フ》レ年《ヲ》。乃《チ》共《ニ》立《テテ》二一女子《ヲ》一為《ナス》レ王《ト》。名《ヅケテ》　曰《ウ》二卑弥呼《ト》一。

「住《とどまること》　七八十年、倭国乱る」というところは、さきに少しふれたように、『後漢書』倭伝では「桓・霊《ノ》間、倭国大《イニ》乱《ル》」となっている。桓・霊の間というのは、後漢の桓帝・霊帝の世を意味し、一四六年から一八九年に及ぶ。このような両様の表現があることについては、普通次のように説明される。『魏志』の「住七八十年」とは、面国王帥升らの入貢した一〇七年から七、八十年の意味で、二世紀末葉にあたり、『後漢書』はこれを書き直してほぼそのころに在位した皇帝の名をとって「桓・霊の間」とした、というのである。

　ところがこの乱についてはもう一つ、「霊帝、光和中」のことだとする説があり、問題を複雑にしている。それは『梁書』（六二九年成立）および『太平御覧《ぎょらん》』（九八三年成立）所引の『魏志』に見える文で、光和は一七八―一八三年にあたる年号である。まず考えられるのは、この文は「桓・霊の間」という『後漢書』の記事をさらに書き直したものとする解釈だが、別な解釈では、『魏志』より古いといわれる『魏略』、あるいは『魏志』の古い原本には「霊帝光和中」とあり、現行『魏志』はこれを「住七八十年」と書き直し、『梁書』や『太平御覧』はそのまま引用したとする。『魏略』は、陳寿《ちんじゅ》（『魏志』の著者）よりやや早く没した同時代人魚豢《ぎょけん》の著述で、陳寿が『魏志』の編纂にあたりそれを参考としたことは明らかなのだが、現在『魏略』は若干の逸文(1)のほか、伝わっておらず、『魏志』原本ももちろん現存しない。それゆえ、上述の議論はいずれも推測の域を出ないのである。(2)

（1）『魏略』逸文は、和田清・石原道博編『魏志倭人伝・後漢書倭伝・宋書倭国伝・隋書倭国伝』（岩波文庫）に収められている。

（2）内乱の年代についての論争は、井上光貞『日本国家の起源』（岩波新書）、三〇ページ以下、榎一雄『邪馬台国』二九ページを参照。

またこの場合は、史料の系統が明らかになり、最古の史料がわかっても、それがどれだけ歴史的事実を正確にうつしているか、疑わしいともいえる。というのは、後漢の勢力が二世紀に入ると次第に弱まり、中ごろ以降急速に衰え、その結果半島における楽浪郡の地位も低下して、海をこえた倭人の状態を正しくつかんで中国本土に報道することが、困難になったのではないかと思われるからである。朝鮮の北部では、高句麗が満洲東部より進出し、楽浪と漢本国との陸上連絡路をおびやかし、中・南部では韓や濊《わい》の諸部族が勢力をもってきたらしく、『魏志』の韓伝は「桓・霊の末、韓・濊彊盛《きょうせい》にして、郡県も制する能わず、（楽浪の）民多く流れて韓国に入る」と記している。おそらく倭の国々も、今までのようにしげしげと楽浪に入貢することはなくなったであろう。弥生時代後期に入ると、中期に見られたような豊富な舶載品を持つ墳墓が姿を消すのも、こう考えればいくらか解釈がつく。こうして倭国の事情は次第に楽浪に通じなくなる。「住七八十年」という曖昧《あいまい》な表現の史料が残されたのも、楽浪の官人が倭の情勢を正確に把握できなかったからではなかろうか。「光和中」が原史料であるにしても、倭の内乱状態がその時だけであったかどうかは、疑問とせねばならぬ。それらの史料によっていえるのは、二世紀後半ないし末葉、倭が内乱の状態にあったということだけで、それ以上の正確な時点は、求める方が無理である。

では何故にこのころ倭の国が乱れたのであろうか。私は、一世紀から二世紀前半にかけての倭国連合は、奴や面のような有力国が中心にあるとはいえ、楽浪や漢の権威をバックとすることによって統合が可能になったものと思うのだが、権威が衰えてくると、連合は解体に向かわざるをえない。また、漢の圧力の弱まりが韓の諸族に自立の風《ふう》を呼び起こしたが、同じ情況は倭にも及び、倭人の国々も独自な活動をはじめてくるであろう。そこで再び倭諸国間の主導権争いが生まれる。これが倭に大乱が起こった外的な条件である。

　内乱の起こった事情はこれだけではなく、倭人社会の内部にもあったと思われる。倭人の社会に眼を投じた場合、われわれの注意をひくのは、弥生時代後期に入ると石器が非常に減少するという考古学者の報告(3)である。石製利器の減少が事実とすれば、利器の不足は鉄製利器の急な増加によって補われたに違いない。鉄器は腐朽しやすく、また鋳直し、鍛え直して再利用することも可能なので、鉄器の急増を遺物の残存状態から実証することは困難のようであるが、近年における調査の結果は、そうした推定を肯定しつつあるようである。弥生後期の前半を実年代にあてはめると、ほぼ二世紀代にあたる。漢の勢力が衰え、倭国に内乱が起こったころ、ないしその直前の時代に、鉄器が増加して来たのである。

（3）近藤義郎「鉄製工具の出現」（『世界考古学大系（2）』）、三七ページ。田辺昭三「古代文明の諸条件」（『講座日本文化史（第一巻）』）、八八ページ。

　鉄器の増加がどのような結果をもたらすかについて、いまさらくだくだしく述べる必要はあるまい。それはまず生産力を増大させるが、同時に蓄積された余剰生産と鋭利な鉄製武器の所有とを基盤とする権力者、およびその支配下にあって収奪の対象となる民衆を生み出さずにはおかない。一口にいえば、階級分化の進行と権力的支配組織の成立が約束される。日本歴史における二世紀とは、こういう変動の時代である。階級分化の未発達な社会を基礎として成立している北九州の倭人の国が、そのまま存続することは不可能といってよいだろう。内乱の条件は、日本国内に熟していたのである。

　こうした内外の事情のもとに内乱が起こり、国々はあい攻伐して年を歴《へ》たが、やがてふたたび統一される時がきた。新しい統一者としてあらわれるのが卑弥呼であることは、『後漢書』も『魏志』も一致して伝えるところだが、倭国の新しい中心となる卑弥呼の都する邪馬台国の位置がどこであるかは、長い論争を経たにもかかわらず、なお結着をみない難問である。次にこの問題を取りあげることにする。

位置論の二つの前提　邪馬台国の位置に関する論争は、周知のように九州説と畿内大和説とに分かれて戦わされてきた。論争の過程についてはいくつもの研究がでているので[4]、それに譲り、明治以後のおもな論者の名前だけをあげてみよう。

九州説＝菅政友、星野恒、白鳥庫吉、橋本増吉、榎一雄、藤間生大、植村清二、富来隆、井上光貞、斎藤忠、牧健二、水野祐

畿内大和説＝内藤虎次郎、山田孝雄、三宅米吉、笠井新也、梅原末治、志田不動麿、肥後和男、三品彰英、大森志郎、小林行雄、上田正昭

(4)　白鳥庫吉「卑弥呼問題の解決」(『オリエンタリカ』一、二号)、藤間生大『埋もれた金印』(岩波新書)、井上光貞『日本国家の起源』(前掲)など。

これだけ多くの学者が長い年月をかけて論議を重ねてもなお決しないというのに、いまさらここで私が意見を述べたところで、決定的な解答が出るとは思われないが、学問は進歩をつづけているのであって、問題の中心は『魏志』倭人伝の読み方にあるにしても、その前提となる知識は、明治・大正期と現在とではかなり違っている。この新しい知識を参考にして倭人伝を読み直せば、私は私なりの考えを出せるのではないかと思う。ではどのような進歩があったかというと、少なくともつぎの二つの点をあげることができる。

一つは古墳、とくに前期古墳の年代的研究の発達である。かつては古墳の成立は西紀二、三世紀には

じまると、漠然といわれていたのが、研究の結果、年代のはばが次第におしつめられ、今日では三世紀末ないし四世紀初頭とするのが、有力な学説となっている。[5] 倭人伝を見ると、「卑弥呼以て死するや、大いに冢を作る、径百余歩」――卑弥呼が死んだので径一〇〇歩の大きな塚を作った――とあるが、従来はこれを古墳と考えて何人も怪しまなかった。しかし卑弥呼が死んだのは二四八年ごろと推定されるから、右の古墳成立年代の研究結果からすると、卑弥呼の墓は古墳とは考えられない。卑弥呼は古墳時代の人ではないのである。この推定は、将来考古学の発達によって訂正されるかもしれないが、現在の段階ではそう考えざるを得ない。

（5）小林行雄『古墳時代の研究』六一ページ。斎藤忠『日本古墳の研究』一三三ページ。杉原荘介「日本考古学上の問題点、六」（『日本歴史』一五九号）、六四ページ（現在では、古墳の成立時期を三世紀なかばすぎとする説が有力となり、桜井市箸墓古墳を卑弥呼の墓とする論者がふえている。二〇〇八年記）。

卑弥呼の墓が古墳でないという推定は、九州説にとってはなはだ有利であると、私は考える。なぜなら卑弥呼のために作られたのが古墳だとすると、三世紀中葉という年代からして、それは前期古墳でなければならぬが、九州説において邪馬台国に比定される最も有力な候補の筑後山門郡や三井郡御井町、あるいは肥後菊池郡山門郷あたりには、前期古墳は存在しない。前期古墳のある豊前の宇佐付近に比定する説もあるが、古墳は畿内を中心にして四方にひろがったのだから、前期古墳のある地は畿内勢力に対して隷属的な関係にあったと見るのが穏当で、宇佐を中心とする北九州の倭人の国が、畿内勢力から独立していたとは考えにくい。このころに、宇佐に邪馬台国があったということは成立困難なのである。このように、卑弥呼の墓が古墳ならば、畿内大和説は断然有利なのだが、考古学の発達はその利点を消したという意味で、九州説にプラスした。もっとも考古学の研究成果は、九州説を利しただけではない。別な点では畿内説に有利でもあるのだが、それについてはあとで述べるおりがあろう。

いま一つの新しい知識は、記紀批判の前進によって得られた。明治・大正期までは、記紀の神代の巻を除く古い部分の記述が、年代の延長は修正されても、記載された政治的事件の大要はほぼ事実とされていたので、九州・畿内両説とも、倭人伝の記載と記紀の記述とをどう調和させるかに苦心した。とくに畿内説では、邪馬台国の政府は大和朝廷に相当すると考えられたから、卑弥呼が皇室のだれにあたるかをはじめ、邪馬台国の歴史を大和朝廷の歴史と矛盾しないように説明しなければならない。そのころの上代紀年論では、崇神天皇が戊寅の年に崩じたという『古事記』のいわゆる崩年干支にたよって、崇神の没年を一九八年または二五八年にあて、卑弥呼の時代を崇神、垂仁朝ごろと推定する考えが、一般的であった。この時代に大和朝廷で目立った活動をする女性としては、崇神朝の倭迹迹日百襲姫命《やまとととひももそひめのみこと》（孝元天皇皇女）と垂仁・景行朝の倭姫命《やまとひめのみこと》（垂仁天皇皇女）とがあるので、畿内説でも卑弥呼をこの両者のいずれかに比定して、一応説明することができる。[6] しかし卑弥呼と魏との交渉や、卑弥呼の死後に起こる大乱に相当することが記紀に記されていないのは、何といっても畿内説の弱味であった[7]（九州説では、そうしたことは一地方のできごとで、中央には知られなかったから、記紀には見えないのだと説明することができる）。

（6）たとえば内藤虎次郎は倭姫命に比定し、肥後和男は倭迹迹日百襲姫命に比定した。肥後和男『崇神天皇と卑弥呼』参照。

（7）昭和十年ごろから終戦までの間は、卑弥呼を天皇、皇族に比定して論ずることは、古代史の冒瀆として弾圧を受ける危険があった。それがこのころ畿内説が発展しえなかった一つの理由であることを、肥後和男は指摘している。
肥後「大和としての邪馬台」（古代史談話会編『邪馬台国』）、三ページ。

ところが昭和以降の記紀批判の進歩の結果は、記紀の古い部分、とくに仲哀天皇以前（崇神・垂仁朝をふくむ）は造作・脚色が多く、歴史的事実と思われる部分ははなはだ少ないとする説が有力となった。(8)これには今日なお反対の論者もあるが、右の批判的見方に立つならば、畿内説でも、倭人伝と記紀の不一致は問題にならない。さらに、伝承にもせよ、記紀の記載が崇神朝から詳しくなることと、崇神天皇が初代の天皇を意味する所知初国天皇《はつくにしらすすめらみこと》（『古事記』）あるいは御肇国天皇《はつくにしらす》（『日本書紀』）の称号をもつことに注目して、大和朝廷が崇神朝からはじまるとする説が強くなったが、崇神天皇の崩年干支の戊寅を、二五八年から一運六〇年くりさげると三一八年となり、崇神の即位は三世紀末ごろと考えられる。ちょうどこのころは大和に前期古墳が成立してくる時で、新しい政治権力が生まれる時期としてふさわしい。大和朝廷の成立を三世紀末ごろとするのが、今日有力な学説といってよいだろう。

（8）直木孝次郎「大化前代の研究法について」、同「日本古代史の再検討」（『日本古代国家の構造』所収）。

そうすると倭人伝にみえる邪馬台国は、三世紀前半から中葉にかけての存在だから、大和朝廷成立以前の国となり、倭人伝の解釈は、記紀など大和朝廷に伝えられた所伝の制約から全く解放される。古墳研究と記紀批判の発達――この二つの新しい知見を前提とすることにより、近年の邪馬台国論は、明治・大正から終戦前に至る諸研究とは違う段階に立って行なわれている。私もまたこのことを認めた上で、倭人伝を読み直すこととしたい。

邪馬台国の位置　邪馬台国の位置を示す問題の文章を、読み下し文に直して示すと、次の通りである

（『魏志』のうつし誤りと思われるものは訂正した。官名のふりがなは、かりにつけたものである）。

郡（帯方郡）より倭に至るには、海岸に循《したが》って水行し、韓国を歴《へ》て、乍《あるい》は南し乍は東し、其の北岸①狗邪韓国に到る七千余里。始めて一海を度《わた》る千余里、②対馬国に至る。其の大官を卑狗《ひこ》と曰い、副を卑奴母離《ひなもり》と曰う。（中略）又南して一海を渡る千余里、名づけて瀚海と曰う。③一支国に至る。官を亦卑狗と曰い、副を卑奴母離と曰う。（中略）又一海を渡る千余里、④末盧国に至る。四千余戸有り。（中略）東南陸行五百里にして、⑤伊都国に到る。官を爾支《にし》と曰い、副を泄謨觚《しまこ》、柄渠觚《ひここ》と曰う。千余戸有り。世《よよ》王有るも、皆女王国に統属す。郡使の往来して常に駐《とど》まる所なり。東南して⑥奴国に至る百里、官を兕馬觚《しまこ》と曰い、副を卑奴母離と曰う。二万余戸有り。東行⑦不弥国に至る百里、官を多模《たま》と曰い、副を卑奴母離と曰う。千余戸有り。南して⑧投馬国に至る水行二十日。官を弥弥《みみ》と曰い、副を弥弥那利《みみなり》と曰う。五万余戸可《ばか》り。南して⑨邪馬台国に至る、女王の都する所、水行十日陸行一月。官に伊支馬《いきま》有り、次を弥馬升《みまし》と曰い、次を弥馬獲支《みまかき》と曰い、次を奴佳鞮《ぬかて》と曰う。七万余戸可り。女王国より以北、其の戸数、道里は略載す可きも、其の余の旁国は遠絶にして得て詳かにす可からず。

国名に番号をつけておいたが、①狗邪韓国は朝鮮の南端部の一国で、のちの加羅すなわち金海付近であろう。そこから海を渡り、②対馬国、③一支国（いまの壱岐）を経て、④末盧国に上陸する。末盧は前にふれたように唐津市か東松浦郡の名護屋付近であろう。ここから陸行となり⑤伊都国に達する。伊都が糸島郡の深江または前原町付近に比定されることも前に述べた。⑥奴国は博多付近、⑦不弥国は糟屋郡宇美町にあてる説が有力である。ここまでは諸説ほとんど一致している（図1参照）。不弥については、大宰府付近あるいは宗像《むなかた》郡津屋崎町付近とする説もあるが、北九州の一角であることにおいては変わりがない。これからさきが九州説と畿内説とで大きく分かれる。

いうまでもなくそれは、倭人伝の解釈のしかたにかかっている。倭人伝によれば、不弥国からさきは投馬国も邪馬台国も北九州の一地点からいって南の方角にあるという。南という方位を重んずれば、両国は九州のどこかになければならぬ。だが、邪馬台国の位置を、北九州の一点から水行二〇日を旅した投馬国から、さらに水行一〇日陸行一月の地とすると、とても九州島内にはおさまりきらぬ。記載に誇張があることを認めても、大隅・薩摩あたりの九州南端部に求めなければならぬ。三世紀代においてそのようなところが倭人の政治的中心であったとは到底考えられない。そこで「南」とあるのは「東」の誤りだと倭人伝の方位を訂正すると、北九州から瀬戸内海を行くか、山陰の海岸ぞいに日本海を行くか、二つの道すじがありうるが、どちらにしても邪馬台国は畿内大和におちつく。つまり、方位を重んずれば九州説、行程距離を重んずれば畿内説、というのが従来の倭人伝の読み方であった。

ところが近年、従来と異なる全く新しい読み方が榎一雄によって発表され[9]、位置論争は新局面を迎えることになった。榎説は、邪馬台国に至る旅程記事の書き方が伊都国を境として、その前と後とで違っているという事実から出発する。伊都に着くまでの記事は、

始度㆓一海㆒千余里、至㆓対馬国㆒、……又南渡㆓一海㆒千余里、名曰㆓瀚海㆒、至㆓一支国㆒、……又渡㆓一海㆒千余里、至㆓末盧国㆒、……東南陸行五百里、到㆓伊都国㆒、

とあって、方位・距離・目的地の順に記されているが、伊都国から後は、

東南至奴国百里、……東行至不弥国百里、……南至投馬国水行二十日、……南至邪馬台国、女王之

所都、水行十日陸行一月、

とあり、方位・目的地・距離の順となっている。伊都までの旅程は、従来のように継続的・直線的に読むべきであるが、それ以後は書き方が変わっているのだから、同じように解釈するのは正しくない。中国の他の史籍の表記法を参照するならば、伊都からそれぞれの地（奴・不弥・投馬・邪馬台）への旅程を、別々に示したものと解するのが正しい読み方である。すなわち、伊都以後の記事は、伊都を中心として、いわば放射式に解すべきである（図2参照）。

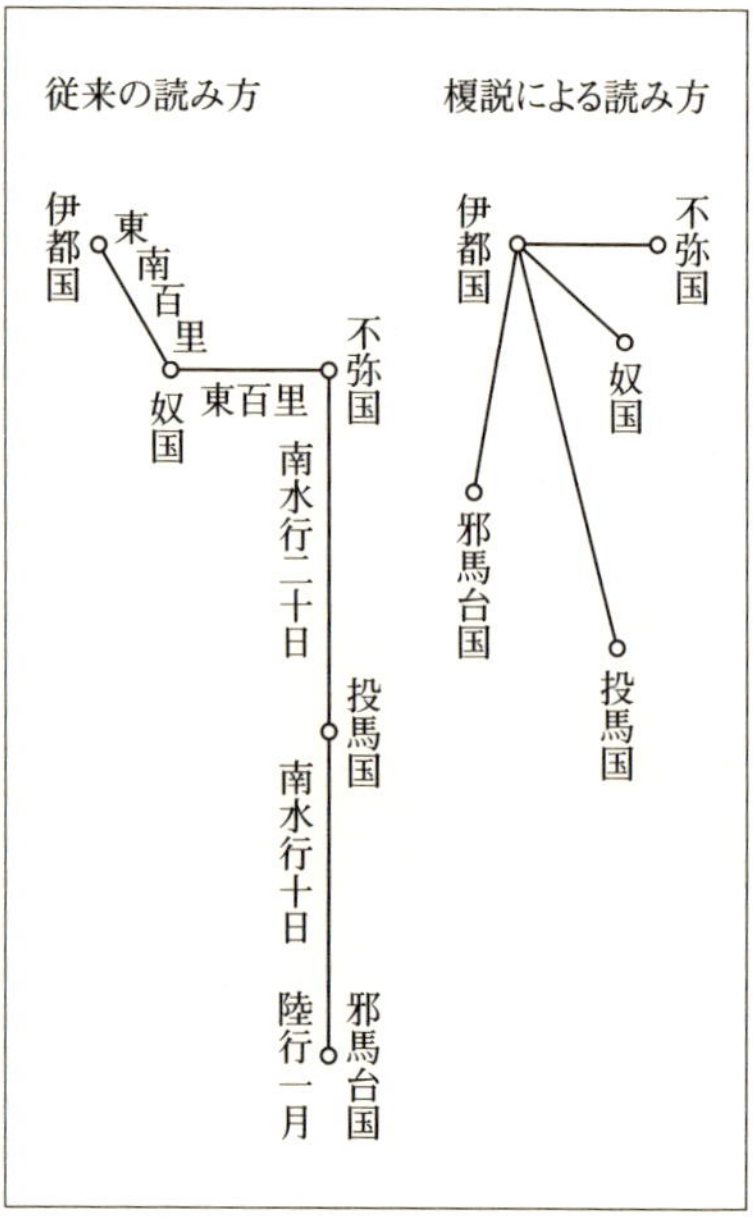

図2

（9） 榎の意見がはじめて発表されたのは「魏志倭人伝の里程記事」（『学芸』四巻九号、一九四七年）であるが、一九六一年に著書『邪馬台国』（前掲）にまとめられた。

以上が榎の読み方の大要であるが、このように読むと、伊都から邪馬台国までの距離は、水行一〇日陸行一月となる。従来はこれを一〇〇里＋一〇〇里＋水行二〇日＋水行一〇日陸行一月と考えていたのだから、非常な短縮である。さらに榎は「水行十日陸行一月」を志田不動麿[10]にならって、「水行ならば十日、陸行ならば一月」と読み、邪馬台を伊都の南陸行一月の地とし、方位のみならず距離においても、北九州説が正しいとするのである。

（10）志田不動麿「邪馬台国方位考」（『史学雑誌』三八編一〇号）、一〇〇一ページ。

陸行一月でもかなりの距離である、という論に対しては、榎は『唐六典』に、一日の歩行距離を五〇里とした規定があるのにより、一月の行程を一五〇〇里と計算し、倭人伝では末盧・伊都間を五〇〇里としていることから考えて、それほど遠距離とはいえない、という解答を用意する。また、伊都・邪馬台間を一五〇〇里とし、かつ放射式読み方によると、帯方郡から邪馬台までの総距離は、

7,000＋1,000＋1,000＋1,000＋500＋1,500＝12,000（里）

となり、倭人伝が別のところで「郡より女王国に至る万二千余里」といっているのにピタリと一致する。これも榎説の大きな強みである。このように説明した上で、土地の比定としては、邪馬台は植村清二の[11]説をとって、筑後三井郡御井町付近、投馬は牧健二説[12]をとって、日向児湯《こゆ》郡妻《つま》町付近、とするのが榎説の結論である。

（11）植村清二『神武天皇』一四七ページ。

（12）牧健二「魏志の倭の女王国の政治地理」（『史学雑誌』六二編九号）、八三七、八三九ページ。

既往の学説の盲点をついた鮮やかな読み方で、この説が出て以来、文献の上では九州説が優勢になったことはいなみがたい。しかしもちろん批判もある。伊都以後はいかにも放射式に読めるが、直線式に読んでもよいではないか、という考えが当然出るであろう。橋本増吉は榎と同じく九州説であるが、次のように論ずる。[13] 狗邪韓国は旅程記事の最初に出てくる国で、直線方式のはずだが、倭人伝には「乍《アルイハ》南《シ》乍《アルイハ》東《シ》、到《ル》其《ノ》北岸狗邪韓国《ニ》七千余里」とあり、方位・目的地・距離の順に記されている。これは伊都以後と同じ方式で、方位・目的地・距離の順に記すことは、放射式読み方を意味しないのである、と。

（13）橋本増吉『東洋史上より見たる日本上古史研究』一〇二ページ以下。

だが榎説は、牧健二によって補強された。その説の主要な点は、倭人伝に見える「到」の字の用い方の検討にある。牧によれば、「到」は『説文解字』の段玉裁注に「到は至の地を得たる者なり」とあるように、目的地に到達することを意味する語であって、問題の旅程記事中には、到は朝鮮南端の狗邪韓国への到着と、郡使の常駐する伊都への到着を記した所にだけ用いられ、邪馬台国への行程を記した所には、奴・不弥・投馬などと同じく、「至」が用いられている。もし、伊都から奴・不弥・投馬を経て邪馬台国に到着したのならば、到の字でなければならぬ。至が用いられているのは、放射式読み方の正しいことを示す。牧の説を要約すれば以上のごとくである。

（14）牧健二「邪馬台国問題解決のために」（京都大学読史会『国史論集』所収）、『邪馬台国問題の解決のために』の補説」（『史林』四三巻二号）。

旅程記事の読み方の大すじとしては、榎・牧説が最も合理的であると思う。しかし放射式読み方が正しくても、九州説が正しいとは限らない。邪馬台を九州の一地点に比定することについては、私はなお疑問を禁じえないのである。榎・牧両氏の見解を、現在の段階における九州説の代表とみなして、疑念を開陳しよう（榎の地名比定はさきに述べた。牧は投馬を日向妻、邪馬台を筑後山門郡とする）。

第一に、邪馬台を御井町とすれば、もちろん、山門郡にあてても、伊都からの距離は九〇キロメートルぐらいで、陸行一月というのにはあまりに近すぎる。これに対して、一月というのは、伊都・邪馬台間が魏代の尺度で一五〇〇里ほどあるのを、一日五〇里として計算した机上の日数で、実際には一月もかかったのではない、と弁明されるであろうが、実距離が一五〇〇里とわかっているのなら、何故にそう明記しなかったかという疑問が生ずる。魏の使は伊都に駐《とど》まり、邪馬台国へは行かないのだから、邪馬台までの里数は知らないはずで、里数から三〇日という日数を算出したのではなく、倭人から三〇日かかるという報告を得て、そのまま本国に報告したものと思う。伊都・邪馬台間が一五〇〇里ならば、ちょうど帯方・女王国間の万二〇〇〇里にあうというさきほどの計算も、実は『魏志』ないし『魏略』の編者が、三〇日という報告をもとにして一五〇〇里と換算し、伊都までの一万五〇〇〇里にプラスして一万二〇〇〇里という総里数をはじき出したのに相違ない。伊都・邪馬台間を一五〇〇里としたから総距離が万二〇〇〇里になったのであって、総距離が万二〇〇〇里だから、伊都までの万五〇〇〇里をさしひいた残りの一五〇〇里が、伊都・邪馬台間の実距離に近い、というのは本末の顚倒である。

疑問の第二は、「水行十日」である。邪馬台国まで船で一〇日かかるというのだが、牧・榎両氏とも、伊都から東西両松浦半島・西彼杵《にしそのき》半島・島原半島を迂回し、有明海を北上する航路を考えている。これだけのコースを一〇日で航走することは不可能ではあるまいが、当時の幼稚な航海術ではかなりの危険が伴う。歩けば事実上は三、四日で行ける所を、一〇日もかけて危険な水路をとる必要があろうか。もし邪馬台が筑後のどこかであるならば、水上一〇日の交通路があったというのは、いかにも不審である。

第三は、投馬を妻に比定することである。御井町や山門郡からの距離がかなりあるが、御井・山門まで水行一〇日で行けたとする以上は、投馬は水行二〇日の地だから妻あたりにおかないわけにはいかない。だが弥生時代後期の三世紀に、筑後の勢力が日向中部にまで及んでいるというのは、あまりに大胆な想定である。主として弥生後期に製作されたと思われる国産銅利器の分布をみると、筑前・筑後を主として、豊前・豊後・壱岐・対馬・肥後北半からさらに中国・四国にまで及んでいるが、日向には及んでいない。そのほか、筑後と日向の間に政治的関係があったことを思わせるような遺跡・遺物は何もない。また倭人伝によれば、投馬は戸数五万を有する倭人伝中第二の大国だが、そのような発達した集落の存在を想像させるような遺跡の存在も、日向からは報告されていない。

以上の三つの疑問のうち、第三点の投馬は、豊後の大分あたりに比定しなおすこともできるから、致命的な弱点ではないが、第一・第二の疑点から、私は倭人伝を放射式に読んだ上で、九州説に賛成できないのである。

邪馬台国畿内説　九州説に反対すると、畿内説をとらざるをえない。しかしいうまでもなく畿内説には、九州説の側からすでに多くの疑問の矢がはなたれている。たとえば、(1)倭人伝では邪馬台国が伊都の「南」にあるとするが、その方位をどうするか。(2)倭人伝は女王国の所属の国を列挙したあとに、「此れ女王の境界の尽くる所なり。其の南に狗奴国有り、（中略）女王に属せず」とあるが、狗奴国をどこにあてるか。(3)「女王国の東、海を渡ること千余里、復た国有り。皆倭種なり」という文をどう解するか。また、(4)「水行十日陸行一月」で伊都から大和へ行けるか、ということも問題になろう。そのほかにもいろいろあると思う。いますべての疑問に答えつくす余裕がないが、上記の問に対しては、簡単に答えておこう。

(1)邪馬台国を畿内大和とするには、「南」を「東」に読みかえなければならない。その矛盾については、すでに指摘されているように、『後魏書』勿吉伝《ぶっきつでん》において東南とすべき所を東北とした例があり、古代の史籍の方位には往々誤りのあること、『魏志』倭人伝自体の中でも、末盧を唐津とすると、伊都は末盧の東北にあたるのに、「東南陸行」とあり、九〇度の誤差を生じていること、また当時の中国人は、倭人の国が南北に長くつらなる島であるという先入観を抱いていたから、[15] その観念にあわせて邪馬台国の方位を南としたと考えられること、などの理由で説明することができる。

(15)　肥後和男「大和としての邪馬台」(前掲)、室賀信夫「魏志倭人伝に描かれた日本の地理像」(『神道学』一〇号)。

(2)は狗奴《くぬ(な)》国の比定である。倭人伝によるとこの国はのち卑弥呼の国と「相い攻撃」するようになったとある。九州説では、「女王の境界の尽きるところの南」にあるというから、当然熊襲《くまそ》が想起され、狗奴国をこれに比定して問題は起こらない。しかし畿内説では、南を東の誤りとすれば毛野《けの》(のちの上野・下野)、南をそのまま南とすれば紀伊の熊野とする説が立てられる[16]が、邪馬台国をおびやかす三世紀の強国としては、不適当の感をまぬがれない。私はこれを女王の支配する地域の南とみなし、九州説と同じく熊襲の前身にあててよいと思う。[17] 旅程記事では南を東としながら、ここでは南をそのまま認めるのは不都合だと非難されるかもしれないが、狗奴国記事は旅程記事と別系統の史料とみなせば、問題は起こるまい(本論文の末尾に記した「後記」を参照)。

(16)　山田孝雄「狗奴国考」(『考古学雑誌』一二巻八～一二号)、志田不動麿「邪馬台国方位考」(前掲)。
(17)　畿内説の内藤虎次郎も「卑弥呼考」(前掲)の中で、狗奴国を肥後国菊池郡城野郷にあてている。

(3)は、女王国の東に一〇〇〇里の海をへだててまた倭種の国があるという記事の解釈である。九州説では豊予海峡をへだてた四国方面をさすことになるが、畿内説でも解釈にこまることはない。東の海は、東をそのまま東とすれば伊勢湾、北の誤りとすれば琵琶湖のことが誇張して伝えられたと考えればよい。

(4)の「水行十日陸行一月」の問題も、「水行ならば十日、陸行ならば一月」と分けて読むと、北九州から大和までの日数に不足するだろうが、「水行十日と陸行一月」の意とすれば、適当な日程であろう。

分ける読み方は、現在の段階では、九州説を成立させるための読み方で、続けて読んでも別に差しつかえはない。伊都を出発して、水行一〇日ののちに山陽道のどこかに上陸し、あとは陸行一月で畿内大和にある邪馬台国に到着するというコースを、私は考えるのである。（『魏志』『魏略』の編者は、水行一〇日と陸行一月で邪馬台に到着するという報告を、陸行一月で行けると誤解し、万二〇〇〇里という里程を算出したのだろう。）奈良時代の史料には、防人《さきもり》を輸送するのに、筑紫大津（那ノ津）から備前児島（岡山県児島半島）まで水上一〇日を要するという記録(18)がある。三世紀のころでも、順風にめぐまれれば、一〇日でこのあたりまで行けたのではなかろうか。それから大和まで、陸路一月はやや長いが、それほど不自然な日数ではない。

(18)「筑後国正税帳」（『大日本古文書（第二巻）』）、一四六ページによる。岸俊男「防人考」（『万葉集大成（第一一巻）』）、一〇五ページ。なお『延喜式』によると、大宰府から京都までの行程は、水上三〇日と計算されている。

これに連関して、投馬はどこに比定するかという問題もある。放射式読み方に従い、かつ邪馬台国へのコースを山陽道ぞいに求める私の立場からすると、投馬は四国方面に位置する可能性が大きいことになるが、『和名抄《わみようしよう》』にみえる讃岐国三野郡託間《たくま》郷（託間町付近）に比定するのが、最も妥当と考える。託間町は海に沿い、港をもつだけでなく、付近から国産の銅剣・銅矛および銅鐸の出土がめだって多く(19)、弥生後期において開発の進んだ地であったことは確実である。私は、投馬国は卑弥呼が直接支配する女王国の版図に入り、女王国から派遣され、伊都に所在する「一大率《いちだいそつ》」によって検察される不弥・奴・伊都・末盧・一支（壱岐）・対馬の諸国とは区別されるべきであると思うが、投馬を託間にあてるならば、その地は銅剣・銅矛分布圏にありながらも、同時に畿内を中心とする銅鐸分布圏に入り、銅剣・銅矛分布圏にのみ入る不弥以下の諸国とはやや性格の違う地であることが、考古学的にもいえそうである。このことも、邪馬台＝大和、投馬＝託間とする私見に有利であろう。

(19)『図説世界文化史大系（日本1）』付図、弥生式時代の三大文化圏、『世界考古学大系（2）』付図、銅鐸・銅利器分布図。

そのほか、畿内大和説の利点については、これまでに多くの畿内論者によって述べられている。なかでも、同笵鏡《どうはんきょう》の分布状態からする小林行雄の論(20)などはとくに重要な意見と思う。そのいちいちについては、すでに発表された先学の論著に譲り、ここではくりかえさない。私としては、倭人伝の読み方は榎・牧の放射式が正しいと考えるのだが、しかし邪馬台国を九州とすれば多くの不合理が起こるので、倭人伝自身や傍例を参照して、「南」を「東」に読みかえることにより、畿内大和説に落ちつかざるをえなかったのである。

(20) 小林行雄「同笵鏡論」(『古墳時代の研究』所収)。

邪馬台国の構造　以上の論説が認められるならば、二世紀末の倭国の大乱ののちに成立した卑弥呼の国は、畿内大和を中心として、伊勢湾または琵琶湖の線を東または北の境界とし、西は吉備・讃岐の線、すなわち瀬戸内海東半の地までを直接の支配下におき、さらに遠く北九州の伊都国に監督官を派遣し、対馬から不弥に至る六カ国を統率していたと考えられる。この監督官が前節の終わりの方でふれた「一大率」なのだが、卑弥呼の国がこのような構成になっていたことが推定できるのは、倭人伝に、

女王国より以北には、特に一大率《いちだいそつ》を置き、諸国を検察せしむ。諸国之《これ》を畏憚《いたん》す。常に伊都国に治す。国中に於いて刺史《しし》の如きあり。

とみえるからである。文中、以北とあるのは以西の意に解すればよいであろう。刺史というのは中国の地方官で、郡国の政治をつかさどることを職とする。『魏志』にいう女王国の範囲はやや不明確であるが、私は上記のように瀬戸内海中部以東の地と考えたい。さきに引用した旅程記事の終わりのところに、「女王国より以北、其の戸数、道里は略載す可きも、云々」（四六ページ一二行以下）とも見えており、この文によって投馬国を女王国からはずす意見もあるが、女王国に入れるべきだという牧健二の説[21]が正しいと思う。倭人伝は旅程記事の次に、「其の余の旁国」として、卑弥呼に従う国の名を斯馬国以下二一あげている。この二一国に邪馬台国・投馬国をあわせた計二三国が女王国（その範囲は瀬戸内海東部から伊勢湾に及ぶ）で、北九州の六国がこれに付属していたのである。

(21)　牧健二「『邪馬台国問題の解決のために』の補説」（前掲）、二八八ページ以下。

このようにみると、卑弥呼の支配下の国はすべて二九、銅鐸分布圏の大半を女王国として直接統率し、銅剣・銅矛分布圏の中心部分を属国化していたといってよいであろう。以下これを邪馬台国連合と呼ぶ。

この連合国の支配の構造について詳細を知ることはできないが、倭人伝は北九州の末盧以外の五国と、投馬・邪馬台の諸国について、さきに引用した史料（四六ページ）に見えるように、その国の役人（官）の名を記している。表示すると次ページの通りである（なお参考のために、狗奴国の官名をも付記する）。

このうち狗奴国は邪馬台国に対して独立国だから、狗古智卑狗は狗奴国王が独自においた官とみられる。他の諸国の官も、卑狗・爾支・多模・弥弥などまちまちの名称をもっていることから考えて、邪馬台国から派遣された官ではなく、それぞれの国王が任意に設置した官であろう。ただし副官は、対馬・壱岐・奴・不弥の四国は、卑奴母離という官名を共通にしている。坂本太郎[22]は「同じ言語を使う民族の案出する官であるから、時に名称の一致するものもあることに不思議はない」という理由から、これをも各国の任命官とするのに対し、井上光貞(23)は、邪馬台国から派遣された辺境防備のための官と解する。私は、一応井上説に従っておきたいと思う。

(22) 坂本太郎「魏志倭人伝雑考」（古代史談話会『邪馬台国』所収）、一三六ページ以下。
(23) 井上光貞『日本国家の起源』（岩波新書）、一六〇ページ以下。

表

国　名	大　官	副　官　以　下
対　馬	卑　狗	卑奴母離
壱　岐	卑　狗	卑奴母離
伊　都	爾　支	泄謨觚，柄渠觚
奴	兕馬觚	卑奴母離
不　弥	多　模	卑奴母離
投　馬	弥　弥	弥弥那利
邪馬台	伊支馬	弥馬升，弥馬獲支，奴佳鞮
狗　奴	狗古智卑狗	

したがって、北九州諸国はかなりの独立性をもってはいたが、伊都に駐在する監督官と、各国駐在の派遣官とによって、卑弥呼の統制を受けていたことになる。女王国を構成するそれ以外の二三の国々に対する女王の統制は、もっと組織的で強力なものとみてよかろう。画一的な支配ではないが、近畿から北九州にわたる広範な領域を、このような形で統治していた卑弥呼の国＝邪馬台国連合は、奴国や面国を中心とし、北九州の一部だけを版図としていた一、二世紀の倭国連合より、一段と進んだ段階に達したものとしなければならない。ある程度組織化され、持続性のある権力による支配が成立していたと考えてよかろう。

しかし邪馬台国連合の支配機構には、一面において、まだ十分に合理化され固定化されていない弱さもあった。それは卑弥呼についての倭人伝の次の有名な記述によって、うかがうことができる。

――卑弥呼は鬼道を事とし、よく衆を惑《まど》わす。年はかなり取っているが、夫はない。男弟があって、卑弥呼を佐《たす》けて国を治めている。

卑弥呼が王となってから、彼女に会ったものは少ない。婢千人に身のまわりの世話をさせている。ただ男子一人だけが、飲食を給したり、卑弥呼の言葉を伝えたりするために、居処に出入りしている。（口語訳）

これには誇張があるようだが、卑弥呼が呪術的・宗教的な色彩を濃厚に持つ王であることは、間違いあるまい。彼女が、北方アジアにひろがっている原始的宗教であるシャマニズムの司祭、すなわちシャマンの一種であろうということも、古くからいわれている。卑弥呼とその国は、政治的権力だけではなく、呪術的宗教的な力によっても、支えられていたのである。弥生時代のいちじるしい遺物である銅鐸が宗教的色彩の濃い遺物であることも、当時の社会の宗教性が強いことを示し、卑弥呼のようなシャマン的王のあらわれる基盤のあることを語っている。

このように卑弥呼の国が国家として未熟さをもつことは、卑弥呼自身が専制者としてあらわれたのではなく、「共立」されて王となったという歴史にもあらわれている（三八ページ引用の史料参照）。たがいに戦っていた倭人諸国が、卑弥呼を共立して王とした。卑弥呼の国は独自の権力基盤の上に建設されたのではなく、倭人諸国の勢力均衡の上に成立したのである。

といって、彼女を諸国のロボットとみるのも誤りだろう。二世紀末からの約半世紀にわたり、二十数国に君臨することは、ロボットの王のよくなしうるところではない。共立された卑弥呼は、女王国に属する諸国王のもつ公権力を次第に吸収し、専制的地位を獲得して行ったのではなかろうか。卑弥呼が東亜の国際情勢に敏感に反応し(24)、魏にたびたび使を送るような活発な行動をとるのも、彼女が君主としてすぐれた資質をもつことを示している。

(24) 卑弥呼が魏にはじめて遣使した二三九年は、魏が半島に勢力をのばし、楽浪郡の南に帯方郡をおいた二三八年の翌年にあたる。魏に敬意を表する必要を感じたのであろう。

これを要するに、三世紀前半の西日本は、卑弥呼の支配のもとに、古代的権力国家形成の一歩前まで来ていたということができよう。[25] それは、二世紀以来の鉄器普及が政治の上にもたらした成果といってよいかもしれない。

(25) 九州論者の中には、朝鮮では三世紀の前半、百済も新羅もまだ統一的な態勢には至っていない、このころ日本の統一が進むというのは時期的にはやすぎはしないか、という意見もある。しかし韓民族の統一が進まなかったのは、楽浪・帯方両郡を通じて、中国の勢力が強くこの地方に及び、統一をさまたげたためであろう。旗田巍『朝鮮史』(岩波全書)、一九ページ以下、三上次男「古代の朝鮮」(古代史談話会『邪馬台国』所収)、一〇七ページ以下。

邪馬台国と英雄時代論

邪馬台国連合が権力的政治組織をもつ国家の一歩前のものとするならば、それは英雄時代の国家とみなしてよいのだろうか。

日本古代における英雄時代の問題は、一九三〇年に高木市之助によってはじめて取りあげられたが、[26] 日本古代史の特質を明らかにしようという明確な問題意識をもって、日本の英雄時代の特殊性を具体的に考察したのは、一九四八年に石母田正の発表した論文「古代貴族の英雄時代」[27] にはじまる。英雄時代とは、簡単にいうと、無階級の原始社会から階級社会が成立してくる過渡期の一つであり、古代国家の形成が行なわれる激動の時期である。階級の分化はすでに起こっているが、族長とその下にある共同体の民衆との階級的対立はまだ表面化せず、むしろ族長は民衆の性格を自己のうちに包括し、民衆と一体になり、その先頭に立って行動するという英雄的性質をもつ。石母田正は英雄時代をこのように規定した上で、四、五世紀の日本を英雄時代に相当すると考えた。

(26) 高木市之助「日本文学に於ける叙事詩時代」(『吉野の鮎』所収)。
(27) 石母田正「古代貴族の英雄時代」(『論集史学』所収)。

四、五世紀のことは本稿の対象ではないのでふれないが、石母田説に従うならば、四、五世紀に比して一層国家形態が未熟であり、しかも無階級社会とは考えられない三世紀の邪馬台国連合は、英雄時代の一部とみなすべきだろう。しかしこの見方に対しては、いくつかの反論がある。北山茂夫が「邪馬台国への小国家群の『統属』の政治形態は（中略）いわば総体的（人頭税的）奴隷性への傾斜を現わしているといえないであろうか[28]」と述べ、上田正昭が「邪馬台国の王権は、（中略）基本的には共同体のアジア的形態を基礎とする専制君主の方向をめざす権力である[29]」とするのは、その例である。けれども井上光貞は、北山・上田の説をさらに批判[30]して、邪馬台国連合においてはこれを構成する諸小国の主体性の強いことを論じ、「地方小国家の国王たちは、階級的支配者にまでは達せず、共同体の代表者のような存在だったかもしれない」とし、「このような社会は石母田氏のいう英雄時代、政治体制についていえば、原始的民主制の段階」であると述べた。

(28) 北山茂夫「日本における英雄時代の問題によせて」(『改造』一九五三年十月)、のち北山、吉永共編『日本古代の政治と文学』に収む。後者、一七ページ。
(29) 上田正昭「邪馬台国問題の再検討」(『日本古代国家成立史の研究』所収)、五五ページ。
(30) 井上光貞『日本国家の起源』(岩波新書)、一六六ページ以下。

たしかに井上の論証したように、卑弥呼の権力はそれほど強大であったとはいえないし、傘下諸国の独立性は強く、邪馬台国連合が「ルーズな連合体」であることは認めるべきである。しかし、そうだからといって、英雄時代や、まして原始民主制にむすびつけて理解しようとするのは、論理の飛躍ではあるまいか。倭人伝に、倭人の風俗を叙して、「会同坐起には父子男女別無し」とあるのは、倭人社会に氏族共同体的な性格が濃厚に存することを示しているが、「下戸、大人と道路に相い逢えば、逡巡して草に入り、辞を伝え事を説くには、或は蹲《うずく》まり或は跪《ひざま》ずき、両手は地に拠《よ》り、之が恭敬を為す」とあることからすると、倭人の社会には、大人と下戸の二つの階級が明確に区別されて存在したと思われる。そのことはまた、「尊卑各々差序あり、相い臣服するに足る」とか、「諸国の文身《ぶんしん》（いれずみ）各々異なり、或は左にし或は右にし、或は大に或は小に、尊卑差有り」とかの表現からもうかがえる。そのほか、卑弥呼が魏へ生口を献じていることは、奴婢の存在を語ると思われるが、生口は戦争で得た捕虜または罪を犯して自由を失った者かもしれないから、共同体から没落して生じた奴隷の存在はあまり重視することはできまい。それにしても、大人と下戸の二階級があり、倭の諸国の王はその上に君臨するのだから、これを英雄時代の英雄と考えるのは、困難であると思う。

これらの王の間には、卑弥呼の共立から想像されるように、一種の合議制があったかもしれないが、それは原始民主制とは別のものである。それぞれの王が民衆の間から選出され、民衆の討議によって政治が行なわれるような体制を原始民主制というべきで、その体制の基礎となるのは、氏族制や原始的な共同体ではなくて、広範な独立農民の存在であろう。水稲農業が成立してまもない三世紀の日本に、そのような農民がほとんど存在しないことは、詳論するまでもあるまい。倭人伝にも、民衆の集会によって王が選ばれたり、政務が討議されたことを思わせるような記事は一つもない。

以上によって私は、邪馬台国連合は、無階級社会から古代国家成立に至る過渡期にあらわれた国家形態の一つであるが、英雄時代の国家や、原始民主制にもとづく国家ではなく、アジア的な共同体を専制的に支配している小国家群の連合体と考える。そして三世紀末に連合国家の組織が革新され、卑弥呼以上に強力な権力をもつ大和朝廷があらわれ、いわゆる大和国家（倭政権）が誕生するのである。

最後に簡単に邪馬台国連合の消長のあとを述べて、本稿をとじることとしよう。

二三九年（景初三）、卑弥呼は難升米《なんしょうまい》を使者として、帯方郡を経て、魏の都洛陽《らくよう》に朝貢し、男女生口一〇人・班（斑にも作る）布二匹二丈などを献じた。これに対し、魏の皇帝は卑弥呼を親魏倭王とし、金印紫綬を与え、銅鏡一〇〇枚その他の品々を授けた。これらの品をたずさえた魏の使は、翌二四〇年（正始元）に倭へ来た。魏がこのように倭を優遇したのは、倭をはるか南方の会稽《かいけい》（福建省）や儋耳《たんじ》・朱崖《しゅがい》（海南島）付近にある国と思っていたので、倭を味方として強敵呉《ご》を牽制するのに利用しようとしたからであろう、といわれる。二四三年（正始四）、卑弥呼はまた使をつかわし、生口、倭錦などをたてまつり、二四五年（正始六）、魏は難升米に黄幢《おうどう》（黄色の旗）を与えた。

二四七年（正始八）、卑弥呼は狗奴国と交戦状態にあることを帯方郡に報告し、郡の太守王頎《おうき》は使を倭につかわして告諭した。卑弥呼はその後まもなく死んだ。『魏志』は死んだ年を明記していないが、『北史』には「正始中、卑弥呼死す」とあり、二四八年までが正始なので、二四七年または二四八年のこととされる。死んだあと、卑弥呼のために大きな塚が作られたという記事があるが、事実と思われないことはさきに述べた。その後男王が立ったが国中が服さず、ふたたび内乱がおこり一〇〇〇余人が殺された。そこで卑弥呼の宗女（あとつぎ）で一三歳になる壱与《いよ》（『梁書』『北史』は台与《とよ》と書く）を立てて王としたところ、国中がおさまった。

ここでひとこと、宗女壱与の出現について説明を加えておきたい。宗女とは、あとつぎの女の意であろうが、卑弥呼の実子ではあるまい。なぜなら、倭人伝によれば卑弥呼には「夫婿」がなかったはずだし、また彼女は二世紀末に王となっているから、死亡した時は六〇歳以上の老齢のはずで、一三歳の娘があったとは思われない。それでも、卑弥呼が壱与を自分の後継者として養育していたのなら、壱与の即位から、一種の母系制の存在したことが考えられるが、卑弥呼のあとをまず「男王」(卑弥呼に近侍していた男弟かもしれぬ)がついだことでわかるように、父系制の傾向が強いことに注意すべきである。当時、男王が立つのが一般的で、女王が立つのは内乱後の特殊な場合に限られるのではなかろうか。

この時の内乱の起こった事情を考えてみると、卑弥呼の死が契機となっているらしいことからいって、彼女の専制的支配の政治に対する諸国の反抗ではないかと考えられる。さきにも少しふれたように、卑弥呼は長い治世のあいだに連合国家の統制を強化し、共立された王から専制君主への方向を取りはじめていたと想像されるが、それが諸国の不満を招き、狗奴国の反乱によって一層激化したのであろう。乱の結果、卑弥呼の権力的地位を直接継承しようとした男王は追放され、政治的に無力な一三歳の少女の即位となったのである。かつての卑弥呼同様諸国によって、壱与は共立されたものとみてよかろう。これからすれば、三世紀中葉の日本は、特定の個人に権力を集中する中央集権的専制国家成立の段階には、まだ到っていなかったのである。

しかし、共立であり、連合政権であっても、偉大な王であった卑弥呼の宗女という権威が壱与には加わっている。卑弥呼は新しい連合国家の新しい王としてあらわれたが、壱与は卑弥呼の宗女として、卑弥呼の連合国家を継承するのである。一、二世紀の奴国・面国連合にはなかった世襲化の端緒がはじまったといってよい。天皇を中心とする大和政権の諸要素は、卑弥呼・壱与治下の邪馬台国連合において、徐々に成熟しつつあった。

王位についた壱与は、生口三〇人や白珠五〇〇〇孔・青大勾珠《こうしゅ》（まがたま）二枚などの品々を魏に献じ、後援を謝した。『魏志』倭人伝の記事はここで終わり、この後約二〇年をへだてて、晋の泰始のはじめ（二六六年ごろ）、倭の使が晋に入貢したことが『晋書』倭人伝に見える。おそらくは壱与の遣使であろう。

日本が朝鮮に大規模な進出をはじめるのは、これより約一〇〇年ののちである。その間に大和朝廷が成立・発展したものと思われるが、その経過を語るたしかな文献史料は、今日全く伝わっていない。国家の発生を語る筆は、ここでとどめねばならぬ。

〔後記〕　畿内説の場合、狗奴国の所在地をどこに比定するかという問題を、私はこの論文で、「狗奴国記事を別系統の史料として、九州論者の追及をかわそうとしたが、松本清張氏に「自説に都合の悪いところは『別系統の史料』で茶をにごすのは悪いクセである」（『古代史疑』）と、きびしく批判された。改めて私見を述べる。

近年の研究によれば、古墳の発生期に弥生時代の方形周溝墓の一辺の中央に設けられた陸橋が次第に発達し、前方後方形の墳丘墓が成立するが、これを起源とする前方後方墳が、古墳前期に東日本を中心に数多く造営される。この墳形の古墳は中期に減少し、後期には出雲などごく一部に残るにすぎない。『魏志』倭人伝によると、邪馬台国の南に狗奴国があり、卑弥呼は晩年に邪馬台国と戦ったという。邪馬台国畿内説をとると、方位の南は東に読みかえなければならないが、右に述べた古墳前期の考古学的情況を考えると、狗奴国以外に前方後方墳を造営した勢力を考えることは困難である。その狗奴国による前方後方墳連合勢力の中心は濃尾平野にあったであろうと、白石太一郎氏は推定する。狗奴国の所在地は濃尾平野と考えてよいであろう（白石太一郎『東国の古墳と古代史』二〇〇七年、学生社）（二〇〇八年記）。

二　古代国家の成立

1　古代国家の成立過程

松山と私　直木でございます。「古代国家の成立」ということで一時間半お話をいたす予定でございますが、その中で、伊予の国をどのように位置づけるかということも、重要なテーマとして取り上げてみたいと思います。

一時間半のうち、半分ぐらいを日本国家の成立について、あと半分四〇分ぐらいを、伊予の位置づけというようなことでお話ししたいと思っておりますが、自分が住んでいない、よく知らない土地へ来まして、その土地の話をするというのは、実はしゃべる者にとっては大変不安がともないます。土地勘が十分ではありませんので、地名など読み方を間違えたり、そのために勘違いをしていたりするというようなこともよくありまして、あるいはそういった間違いがでてくるかもわかりませんが、それはお許しをねがって、きょうは相当大胆に思い切ったことをしゃべらせていただきたいと思っております。

松山のことはよく知らないと申しましたが、今からちょうど四〇年前、戦争中のことですが、昭和十九年の三月から二十年の三月まで、私は松山の三津の港の近く、吉田浜にありました海軍飛行予科練習生、通称予科練の松山海軍航空隊に一年間、練習生としてではなくて、予備学生出身の教官として勤務しておりました。戦争中のことで、空襲を受ける以前でございましたが、松山の町へでましても、たいていの店屋は閉めておられて、大街道《おおかいどう》を通っても森閑とした感じでありましたけれど、本屋さんなど店は開けておりまして、日曜日などは外出の際に本屋に出入りして、いくつか思い出深い書物を求めて、いまも何冊かは所持しております。

そういうことで、松山へは戦後は今回まで一度しか来たことはありませんのですけれども、戦争中だから懐かしいとばかりはいえない、いろんな思いがございます。それだけに、松山でこういう会があるから出て来ないか、といわれますと、やはり、行かざるを得ない、という気持ちで来たしだいで、この機会に松山の、また伊予のこともよく考えてみよう、と思ったわけでございます。

古代特有の国家形態　最初に古代国家の成立のアウトラインを申し上げようと思います。この場合、古代国家をどのように定義するかによって、成立の問題が変わってまいります。国家の成立といわずに、古代国家の成立というところに、一つの問題があろうかと思います。

つまり、古代国家というと、単なる国家一般ではなくて、古代に特有な形態の国家のことであります。封建国家、近代国家、それぞれ特色がございます。国家論をやっているいとまはありませんが、封建国家は大体は地方分権ですね、日本の場合は封建国家といっても、かなり中央集権的な制度が残っておりますが、大体は地方分権的な性格の強いのが封建国家の場合の特色とされております。

それに対して、古代国家は専制的な要素を持っている。つまり専制国家といった性格が大なり小なり付随している。それに加えて中央集権という体制が古代国家においてはともなうものでありまして、やはり日本の場合も、ただ単に国家ができたから古代国家の成立、ということではなくって、当時の中央政権、以前は大和朝廷、いまは大和政権、大和国家という言葉を使っておりますが、その大和王権、大和政権による専制的な中央集権国家がいつごろ確立してくるか、という問題についてはじめにお話をしてみたいと思います。

そういう集権国家ができあがっていくためには、統制力としての軍事力がある程度整備されてくることが必要である。それは武の方面ですが、文の方面では、官僚によって統一支配が行われていく。その官吏が現われてくるという問題も考えなければならない。またその武力や官吏、軍隊や官僚群を養うための財政の問題、これもある程度整備されなければならない。そうして、中央集権といっても、具体的には中央から官吏が派遣されて行って地方を統治している。そういう地方統治の問題。こういったことも古代国家を成り立たせている要素として、考えていく必要があるだろうと思います。これらの条件が出そろってくるのはいつか、ということを中心に前半のお話をしたいと思っているわけでございます。

四、五世紀は連合国家

それ以前は、連合国家といったような形態が日本にもあったのではないか。つまり、大和王権の力は、かなり四、五世紀から強かったと思われますが、まだ四世紀や五世紀の時期には、各地域にも強力な地域政権が成立しておりました。大和政権とは無関係ではない、一種の連合関係を取っていたけれども、必ずしも全面的に服従していた、というような形態ではなかった。一種の連合国家のような形態をとっていた、というふうに見ていいんじゃないかと考えております。

連合国家の形態でも、やはり大和が中心だから、これも古代国家の第一段階というふうに考えるべきだというご意見もございます。しかし、先に申したような条件なり要素というものを重視しますと、近年の学界では、古代国家の成立をだんだん下へ下げてくるというのが、大体の傾向のようであります。私も古代史に携わって三十数年やっていますと、やはり時代によって学説もいろいろ流行がございまして、流行という言葉が悪いんで、発展といったほうがいいかもしれませんが、やはり波がございまして、近年は古代国家の成立というものをだんだん下げて考える。これはある意味で学問の発達の結果、史料の批判が厳密に行われていった結果と思いますが、新しく見る方は、大化改新以降古代国家が成立するという、いや大化改新も『日本書紀』に書かれていることは事実というわけではなく、天智《てんじ》天皇か天武《てんむ》天皇のころ、七世紀後半になって古代国家が成立するんだと、こういうお説もございます。

六世紀中葉に成立か　しかし現在、学界の主流的な考えは、六世紀の中葉ごろを中心にして考える、というのが有力学説になっているんじゃないかと思います。しかし、もう少し古く考えて、雄略《ゆうりゃく》天皇ですね、もう六年前になりますが、一九七八年に埼玉県の稲荷山古墳から出ました鉄剣に「獲加多支鹵大《わかたけるだい》王《おう》(1)」という銘文のあることが判明しました。それから、今から一〇〇年余り前に、九州の熊本県から出てきました江田船山古墳の、これは剣でなくて刀のほうですが、太刀の銘(2)に、今までよく読めなかったのが、稲荷山古墳の鉄剣銘と比較して、やはり「獲加多支鹵大王」と読むのがよいと思われる銘文が出てきております。「獲加多支鹵大王」は雄略天皇と考えていいと思いますが、雄略は倭王武《わおうぶ》として中国の宋《そう》に使いを出しております。この雄略天皇のときに、古代日本の国家形成というものはかなり進んだのではないか、五世紀の末ごろを古代国家の一つの画期と見るべきではないか、というお説も今日有力になっているかと思います。

しかし私は、倭王武のときには、かなり強力な統一国家はできており、倭王武・雄略の権力は、東は関東地方中部、西は九州中部まで及んでいたということは事実だと思いますが、一方、ほぼ同じころ、江田船山古墳から出土している品物の中には、朝鮮南部、新羅《しらぎ》系の遺物がたくさんでております。作られたのは新羅であるのか百済《くだら》であるのか、厳密には申せませんけれども、大体朝鮮南部の新羅ないし百済でできたと思われる、非常に立派な冠《かんむり》とか耳飾り、沓《くつ》、こういったものがでておりまして、私は、この段階の九州の豪族は、大和政権にも従属しているけれども、朝鮮南部の王権とも連絡を取っていたと考えます。

こういうようなことで、まだ必ずしも強力な統一国家になっていなかった。整った統一国家にはいま一歩という段階であって、そのために、雄略天皇のときにはヤマト王権は非常に勢力が伸びますが、雄略の没後、各地で反乱が起こってくる。今の岡山県東部を本拠とする吉備《きび》の上道《かみつみち》氏の反乱[3]が雄略の没後行なわれたということが、『日本書紀』にでてまいります。ここらあたりの『日本書紀』の記事は、全部を信用することはできませんので、吉備氏の反乱という記事をどこまで評価するか、これもいろいろ説がございますが、雄略のときには強力な国はできたけれども、基礎が十分にまだ定まっていなかった、というふうに私は考えております。

統一の基礎は継体朝から　これが基礎が固まってくるのが、『日本書紀』の天皇の代数をそのまま信用しますと、雄略から四代からかぞえて四代目の武烈天皇のあとになる継体天皇が現われてきて、越前、近江から南下して大和に入って、新しい政権を打ち建ててくる。これは六世紀前半と考えられますが、このあたりから大和国家の統一というものは、確実な歩みを始めてくる、というふうに思うわけでございます。

その武力でございますが「大和国家の軍事的基礎」（井上光貞著作集、第四巻）という有名な論文を、一九四九年、今から三十数年前に井上光貞さんがお書きになりましたが、その中で井上さんは靫負《ゆげい》の軍隊と舎人《とねり》の軍隊というものを、史料の中から拾い上げて、これが大和国家の重要な軍事力である、ということをいわれました。そのときの井上光貞さんの研究だと、靫負の軍隊、靫は矢を入れる道具ですが、それを背負っている軍隊ですね。おそらくこれは歩兵だろうと思います。弓矢を主要な武器とする歩兵、これが五世紀ごろから現われてくる。やや遅れて五世紀の後半ぐらいから舎人、これは井上さんの研究で有名になったわけですが、東国の国造《くにのみやつこ》クラスの豪族、つまりのちに郡の大領、少領、つまり郡の長官、次官になるような地方豪族、特に東国の武勇にすぐれた地方豪族の子弟が、舎人として天皇の側近に奉仕して、天皇親衛軍を形成する。これが五世紀の後半から六世紀にかけて発達してくる、ということを論証されました。

中央軍事力強化　このご意見は、大体は承認していいと思うんですが、私は靫負《ゆげい》というものを、五世紀よりは六世紀を中心にして考えるべきであり、舎人《とねり》のほうも五世紀から現われてくるけれども、これが発達してくるのは、やはり六世紀というふうに解釈したほうがよかろうと思っております。その論証を一々やっている時間はありませんので、私の結論だけで今日はご勘弁願いたいと思いますが、ようするに、五世紀末から六世紀にかけて、靫負、舎人という強力な軍事組織が現われてくる。

靫負を率いる一番上に立つのは大伴《おおとも》氏である。大和国家の軍事面を担当する大伴氏が靫負を率いている。舎人のほうは天皇に、五、六世紀に天皇という言葉はございませんが、大王に直属している。こういう二重組織でした。後にこの舎人の伝統が兵衛府《ひょうえふ》になり、靫負の伝統が衛門府《えもんふ》になる。兵衛府は古くはツワモノトネリノツカサ、衛門府はユゲイノツカサと読まれていました。兵衛府は天皇の一番側近を守る。衛門府はその名のとおり宮城の門を守る。宮の外側を大伴の率いる靫負が守る。八世紀の律令国家の段階の衛門府は、必ずしも大伴氏が常に衛門府を率いていたわけじゃありませんが、伝統を歴史的に申しますと、衛門府の前身をなす靫負は大伴氏が率いて、宮門を守るという体制でした。天皇の側近を守るのが、後の兵衛府の前身になる舎人である。こういうような形で中央軍事力が強化されてくる。

つまり、大伴、物部《もののべ》だけが軍事を担当しているのであれば、大王権力というものもそんなに強力になり得ないけれども、大王直属の軍事力が整備され、むしろ靫負の軍事力を上回るような力を持ってくる。これが私は六世紀の状況ではないかと思います。

内蔵・大蔵・屯倉　官人制、官僚制について申しますと、これは経済制度の発展と表裏いたしますが、蘇《そ》我《が》氏が主導する大蔵《おおくら》、内蔵《うちくら》といった経済制度が、六世紀になって発達してきます。いわゆる斎蔵《いみくら》・内蔵・大蔵の三蔵の制度ができてきたということが『古語拾遺《こごしゅうい》』(4)にでてきております。このうち斎蔵というのは果たして実在したかどうかわかりませんが、大蔵、内蔵という制度は、蘇我氏の指導のもとに、渡来人の知識を利用して六世紀代に整ってきたということは、これは認めてよいかと思います。『古語拾遺』は、蔵の制度は雄略天皇のころに整ってくると伝えています。そこまでさかのぼらしてもよいかもしれません。

史料を見ていきますと、われわれが見得る史料はほとんど八世紀で、奈良時代の史料でございますが、蔵人《くらひと》という氏《うじ》を持っている人たちの名前がかなりたくさん出てまいります。河内蔵人《かわちのくらひと》・高安蔵人《たかやすのくらひと》・次田《すぎたの》蔵人《くらひと》・芦屋蔵人《あしやのくらひと》・池上蔵人《いけがみのくらひと》・細川蔵人《ほそかわのくらひと》、あるいは川原蔵人《かわらのくらひと》、これらの上にくる河内・高安・次田・池上・芦屋・細川などの名称は、大体地名でありまして、大和・河内・摂津の地名として大体解釈できます。その系譜も、全部はわかりませんが、わかっているかぎりは朝鮮系の渡来人の子孫がほとんどで、渡来人のなかから蔵人という氏ができあがってきているようでございます。

そのほか、大蔵・内蔵に関連するのは、渡来系の秦氏《はたうじ》、それから東漢《やまとのあや》氏・西文《かわちのふみ》氏があります。これら渡来系の文筆、あるいは計数に通じた人々を利用して、経済制度が整ってくるのです。

蘇我氏はそのほかに、屯倉《みやけ》を地方に設置する上にもかなり力を振るっております。岡山県の吉備の有名な白猪屯倉《しらいのみやけ》というのも、蘇我の稲目《いなめ》と馬子《うまこ》二代によって整備されますが、実際に現地へ行って管理しているのは白猪史《しらいのふひと》という、西文氏と関連のある渡来人の子孫です。これが白猪史として、白猪屯倉の管理をやっている。

こういうような、地方には屯倉、中央には内蔵・大蔵。内蔵が天皇直属の蔵である。大蔵が朝廷の蔵である。ちょうど舎人《とねり》と靫負《ゆげい》に対応するように、経済面でも内蔵・大蔵の制度ができあがってくる。

そのほか、多くの「人」を下につけている氏《うじ》の名称が奈良時代の史料にでてまいります。たとえば酒《さか》人《ひと》・宍人《ししひと》。宍人は料理人と思います。氷を扱う氷人《ひひと》。丹人《にひと》、これは染物か彩色を扱う技術者でしょう。手工業者の手人《てひと》。織物を織る服人《はとりひと》。こういったようなのは、官人といっても、多くは技術者であって、代々その技術をもって朝廷に仕えている。こういう人たちが大量に現われてくる。こうした下級官人の組織を、私は人制《ひとせい》となづけています。

初期官人制　七世紀の初め、聖徳太子が蘇我馬子《うまこ》とともに作ったという歴史の書物のことが、『日本書紀』にでてまいりますが、その中に、「天皇記」[5]「国記《こっき》」[6]というのが書物として、初めにでてきます。

それから「臣《おみ》連《むらじ》伴造《とものみやつこ》国造《くにのみやつこ》百八十部《ももあまりやそとものお》并《ならびに》公民《おおみたから》等《など》本記《もとつふみ》」という長い名前の歴史書のことがみえますが、その中にでてくる百八十部《ももあまりやそとものお》の「部」は、いわゆる部の民という下層民衆、直接労働者階級を指す「部《べ》」ではなくって、「とものお」と読むべきで、下級官人層を意味している。臣、連、その次に伴造、国造がきまして、それから百八十部ですから、「とものお」(旧仮名では「とものを」)ですね。伴造の下で朝廷の事務に従事している部《とものお》。部《とも》は下級官吏です。これが一八〇種類あったというのは、誇張があると思いますが、推古朝になりますと、一八〇種もあるといわれるぐらい多種多様の下級官人層が現われてくる。

そのもととして、六世紀にこういった蔵人や酒人・宍人・手人などが現われてきます。蘇我氏が活動を開始するのが、欽明天皇の時代から後でございますが、欽明天皇と申しますのは、先ほど申しました近江からでてきまして新しく大和の王になる継体天皇の子供ですね。継体天皇の没後すぐに欽明が王位についたという説と、安閑天皇、宣化天皇の治世が合計七、八年続きまして、その後、欽明天皇が王位につくという説と、二つございます。後者は『日本書紀』の所伝です。いずれにせよ、六世紀の半ばごろから三二年ないし四〇年という長期間、欽明天皇が王位にありました。その欽明天皇の下で、経済面、財政面で腕を振るうのが蘇我氏で、蘇我氏のためにだんだん大伴・物部が圧迫され、まず大伴が没落し、続いて物部が欽明天皇が死んで十数年ですが、六世紀末に没落していく。蘇我氏が勢力をふるう六世紀中葉に初期官人制というものが現われてくると思われます（後記　現在では官人制の萌芽は五世紀後期までさかのぼらす考えもある）。

官位十二階　その発展の上に立って、推古朝の官位十二階というものも制定されてくるんではないかと思います。官位十二階というのは、大徳《だいとく》、小徳《しょうとく》から始まりまして、仁《じん》、礼《れい》、信《しん》、義《ぎ》、智《ち》という儒教の五つの徳目を並べて、その上に徳を据えて六階級、それに大小をつけて一二。これは普通、聖徳太子が作ったと、小学校以来多くの教科書に出ておりますが、『日本書紀』にはそうは書いてないんですね。ただ、官位十二階を定めた、とあります。現在では聖徳太子一人で作ったんじゃなくって、むしろ蘇我馬子の考えもかなりあったのではないか、という意見が強くなっていると思いますが、ともかく推古朝にそういうものが作られる。これにより貴族・豪族だけでなく、官人層に位を与えていく。

それは必ずしも人材登用のために考えたのではなくって、役人がたくさん増えてくると職階制を明らかにする必要がある。国家組織では先進国であり、日本が教えを多く受けている高句麗《こうくり》、百済《くだら》、新羅《しらぎ》という朝鮮三国に、すでにその官位制が現われてきているわけですね。それを参考にして官位十二階を作って、増えてきた官人の序列を作り、上下関係をはっきりさせていく、という必要からこういう制度ができたと考えるべきで、人材登用というのは、その結果人材登用にも利用されたんで、人材登用のために必ずしもそういうものを作る必要はありません。むしろ位階制なんかないほうが人材登用はやりやすいんじゃないか、というふうにもいえると思います。しかし、それはいま特に議論する必要はないことで、そういうようなことで六世紀から七世紀の推古朝にかけて官人制が整備されてくる。

国造制の成立　こういう軍事組織や官僚制を維持するための財政の確立が必要ですが、すでに申しましたように、中央に大蔵・内蔵の制度を作り、地方には屯倉《みやけ》を置いています。そして地方の屯倉を通じて租税を取り立て、稲を中央に輸送させる、というようなことのほかに、地方の豪族を国造《くにのみやつこ》として組織する、いわゆる国造制というものも、六世紀ごろに発展してくるんじゃないかと思われます。

国造制の起源も、五世紀にまでさかのぼらせて考える考え方もあり、かつてはそれが常識であったのですが、近年の研究では、大体六世紀を中心に国造制ができてくるんじゃないかというふうに考えられていると思います。

律令の財政でありますと、ご承知のように租《そ》・庸《よう》・調《ちょう》というものがあります。これは物納の租税です。それに雑徭《ぞうよう》という肉体労働・強制労働があります。この租・庸・調・雑徭の四種類が律令財政の基本になるものでございますが、そのほかに諸国貢献物というものが令《りょう》に規定されております。あちこちの国から奉るもの、この諸国貢献物というものの起源になるのは、私は諸国に設定された国造が朝廷に奉る品物、これが諸国貢献物の起源になるのではないかと思います。地方豪族を国造に任命して一種の自治権を与えることで、中央集権にはやや遠い形なんですけれども、その代償として財政的負担を負わせる。そういうもので国家財政が整っていく。

屯倉による地方支配　屯倉の制度はいつ成立するかというのも、いろいろ問題がございますが、『日本書紀』によりますと、継体天皇の次の安閑天皇のときに、全国に二六の屯倉を設定したという記事がでてまいります。これは安閑天皇のときだけでほんとうに二六できたとは、ちょっと考えにくいんですけれども、大体六世紀の前半から中葉にかけて、屯倉が各地に置かれていったとみてよいと思います。『日本書紀』では屯倉と書きますが、これは各地にたむろするという意味ですね。この字からはみやけという読みはでてくるはずはないんで、風土記などは御宅、あるいは御家と書きます。それが崩れて三家と書いたり三宅と書いたりします。これは要するに朝廷の出先機関という意味で、敬語をつけて御《み》。宅《やけ》は事務を処理する所。ようするに朝廷の出先機関を各地に設置する。

これは財政・経済だけでなく、地方支配のため朝廷の派遣した一種の先兵みたいなもので、軍事的な性格も持ち、むろん政治的な性格も持ち、経済的な性格も持っている。そういうものを兼ね備えていたのですが、七世紀後半になってきますと、軍事面・政治面の機能は、令制の軍団制だとか、国司《くにのみこともち》だとかいうものが現われてとってかわり、屯倉の機能は財政が主になってまいりますので、『日本書紀』は屯倉という倉という字をあてるようになったんだろうと私は解釈しております。ただし、詳しくいうと、各地の国を支配するために、中央から派遣する官吏を国司というのは、大宝令制で、それ以前は、「宰」または「国宰」といったようです。「ミコトモチ」または「クニノミコトモチ」と読んだかと思いますが、「サイ」「コクサイ」と音よみしたかもしれません。

元来は、そういう財政も含めた中央権力の地方支配の出先ということで、屯倉が各地域に設定されていって、屯倉を通じて国家財政も整えられていくとともに、全国統一支配が進んでいく。ですから国造というものは一種の自治権を持っていたけれども、一方からいうと絶えず屯倉に監視されている。屯倉には中央から田令《たつかい》と呼ばれる官人が派遣されている。これが後の国司のもとになるものだと思いますが、田令が各地域にいて、にらみをきかして、だんだん屯倉の勢力を広げていって、やがてその屯倉の監視のもとに、国造は郡の長《おさ》、つまり郡領に転化していく、という経過をたどるんだろうと思っております。系譜的にいうと、田令が発展して宰になり、さらに国司になるのでしょう。

地方国家豪族による反乱　そういう形で、各地域の支配が進んでいくわけです。そこへ至るまでにいくつかの問題があります。各地域の内乱とか反乱とかいうことが、その主要なものです。かつて地方に独自の権力を有していた強力豪族というものがいた。そこに対しても大和政権は容赦なく屯倉を設定して、地方豪族の権力をだんだん切り縮めていく。それに抵抗するのが地方豪族の反乱です。たとえば先ほど申しました吉備政権の反乱で、これは比較的早く、雄略大王に対抗する形で、五世紀の終わりごろに起こったというふうに考えていいかと思います。

東国の上野国《こうずけのくに》、下野国《しもつけのくに》、あのあたりには上毛野《かみつけの》氏が大きな権力を振るっておりました。特に上野の地方には上毛野氏が大きな権力を持っている。下野のほうには下毛野氏がいたはずでございますが、特に強力なのは上毛野氏であって、六世紀中ごろに、稲荷山古墳のあたりにいた武蔵国造《むさしのくにのみやつこ》が事件を起こしております。

これは、武蔵国造部内のお家騒動が起源でありまして、後継者が二手に分かれる。一方はすぐ隣りの上野国の上毛野氏の力を頼ろうとした。一方は遠いけれども大和権力の力を頼ろうとする。こういう争いが起こって、結局、近くの上毛野氏の力を頼ろうとしたほうが没落して、遠い大和政権の力を頼ったほうが勝って、笠原直《かさはらのあたい》というウジ、カバネを持っている者が、大和政権のバックによって武蔵国造家の跡目相続に成功するわけですが、もうこの段階では、上毛野氏の勢力は、ずっと遠いところに存在する大和権力に対抗できないような状況になった。大和権力がそこまで大きくなってきている。これは上毛野氏が直接反乱をしたわけではないんですが、上毛野氏は勢力が低下し、本拠を上毛野より畿内へ移し、畿内豪族化したようです。大和政権のもとに屈服したことを表わしていると思います。

磐井の乱　『日本書紀』の記事によりますと、笠原直の事件が起こるのが安閑元年、この事件より少し前に起こるのが、継体朝の九州筑紫《つくし》の磐井《いわい》の反乱でございます。六世紀前半に起こります磐井の事件までは、大和政権は一応九州に勢力を伸ばしており、雄略大王のときにすでに筑前、筑後よりさらに南の肥後の豪族まで支配下に引き入れていたけれども、先ほどちょっとふれましたように、九州の豪族は完全には大和政権に屈服していなかった。

筑紫国造《つくしのくにのみやつこ》磐井《いわい》と申しますが、これは後に磐井の子孫が筑紫の国造になったので、磐井も筑紫の国造というのですが、磐井自身は国造にはおそらくなっていなかったんじゃないかと私は思います。これを国造のような形で統制下に引き入れようとしたのに対して、磐井が反抗し、これを大和朝廷側が征服するために、大和政権の軍事的氏族として有力な物部荒甲《もののべのあらかひ》・大伴金村《おおとものかなむら》、この両者を派遣した、と『古事記』にみえてます。『日本書紀』では出陣したのは麁鹿火《あらかひ》（荒甲）で、大伴金村は行かなかったように書いてありますが、『古事記』にみえるようにあるいは両方ともでかけていったのかもしれません。

ともかく大和政権は全力を挙げて磐井と戦い、足かけ二年かかって継体二十一年に磐井を打ち倒したと『日本書紀』にでております。その中で磐井が反乱を起こす前に大和から来た使いに対して「おまえは偉そうにしておるけれども、ついこのあいだまでおまえとおれとは一緒に同じような仕事をしておった仲ではないか。なぜそんなにいばり散らすのか」という意味のことをいっております。つまり、磐井は大和政権とは全然無関係ではなくって、大和政権のもとでは、大和の中央豪族も、九州のいわゆる地方豪族であり、地域政権の王である磐井も同等の立場にあったのに、大和政権が中央の豪族より一段下に磐井を位置づけようとしたところ、反乱が起こってきたと考えられます。

その反乱は、『日本書紀』に書かれているところでは、磐井は新羅の王と連絡を取った。『日本書紀』のことですから新羅をいつも悪く書くので、新羅の王から賄賂をもらって磐井が反乱を起こした、というふうに書いてありますが、賄賂というのは『日本書紀』の粉飾で、新羅と連絡を取って大和政権に対抗したということは事実かもしれません。こういう国際的な意味を持った事件であると思います。

しかし、結局磐井は敗れて、その勢力は大和王権に屈服し、そして『日本書紀』では、先ほど申し上げました継体の次に即位する、継体天皇の王子の安閑天皇のときに、筑紫・豊前・豊後・肥前・肥後から、東は上野国にかけて、二六の屯倉の設置記事を一括して掲げております。これは先ほど申しましたように、安閑朝はわずか二年しかありません。この二年の間にやったことではなくって、その前後十数年、あるいは数十年の間にこういう屯倉の設定をしていったと考えていいかと思います。このとき四国では阿波に春日部屯倉を置いています。これ一ヵ所しかでてきませんが、春日部屯倉を設定したということがでております。この屯倉が律令制の地方支配の形である国と郡で地域支配を実現していく、国郡制の基礎になっていく、と思われるわけでございます。

国家形成と諡の制度

このころ古代国家の形が整ってきたことは、諡《おくりな》の制度がでてくるということにも表われていると思います。ご承知のように、神武を始め、先ほどから雄略とか継体とか欽明とかいっておりますが、これは『古事記』や『日本書紀』にはまったくでてこない名前です。いいやすいので、私もこれでしゃべっておりますが、本当は継体は男大迹《おおとの》大王、安閑天皇は勾《まがりの》大王、というべきです。男大迹や勾が本名でございます。ところがこの安閑については広国押武金日天皇《ひろくにおしたけかなひのすめらみこと》というふうに『日本書紀』『古事記』にはでております。その次の宣化天皇は武小広国押盾天皇《たけおひろくにおしたてのすめらみこと》。宣化天皇は高田天皇ともいいまして、これは本名か、高田という土地にいたので高田と呼ばれているのかよくわかりませんが、これが生きている間の名前で、死んでから武小広国押盾、と呼ばれます。このように死後におくられる名を諡といいます。欽明は本名がよくわかりませんが、天国排開広庭天皇《あめくにおしはるきひろにわのすめらみこと》という壮大な諡を持っております。

こういう諡の制度は、日本より早く朝鮮でできておりまして、百済から日本に仏教を送ってきたのが聖明王《せいめいおう》(7)でございますが、むろんあれは本名でなくて、死後つけた諡でございます。ああいう諡の制度が中国ではずっと古くからありますが、朝鮮では、百済では六世紀の初めごろから始まり、新羅ではやや遅れるようです。法興などという王が六世紀中葉にでて非常に働き、新羅の中興の英主といったような人物でございますが、あの法興王の法興は、むろん諡でございます。高句麗《こうくり》は国家形成がもっと早くって、すでに五世紀の初め、好太王碑《こうたいおうひ》で今もわれわれに有名な好太王などというのは、むろん本名ではなくって死後つけられた名前、広開土王《こうかいどおう》ともいいます。

日本では諡はいつから始まるか。継体天皇は男大迹大王で、これはおそらく本名で、諡とは思われない。雄略天皇も幼武《わかたける》大王で、これも諡ではない。若くて強いというのですから、やや尊敬の意味はありますが、生きている間から幼武であって、死んでから特に諡を贈られたとは思われない。諡がでてくるのは安閑・宣化・欽明あたりからで、六世紀の中葉から諡が作られてくる。天皇・大王の地位が高くなって、その名前を口にするのは恐れ多いという意識が少なくとも貴族階級の間にでてきた。一般民衆の意識まではわかりませんが、実名を口に出すのは恐れ多いということになってくるのは、やっぱり国家形成のある一定の段階以後、というふうに見てよいかと思います。

大土木工事による直線道路　そのころから大和盆地には、土木工事で造られた直線道路というものが設定されたようです。大和盆地を南北に約二・一キロの間隔で走っている三つの大道、下津道《しもつみち》・中津《なかつ》道《みち》・上津道《かみつみち》、それと直交して大和盆地の南部を東西に走っている横大路《よこおおじ》。いずれも直線の道路です。それから河内平野へ行きますと大津道《おおつみち》・丹比道《たじひみち》の名前で知られている河内平野の中央部を東西に走っている道があります。その道の一つが竹内峠《たけのうちとうげ》を越えて横大路に連絡するわけですね。その東西に走る大津道・丹比道と直行する道が難波《なにわ》のほうからやってくる難波大道です。この名前は『日本書紀』にはでてきません。現在の研究者がつけた名前ですが、南北に真っ直ぐ通じております。これなんかも発掘によって幅約一七メートルの大道であることが確認されていますが、そういう道ができてきます。

こういう道の存在が確認できるのは、壬申の乱あたり、七世紀も後半になってからの話なんですけれども、下津道を南へ行きますと、ちょうど突き当たり、南の端っこに欽明天皇の陵ではないかといわれている見瀬丸山《みせまるやま》古墳があります。墳丘の差し渡し三一〇メートルで、大和盆地では一、二を争う大古墳であります。現在指定されている欽明陵は見瀬丸山古墳南一キロぐらいの所にある梅山《うめやま》古墳ですけれども、森浩一さんは見瀬丸山古墳が欽明陵ではないかといっておられます。その欽明陵の真っ正面から真っすぐ北へ走っているんですね。このことを最初に指摘したのは岸俊男さんと思いますが、欽明陵と下津道とどっちが先にできたか問題なんですが、私は欽明陵が先にできて、その正面から南北に通ずる道を設定した、というように考えたらいいんじゃないかと思います。しかしこれでは欽明天皇以降にできたということがわかるだけで、起源ははっきりいたしません。横大路の場合は、推古天皇二十一年に飛鳥の都と難波とをつなぐ大道をこしらえた、という意味の記事が『日本書紀』にでてまいります。推古二十一年といいますと六一三年になりますが、七世紀初頭にはこういう大道路、全部はできていなくても、そういう直線道路の設定が、推古朝には進行していた、というふうに見ていいんじゃないかと思います（見瀬丸山古墳は蘇我稲目の墓かとする説もあります）。

大化改新の史実性　こういうような徴証を考えてみますと、大土木工事を誇示するということは、権力の集中がないとできないことで、和風諡号の問題、直線道路の問題、そして官僚制の発達、官位制の問題、大体六世紀後半から七世紀にかけて、古代国家は形を整えてきた、というふうに思います。そうして、その成果の上に立って大化改新《たいかのかいしん》ということになってまいりますが、もう大化改新の問題についてあまりふれている時間がございません。

ただ、大化改新については、もう十数年前から静岡大学の原秀三郎さん、現在京都府立大学の門脇禎二さんや静岡大学の原秀三郎さんを中心にして、大化改新の再検討が行われ、大化改新は実態はなかったんじゃないか、という意見がでています。一時かなり有力な見解とされておりましたが、このごろ門脇さんも、原さんでさえ、大化改新を自分は全部否定しているわけじゃない、というふうにいっておられます。原さんの最近のご意見は、大化は五年間、白雉も五年間ですが、改革が行われるのは白雉であって、大化の五年間はほとんど改革らしい改革はないから、大化改新というべきではない、というふうにいっておられます。しかし孝徳朝にある程度の政治改革が行われたということは、門脇さんも、原さんもどうやら認めておられるようです。

大化改新詔、つまり大化改新の中心的な政治改革について述べた大化改新の詔《みことのり》というのは信頼できない、ということについては、むろんお二人も最初のご意見を毫も崩しておられません。そして原さんは、やはりその政治改革が本当に軌道に乗ってくるのは天智朝以降と見るべきだという点も変わっておりませんが、ある程度の政治改革が大化、白雉の一〇年の間に行われたというのは、このお二人も認めておられるように思われます。

私もそうでありまして、大化改新詔はかなりまゆつばものであるとする点は、門脇・原両氏と同じですが、孝徳朝にある程度の政治改革が行われたと考えています。評《こおり》(8)の制度、のちの郡の制度が、大化五年から白雉にかけてかなり広く施行されたというようなことは、これは認めざるを得ないし、また大化三年に、今までの推古朝に定められた冠位十二階、つまり、大徳・小徳・大仁・小仁といったような制度をやめて、上は大織冠《たいしょくかん》から下は建武《けんむ》までの十三階に改めたというようなことも、事実と考えます。これらは、いずれもかなり大きな改革です。冠位について申しますと、推古朝の冠位十二階は、官僚の中の一番高いポストにいる蘇我馬子、つまり大臣《おおおみ》に当たるような人は、冠位授与の対象にはなっていなかったんですね。中級官人以下に冠位を与えるのです。

ところが、大化の大織冠というのは、後の正一位に当たるわけで、官僚の最高級から一番下のところまで冠位制の中に含み込むということで、官僚制は一段の発展を遂げたと見るべきです。また十三階では少ないのですぐに十九階制を大化五年にこしらえて、冠位の刻みをこまかくする。そして、推古朝以後でも、大臣《おおおみ》・大連《おおむらじ》は冠位を持っていませんが、大化にはそれに代わって、左大臣、右大臣の制ができますが、最初の左大臣、右大臣になりました阿倍内麻呂《あべのうちまろ》と蘇我倉山田《そがのくらやまだ》石川麻呂《いしかわまろ》は冠位を受けようとしなかったけれども、大化五年に新しく左右大臣になる巨勢徳太《こせのとくた》と大伴長徳《ながとこ》は冠位を受けている。このとき皇太子である中大兄皇子《なかのおおえのおうじ》はまだ冠位を受けていませんが、皇族以外の官人は、最高級官人まで位をもらっている。官僚制が上下に浸透してきたということになるかと思います。

そういった点をいろいろ挙げていると、ほかにもあるわけですが、大化改新を契機として国家制度は一段と進んでくる。こういう国家制度の発展を考えるのは、内部的な力の充実のほかに、やはり国際的契機というものも当然考えなければなりません。時間があと四〇分近くございますが、伊予のことも申さねばならないので、国際的契機というものについて詳しく申し上げる時間がなくなってまいりました。

国際情勢と大化改新

何といいましても、中国は南北朝(9)に分かれて長い間分裂をしていた。特に北の方は五胡十六国(10)の乱などと申しまして、塞外民族がたびたび侵入してきて、小さな国が次々に興亡していく。こういう状況では中国の圧力というものは、朝鮮や日本にはほとんど及んでこない。ほとんどというといい過ぎかもしれませんが、あまり及んでこないわけでございます。ところが六世紀の終わり近いころ、五八一年に隋《ずい》がいままでの南北朝を統一して大帝国をつくります。

そこで日本は、それから約二〇年もたってからですけれども、六〇〇年に遣隋使《けんずいし》を送っております。百済や新羅はもっと早く遣隋使を送っておりますが、日本は海を隔てているので少しのんびりしておりまして、一九年後に遣隋使を送っているわけですが、やがて隋は高句麗攻撃を始めます。高句麗ががんばりまして、隋の大軍を追い返して、その痛手が一つの大きな理由になって隋が滅びますので、百済や新羅や日本にまで隋の影響はあまり及ばなかったのですけれども、隋に代わって中国にはより強力な唐《とう》が興ってくる。六一八年のことです。

唐も最初は用心し、高句麗と事をかまえませんが、大化改新の六四五年の直前には、高句麗攻撃を計画して、実際に大軍を派遣してくる。こうなってきますと、朝鮮三国のみならず日本も非常に警戒しなければなりません。この時期に百済では、国王の義慈王《ぎじおう》が即位とともにクーデターを起こして、じゃまになる大臣を追放して、国家権力の統一を図っております。高句麗は逆に大臣に相当する地位にあった泉蓋蘇文《せんがいそぶん》という有力者が、国王を廃立して、自分の気に入った王様を立てて国家権力の集中統一を図っている。新羅では毗曇《ひどん》の乱という貴族の内乱が起こりますが、これを皇太子の金春秋《きんしゅんじゅう》が平らげて、善徳《ぜんとく》女王《じょうおう》を中心に新羅の国家権力を固めていく。こういうように朝鮮三国それぞれの対応をしているわけですね。

もしも蘇我入鹿《そがのいるか》が先手を打っていて、中大兄皇子を追い出して、蘇我氏と関係の深い古人大兄《ふるひとのおおえ》を立てるというクーデターをやっていたら、これは高句麗型になります。泉蓋蘇文の役割を蘇我入鹿がやってのけることになるわけですが、日本では中大兄皇子のほうが先手を打ったので、百済型の政治改革になろうかと思います。じゃまになる大臣である蘇我入鹿を暗殺して、孝徳天皇をかついで新政権を打ち立てる。これがすなわち皇極天皇四年の六四五年六月の板蓋宮《いたぶきのみや》(11)でのクーデターですが、その後にくるものは、当然国家権力の統一強化であって、大化改新がなかったという説は、私は当時の国際状態からいってあり得ない。そういうことは考えられないと思っております。

しかし、いよいよ国家の危機が迫ってくるのは、それから一八年後の六六三年の白村江《はくそんこう》の敗戦。日本から行きました二万とも三万とも称する大軍が、白村江で唐と新羅の連合軍に敗れて、ほうほうので退却する。それ以前に百済はすでに滅びかかっておりますが、これで完全に滅び、続いて六六八年に高句麗も滅ぶ、こういう国際情勢の危機の中ですから、日本の国家権力集中ということは、少々の豪族層の不満があっても、やはり貴族階級としてはこれを強行せざるを得ない。そして壬申の乱を経て天武天皇の統一国家ができる。そして、いよいよ浄御原令《きよみはらりょう》(12)ができ、大宝令《たいほうりょう》(13)ができる、というふうなのが、私の考えている古代国家の成立過程でございます。その中で伊予国をどのように位置づけていくかという点について、あと三〇分ほどで申し上げてみたいと思います。

2　古代伊予国の位置

伊予国は銅剣・銅戈分布圏　私は、四国、なかでも伊予の歴史をいままで特に勉強したことはございませんので、ごく大ざっぱなことしか申し上げられませんが、大和・河内の方面とは、元来は伊予はそれほど関係が深くなかった。これは四国全体について考えますと伊予は一番西の端でございますから当然なんですけれども、具体的に申し上げますと、弥生時代では、伊予国は弥生の中・後期の銅剣・銅戈《どうか》といったようなものはかなりたくさんでております。つまり、北九州を中心にして分布している銅剣・銅戈分布圏の中に伊予はありまして、畿内を中心にして分布している銅鐸《どうたく》分布圏の外にあります。はっきりした銅鐸の出土は、伊予からは一例もないはずでございます。

大古墳がない　古墳時代に入りましても、大和・河内で発展したと思われる前方後円墳などの古墳文化の影響を、四国で一番受けているのは、やはり香川県＝讃岐国と考えていいんじゃないかと思います。讃岐の高松市の南のほうにある石清尾山《いわせおやま》には、古墳時代前期の有名な古墳群がございますが、猫塚古墳というのは、長径差し渡し九六メートル、それから、やはり讃岐にあります快天山《かいてんやま》古墳、前期古墳のほうに入るようですが、これも差し渡し一〇〇メートル。中期になりますと、大川町の大川茶臼山古墳が差し渡し一四五メートルで、四国第一の大きな古墳だといわれております。これに匹敵するような古墳は伊予にはないようで、八〇メートル程度ですね。一〇〇メートルを超える大古墳は、伊予にはない、というふうに思われます。

畿内の古墳にたくさん出てきます三角縁神獣鏡《さんかくぶちしんじゅうきょう》、[14]これもこのごろ、制作地はどこかということが問題になっておりますが、ともかくその分布が畿内中心であることには間違いがない。それは香川県で二面、愛媛県でも二面しかでていないようでございます（樋口隆康『古鏡』新潮社、一九七九年）。

屯倉も県主もない　屯倉、先ほど申しました大和政権とかかわりの深い、六世紀に分布しております屯倉について申しましても、先ほどちょっとふれましたように、阿波に春日部屯倉がありますが、伊予には記録・文献に残るところ、屯倉は一つもないようでございます。

県主《あがたぬし》、これは国造《くにのみやつこ》・県主《あがたぬし》と併称されますが、国造のほうは、地方の独立的な首長をいい、国造は一定の地域を支配していますが、県主は、いわゆる内廷、天皇の直接支配する宮に仕える天皇に直属して、天皇に種々の貢献物を奉り、天皇の側近に仕える人たちを差し出すことを任とします。これも讃岐には小屋県主《こやのあがたぬし》というのが『日本霊異記』[15]に見えますが、伊予には県主の分布もわかっておりません。

そういうようなことで、畿内政権とは比較的関係が薄い地域が伊予であったと思われます。

少ない畿内政権との関係　「氏族と部の分布」（資料4）を挙げておきましたが、すべての史料を挙げつくしていない不備なもので、ご了解願いたいと思います。物部《もののべ》の分布は、木簡《もっかん》の史料が入っておりません。木札に書いた史料（木簡）が平城京、[16]藤原京、[17]その他からでております。それを参考にしますと、もう少し史料が増えるんですが、物部などは讃岐・伊予に分布しております。それから葛城《かずらぎ》氏と関係があるんじゃないかと思われる葛木部も、本当に葛城氏の部と考えていいかどうか、説がございますが、ともかく葛木部というのが、阿波・讃岐・伊予に分布している。こういう例もございます。

それから紀氏と関係のある人たち、坂本氏などがそうですが、讃岐・伊予にみられます。坂本氏は紀氏と同族と考えられております。こういう氏族や部の分布をみますと比較的中央有力豪族の影響というものは、それほど多くなかったんじゃないかと思われます。

この葛城氏も五世紀に没落いたしますし、物部氏も六世紀の後葉には没落していく。紀氏というのは、ある程度の勢力を持っておりますが、五、六世紀においてはそれほど強力な氏族であったとは思われない。

そのほか、部《べ》の分布を見ますと、伊予の特色として私がいえると思いますのは、天皇直属の名代《なしろ》(18)、子代《こしろ》(19)の部《べ》の分布が比較的少ない。まったくないのではありませんが、比較的少ない。讃岐などは壬生《みぶ》部《べ》・日下部《くさかべ》というような名代・子代など、天皇または皇族直属の部ではないかといわれているものが分布しておりますが、伊予にはそれほどそういったものが見られない。それから大和政権の官僚制の一環を担当している渡来系の分布も、伊予には少ないようで、阿波には秦《はた》、あるいは服部《はとりべ》、讃岐にも秦といったような渡来系の分布が知られるわけですが、比較的伊予にはそういうものが少ない。

記紀神話と伊予総領　ところが、『古事記』や『日本書紀』の神代の物語の初めのほうに出てまいります国生み伝説の中で、伊奘諾《いざなぎ》、伊奘冉尊《いざなみのみこと》が磤馭慮嶋《おのころじま》に下って、まず第一に生むのは共通して淡路洲《あわじしま》ですが、その次に生むのは、『古事記』だと伊予二名嶋《いよのふたなのしま》ですね。『日本書紀』の多くの伝えでは、まずその次に大八洲《おおやしま》を生んで、つまり本州を生んで、それから四国を生むということになっておりますが、いずれにいたしましても四国を指すのに伊予二名洲または伊予洲として書かれております。四国を伊予で代表しているわけでございます。それはなぜであろう。大和政権とは四国の中では最も縁の薄かった伊予が、記紀神話ではいきなりクローズアップされて、四国の最も重要な地域として現われてくる。この問題をあとわずかの時間で考えてみたいと思うわけです。

伊予が重視されていたということは、「伊予総領」の存在でもわかります。（資料8）の(1)―ロに伊予総領関係の資料を挙げております。この総領の性格については、通説では、何ヵ国かをまとめて管理する任である。つまり九州の大宰府が九州の九国、最初は七国か八国でありましたが、九州の諸国を統括するのが大宰府で、伊予の四国を統括するのが四国の大宰府だけれども、それを伊予の総領といったんだ、というように、総領と大宰府を同じように考えるのが通説でございます。若干私は異論を持っておりますが、それは省略いたします。

この資料でいきますと、『日本書紀』に「持統三年八月、伊予総領田中朝臣法麻呂《たなかのあそんのりまろ》等に詔《みことのり》して曰く、讃吉国《さぬきのくに》御城《みき》郡《ぐん》獲《う》る所の白鷰《しろつばめ》、宜しく放養すべし」こういう、伊予の総領が讃岐の国に対して命令を下している、ということでございます。

それから、『続日本紀』に「文武四年十月、直大壱石上朝臣麻呂《じきだいいちいそのかみあそんまろ》を以って筑紫捴領《つくしのそうりよう》と為《な》す、直広参《じきこうさん》小《お》野朝臣毛野《ののあそんけの》を大弐《だいに》と為《な》す、直広参《じきこうさん》波多朝臣《はたのあそん》牟後閇《むこへ》を周防捴領《すほうのそうりよう》と為す直広参上野朝臣小足を吉備捴領と為す……」とあります。ここには伊予の総領の記事はでてまいりませんが、筑紫総領・周防総領・吉備総領、こういうふうにでてまいります。こういう筑紫総領・周防総領・吉備総領に対応するものとして伊予総領というものが記事にでてくるわけでありまして、やはりこれは、四国の中では伊予が最も重要な地域であるということを示しております。

伊予が出てきます『古事記』『日本書紀』の有名なエピソードの一つに、允恭《いんぎょう》天皇の皇太子の軽皇子《かるのみこ》が、罪あって流される話があります。その流される先が、伊予国であるということになっております。

これは半ば伝説的ですが、允恭天皇の皇子といいますと、五世紀の後半のことでございます。仁徳天皇の子供、履中・反正・允恭、その允恭の皇太子が軽皇子。これが罪あって太子を廃されて伊予に流されるというのです。五世紀後半に事実そんな処罰が行われたとは私は考えませんが、そういう話が起こるのは、伊予が大和政権と関係は深いけれども、やや辺境の土地であるという考えのあることを示しています。

大体、配流される土地は、便利のいい所に流される場合はあんまりないわけで、淡路に流される例はございますが、例外的で、後の時代になりますと、多くは隠岐島《おきのしま》だとか佐渡島だとか、あるいは土佐国だとか、へんぴな所に流される。伊予はやはりそういうふうに本来見られていた。ところが、伊予でもって四国を代表する。また四国の中で最も重要な官人として、伊予総領をわざわざ中央から派遣している、というような転換がいつ起こったのか、どういう理由で起こったのか、ということを問題として考えてみたいわけでございます。

熟田津と石湯　私は特別な考えはないんですけれども、これを考える上で参考になりますのが、ここのシンポジウム(20)でも三年ほど前にテーマにされました熟田津《にぎたつ》の問題です。斉明天皇が、百済救援軍を派遣するために、自ら大軍を率いて、斉明天皇即位七年の正月に、難波津を発して九州へ赴く。そのときに、吉備国の邑久《おく》郡《ぐん》の大伯《おおくの》海を通って行くことが『日本書紀』にみえますから、当然屯倉のある児島津《こじまのつ》に泊ったと思います。そうすると、瀬戸内海の北岸、つまり山陽道沿いの港々を通って九州へ行けばよいのに、どういうわけか伊予の熟田津へ寄って石湯《いしゆ》に入った、というふうになっておりますが、わざわざ温泉に入るために普通のコースを曲げたんではなくって、何か伊予へ来るには来るだけの理由があったんだろう。

この前のシンポジウムの記録を拝見いたしますと、やはり軍事的な意味が多かったろう、ということを報告の先生方が指摘しておられます。そして伊予に一ヵ月以上滞在して、それからいよいよ九州へ向かって行ったようでございます。

『日本書紀』を読みますと、それ以前に舒明《じょめい》天皇――推古天皇の次の天皇で、斉明天皇の夫である舒明天皇が即位十一年の十二月に、伊予の湯へ行って、翌年の四月に帰っています。これを一体どういうふうに解釈するか。ひょっとしたら、舒明と斉明というと間違えようがありませんが、七世紀には舒明とか斉明とかいう言葉はまだできていない。天皇の漢字二字の名前は八世紀の後半に初めてつけるんで、それ以前はたいてい、岡本宮御宇天皇《おかもとのみやあめのしたしろしめすすめらみこと》と舒明天皇を呼んでいます。斉明天皇は夫の宮にそのまま居座ったものですから、後岡本宮御宇天皇《のちおかもとのみやあめのしたしろしめすすめらみこと》と呼んでいるわけです。ですから斉明天皇が伊予の湯へ行ったことを、うっかり間違えて、舒明天皇も伊予の湯に行ったと、いうふうに書き間違えたんだということも、考えられないこともありませんが、皇后が天皇をおいて、四、五ヵ月も温泉に行くことはないと思います。単なる間違いとは思われない。

舒明天皇がわざわざ伊予まで湯治に行ったように『日本書紀』に書いてありますが、そんなのんきに湯治に出かけるような交通機関はなかったはずです。私はきのうも飛行機で来たんですけれども、私はあんまり飛行機が好きではありません。いまから一〇〇〇年以上前に船に乗って瀬戸内海を渡るというのは、いま飛行機に乗って大阪から松山へ来るよりもっと危険を伴ったことだと思います。湯治のために来るんだったら、ほかにいくらも温泉はあるわけで、孝徳天皇は有馬の湯へ二、三度行っておりますし、斉明天皇は紀の湯へ出かけています。いまでいえば白浜温泉などです。近くにだってあるのに、わざわざ四国の温泉に来るというのは、単なる湯治ではなくって、やはり政治的な意義があったんじゃないか。

伊予国を見直す　そうすると、それは何かと申しますと、やはり当時の政治情勢と関係がある。東アジアの風雲急を告げてくるとき、国内の統一体制をより一層強化する必要がある。特に朝鮮半島から中国にかけて事態が厳しくなってくると、九州との連絡を密にしなければならない。山陽道から九州へ行くとともに、四国と九州とのつながりも密にしなければならない。そういう工作をするために、数ヵ月を必要としたのではないか。伊予は、その結果、土地の重要性が高まってくるということではないかと思っております。

はたして、舒明天皇の伊予行幸からすれば約二〇年後になりますが、白村江の戦いの参加者を見てみますと、「白村江の戦の参加者」（資料7）に書いておきましたが、これはたまたま史料に残った所でありまして、これで白村江に参加した人たちの地域が全部わかるわけではございませんが、伊予からは物《ものの》部薬《べのくすり》と、越智郡の大領の先祖である越智直《おちのあたい》、この二人のグループが、それぞれに白村江の戦いに参加しています。讃岐からも行っておりますが、史料では一例でございます。山陽道も備後の一例だけです。九州の例がやはり一番多い。だから史料によれば、主として九州・四国の、つまり水に慣れている住民を、軍隊として動員して、朝鮮出兵を断行したということになるわけで、そういう事態を白村江の戦いの二〇年前にはたしてどこまで予想したかわかりませんが、しかし危機に備えてあるいは舒明天皇が早くもそこまで手を回したのかもわかりません。

そういうようなことが、伊予国に対する大和政権の見方を変えていったのではないか。いままでは直接の経済基盤ではなかったけれども、これからは伊予こそ重視しなければならない、ということになってきたと思われます。

国造の多さ　先ほどからときどき申しております、四国の国造のことを次にちょっと見ておきたいと思います。『旧事本紀《くじほんぎ》』の「国造本紀」（資料3）をごらんください。この書物が実際にできたのは平安時代初期と思われますが、その当時の残っていた記録に基づいて国造の名前をずらっと列記したものでございます。どこまで信用できるか、ともかく九世紀の書物でございますので問題がございますが、六世紀ごろの史料が残っていて国造本紀には利用されているんじゃないかといわれております。

それを見ますと、粟国造《あわのくにのみやつこ》、長国造《ながのくにのみやつこ》、この二つは阿波国《あわのくに》ですね。讃岐国造《さぬきのくにのみやつこ》、これは讃岐の国です。それから五つが伊予の国造です。伊余国造《いよのくにのみやつこ》、久味国造《くみのくにのみやつこ》、これは後の久米郡と考えられております。小市国造《おちのくにのみやつこ》、これは越智郡ですね。怒麻国造《ぬまのくにのみやつこ》、野間と書くのが普通でございます。それから風速国造《かざはやのくにのみやつこ》。これで五つです。あとは都佐国造《とさのくにのみやつこ》、波多国造《はたのくにのみやつこ》、波多は土佐国の西の端のほうの幡多郡でしょう。中村市のあるあたりだと思います。土佐国で二つ、讃岐で一つ、阿波国で二つ、ところが伊予国は国造が五人もいる。これはやはり伊予国が大和朝廷にとっては、ちょっと手ごわい国といいますか、多くの国造の自主性を認めねばならなかった。あるいは逆にいいますと、伊予の統一が遅れていた、といえるかもわかりません。

讃岐などは、かなり開発が早いんで、有力な国造一人で全部まとめてしまっている。もっとも讃岐国は面積が狭いし、まとまりやすい所で、それに比べますと伊予はずいぶん広いから、まとまりにくいということなど、いろんな条件があったと思いますが、いずれにせよ五人の国造を認めているということは、四国の中でやはり伊予の特殊な性格からきているというふうに思うわけです。こういうわけでおそらく六世紀末から七世紀にかけての国際関係、そして大和政権が日本統一をやっていく過程で、いまでは伊予は勢力圏外だといってほうっておくわけにはいかない。そういうようなことで七世紀に伊予と大和政権の関係を密にしたのではないかと思います。

法隆寺の庄が多い　それから、法隆寺の問題についても一言ふれておきたいと思いますが、「法隆寺《ほうりゆうじ》伽《が》藍縁起幷流記資財帳《らんえんぎならびにるきしざいちょう》」（資料5）は天平十九年奈良時代の中ごろにできた書物でございますが、それに法隆寺に所属しておる庄《しょう》のあり場所を列挙した部分を、ここへ出しておきましたが、右京九条二坊・近江国・大倭国《やまとのくに》・河内国・摂津国というふうに、庄のおかれた地が、ほぼ国別に書かれています。近江は畿外でございますが、畿内を中心に庄が置かれておるのは当然でございますが、それから播磨・備後・讃岐・伊予ときまして、伊予が「拾肆処《じゆうよんしよ》」と一番多いんですね。

この法隆寺の庄の設定が、いつできあがったのか、ともかく史料が天平十九年の史料ですから、聖徳太子のときにこれだけ庄が設定されたとは思われない。多分、法隆寺が一たん焼けて、天武天皇から持統朝にかけて再建が行われ、そして文武朝にほぼ完成する。そういう時期に法隆寺の経済基盤を強化させるために、こういう庄が置かれていったんだと思いますが、それが瀬戸内海をずうっと行きまして伊予まで行っているということは、この時期には瀬戸内海の航路が安定していることを示しています。交通が安定しなければ、遠い所にいくら庄を置いてもそこからの上納品が入ってこず、何も経済的プラスにならないわけですね。伊予に一四も置くということは、伊予と畿内との連絡が非常に密になっている、ということを表わしていると思います。

湯岡碑文　伊予と法隆寺の関係を申しておりますと、「伊予国風土記逸文」（資料2）に見える湯岡碑《ゆのおかのひ》(21)にふれざるを得ませんので、一言だけ申し上げておきますと、先ほど舒明天皇のことを申しましたが、舒明天皇が伊予の湯へ来たということは『日本書紀』にでておりますが、聖徳太子が伊予の湯へ行啓になった、ということは、『日本書紀』にはでておらずに、風土記が唯一の史料でございます。これによりますと、それは法興六年十月のことで、これは推古四年に当たりまして、聖徳太子二三歳でございます。そのときにはたして聖徳太子が伊予へ来たのかどうか。

このとき、聖徳太子が推古天皇に代わって万機を握っていたという、『日本書紀』の記事をそのまま信用すれば、こういうこともあり得たと思いますが、これは聖徳太子を偉人化するための『日本書紀』編者の後の文飾であって、本当に聖徳太子が、実権というか政界で大きな力を持ってくるのは、私はもうちょっと後であって、この時期はまだ馬子の力が非常に大きいと思います。そういうときに伊予まで聖徳太子がでかけてくる可能性は、本当はあまり多くなかったんじゃないか。やはり、後になって法隆寺の庄が伊予国に設定され、法隆寺と関係の深いお寺が伊予にできてくる、というような時期に、こういう伝承ができた、というふうに私は考えたいわけでございます。

しかし湯岡碑文の年代は、碑文によると、推古四年、推古四年は西暦五九六年ですが、六世紀末期でもこういう文章が書かれても不思議はない、というのが国語学者、漢文学者の方の有力なご意見であるようで、文体から私はこれは七世紀後半だと断言する自信はございません。私自身は感じとしてはいまいったようなことを考えますが、結論はなおもう少し保留しておきたいと思います。しかし、こういったようなことで、畿内との関係が伊予も密接になっており、そして国際情勢といったようなことから、伊予の実力と申しますか、地理的地位というものを、大和朝廷が再評価せざるを得なくなって、六世紀末以降、国際情勢のもとで日本の国家統一を再点検する、再組織する過程において、四国で最も重要な場所に伊予を位置づけた、というふうに考えていいんじゃないかと思います。

ちょうど時間になりましたので、これで話を終わらせていただきます。ご清聴どうもありがとうございました。

注

(1) 埼玉県稲荷山古墳から出土していた鉄剣の両側に金文字が象嵌されているのを発見し、レントゲンで透過したところ銘文がほぼ明らかになった。文中の「獲加多支鹵大王」を雄略天皇とすれば日本列島の大部分はその時代に統一されていたのではないかと、日本古代史の全体像を問い直すものになった。

(2) 江田船山古墳出土太刀銘のこと。熊本県玉名郡菊水町の船山古墳からでた鉄刀の背に次のような万葉仮名を用いた銀象嵌銘がある。「治天下獲□□□鹵大王世、奉事典曹人名无利弖、八月中用大錡釜幷四尺廷刀八十練六十捃三寸上好□刀、服此刀者長寿子孫注々得三恩也、不失其所統、作刀者名伊太□書者張安也」。

(3) 古代、吉備地方に勢力を振るった吉備氏は、記紀によれば国造を世襲し、しばしば反乱を起こした。大和朝廷に帰属した時期は明らかでない。

(4) 平安前期の史書。斎部広成撰。祭政二方面にわたって勢いをはる中臣氏に押されて衰運にあった斎部氏が祭祀に携わる同氏の勢力挽回を図るために編んだ。正史に漏れた斎部家の伝承をもとに国生みから天平年間までの事跡を述べ、斎部氏の地位、功績が大きいことを力説して平城天皇に献じた。大同二年（八〇七）の成立とする説が有力。上代研究の貴重な史料とされる。

(5) わが国最古の史書。推古二十八年（六二〇）に聖徳太子が蘇我馬子とともに撰したと伝えられる。天皇の世系・

事跡を記したものといわれるが内容は不明。大化改新の際、蘇我蝦夷が、所蔵の「珍宝」とともに焼いた、と『日本書紀』にみえる。

(6) 聖徳太子が蘇我馬子とともに編さんしたという日本最初の国史の書。蘇我氏滅亡の際蝦夷が「天皇記」とともに焼いたが、船史恵尺が火中より「国記」を取りだして、中大兄にたてまつったといわれる。

(7) 五二三（継体天皇十七）〜五五四年（欽明天皇十五）の間在位した百済王。この時期、百済・新羅・高句麗・任那と日本の国際関係が複雑を極めた。百済は大陸の文化を日本の朝廷に伝えて日本の歓心を求め、一方現地においては策謀をたくましくした。日本に仏教を公的に伝えたのは、この王代のことである。

(8) 「評」は「こおり」とも読む。主として七世紀の金石文などにみえる行政区画。律令制下の郡に当たるとされる。郡制は大化改新詔にみられるので、実施面では郡・評の両字が用いられたとする説と、大宝律令以前は評を用いたとする説とがあったが、藤原宮址出土木簡の発見によって後者が定説となった。

(9) 五〜六世紀の中国は南北に漢族と異民族の王朝が対立していた。五八九年に隋がそれを統一した。

(10) 三〇四年前趙の建国より四三九年北魏が統一するまでの間に五胡（中国華北の周辺民族で匈奴系の匈奴、羯、鮮卑、チベット系の氐、羌の五つ）が建てた一三国と漢族が建てた三国の総称。

(11) 皇極二年（六四三）四月に「飛鳥板蓋新宮に幸す」と『書紀』にある。『書紀』によるとこの宮で、大化改新のクーデターが実行された。奈良県明日香村大字岡に推定地があり、発掘調査により宮殿建物跡及び井戸、溝、木簡数百点が発見された。

(12) 七世紀後半、天武天皇（在位六七三〜六八六）の時に制定された法律。律は完成しなかったと推定される。持統三年（六八九）、令二二巻を施行。のちの大宝令の基本となった。

(13) 律六巻、令一一巻。文武四年（七〇〇）文武天皇が刑部親王、藤原不比等らに命じて、飛鳥浄御原律令を拡大整備させたもの。養老律令施行まで律令国家統治の根本法典となった。全文は散逸したが『令集解』などによりその条文の一部を知ることができる。

(14)　西王母・東王父などの神仙や、竜・虎などの霊獣を半肉彫で表現した鏡で、周縁の断面が三角形であるものをいう。前期古墳から出土する場合が多い。同じ鋳型から造ったと思われる同笵鏡または同型鏡が少なくないが、その分布の中心に京都府の椿井大塚山古墳がある。邪馬台国の卑弥呼が魏から与えられた「銅鏡百枚」をこれに比定する説があるが、中国本土からは一枚も出土しないために、日本で造られた鏡であるとする説もある。

(15)　平安初期に僧景戒が撰した日本最古の仏教説話集。雄略天皇から嵯峨天皇のころまで、朝野の異聞、殊に因果応報などに関する説話一一六篇をほぼ年代順に漢文体で記述。中国の「冥報記」「般若験記」にならって、『今昔物語集』など後世の説話集の先駆をなした。正しくは『日本国現報善悪霊異記』。

(16)　和銅三年（七一〇）～延暦六年（七八七）元明天皇の時、藤原京から遷都。桓武天皇の時、長岡京に移るまでの都。中国の都城制にならい、唐の都の長安を模し、藤原京を原型として造成。

(17)　持統八年（六九四）～和銅三年（七一〇）持統・文武・元明三代一六年の都。畝傍・耳成・天香具山の大和三山に囲まれ、飛鳥故京に対して新益京《しんやくのみやこ》と称された。中央集権の進展にともなってつくられ、唐の都城制にならった最初の都（追記　近年の研究では、藤原京の範囲はかつて考えられたよりはるかに大きく、畝傍、耳成、天香具山の外側に及ぶことが明らかになった）。

(18)　大化改新以前の天皇・皇后・皇子の名を付した皇室の私有の部《べ》。一般に国造の民を割り取って設けられ、土地単位でなく、集団すなわち人間を単位として、皇室へ物資を貢献するだけでなく、部の民が上番することもあった。

(19)　大化改新以前の皇室の私有民。天皇が皇子のために設置したもの。国造の一族やその民を指定して、上番させて使役したり、租税を貢納させたりする。壬生部、靫負部、舎人部、膳部など。

(20)　この歴史シンポジウムシリーズの第一回目。講師に阿蘇瑞枝共立女子大教授・梅原猛京都市立芸大教授・景浦勉伊予史談会長・小林昌二愛媛大助教授・野口光敏愛媛新聞社常務取締役編集局長を招き、昭和五十六年十一月二十八・二十九日に開催。

(21)　「伊予国風土記」逸文にのみ記録されている、日本最古といわれる金石文。碑文は六朝の四六駢儷体を用いて、神井たる温泉の効能を天寿国の池水にたとえて賛美し、周囲の風景を述べている。実物がなく、二種類以上の古書に記録を残しておらず、信憑性に欠けるといわれている。

〔資料〕

1　古事記　上巻

次生二伊予之二名嶋一。此嶋者身一而有二面四一。毎レ面有レ名。故伊予国謂二愛比売一、讃岐国謂二飯依比古一、粟国謂二大宜都比売一、土左国謂二建依別一。

2　伊予国風土記逸文

(1)　湯　郡（湯岡碑）

伊予国風土記曰　湯郡　大穴持命　見悔恥而　宿奈毗古那命　欲レ活而　大分速見湯　自二下樋一持度来　以二宿奈毗古奈命一　漬浴者　蹔間有二活起一　居然詠曰二真蹔寝哉一　践健跡処　今在二湯中石上一也　凡湯之貴奇　不二神世時耳一　於二今世一　染二疹痾一万生為二除レ病存レ身要薬一也

天皇等　於レ湯幸行降坐五度也　以下大帯日子天皇与二大后八坂入姫命一二軀上為二一度一也　以下帯中日子天皇与二大后息長帯姫命一二軀上　為二一度一也　以二上宮聖徳皇一　為二一度一及侍高麗恵慈僧　葛城臣等也　于レ時　立二湯岡側碑文一　其立二碑文一処　謂二伊社邇波之岡一也　所レ名二伊社邇波一由者　当土諸人等　其碑文欲レ見而　伊社那比来　因謂二伊社邇波一

本也　記云

法興六年十月　歳在二丙辰一　我法王大王　与二恵慈法師及葛城臣一　逍二遥夷与村一　正観二神井一　歎二世妙験一　欲レ叙レ意　聊作二碑文一首一　惟夫　日月照二於上一　而不レ私　神井出二於下一　無レ不レ給　万機所以妙応　百姓所以潜扇　若乃照給無二偏私一　何異下干寿レ国随二華台一而開合上　沐二神井一而瘳レ疹　詎舛下于落二花池一而化レ弱　窺二望山岳之巖崿一反冀二子平之能往一　椿樹相廕而穹窿　実想二五百之張レ蓋　臨朝啼レ鳥而戯哢　何暁二乱音之聒レ耳　丹花巻レ葉而映照玉菓弥レ葩以垂レ井　経二過其下一可二優遊一　豈悟二洪灌霄庭意一与　才拙実慚二七歩一　後出君子　幸無二蚩咲一也

以二岡本天皇并皇后二軀一　為二一度一　于レ時　於二大殿戸一　有三椹与二臣木一　於二其木一　集三止鵤与二此米鳥一　天皇為二此鳥一　枝繁二穂等一　養賜也　以二後岡本天皇　近江大津宮御宇天皇　浄御原宮御宇天皇三軀一為二一度一　此謂二幸行五度一也　（釈日本紀　巻十四・万葉集註釈　巻第三）

(2)　伊与郡（天山）

伊予国風土記曰　伊与郡　自二郡家一以東北　在二天山一　所レ名二天山一由者　倭在二天加具山一　自レ天々降時　二分而以二片端一者　天二降於倭国一　以二片端一者　天二降於此土一　因謂二天山一　本也　（釈日本紀　巻七）

(3)　乎知郡（百済の神）

伊予国風土記曰　乎知郡　御嶋　坐神御名　大山積神　一名和多志大神也　是神者　所レ顕二難波高津宮御宇天皇御世一此神自二百済国一度来坐　而津国御嶋坐　云々　謂二御嶋一者　津国御嶋名也　（同右巻六）

3　旧事本紀（国造本紀）

粟国造

軽嶋豊明御世。高皇産霊尊九世孫千波足尼定㆓賜国造㆒。

長国造

志賀高穴穂朝御世。観松彦色止命九世孫韓背足尼定㆓賜国造㆒。

讃岐国造

軽嶋豊明朝御世。景行帝児神櫛王三世孫須売保礼命定㆓賜国造㆒。

伊余国造

志賀高穴穂朝御世。印幡国造同祖。敷桁波命児速後上命定㆓賜国造㆒。

久味国造

軽嶋豊明朝。神祝尊十三世孫伊与主命定㆓賜国造㆒。

小市国造

軽嶋豊明朝御世。物部連同祖。大新川命孫子到命定㆓賜国造㆒。

怒麻国造

神功皇后御代。阿岐国造同祖。飽速玉命三世孫若弥尾命定㆓賜国造㆒。

風速国造

軽嶋豊明朝。物部連祖伊香色男命四世孫阿佐利定㆓賜国造㆒。

都佐国造

志賀高穴穂朝御代。長阿比古同祖。三嶋溝杭命九世孫小立足尼定㆓賜国造㆒。

波多国造

瑞籬朝御世、天韓襲命依㆓神教云㆒。定㆓賜国造㆒。

4　氏族と部の分布（＊印は平安時代の史料）

(1)　物　部

備前　磐梨郡物部郷、物部麻呂
備中　賀夜郡多気郷物部里、物部薬（他三例）
備後　物部水海、物部多能
周防　*物部春宗
淡路　津名郡物部郷、*物部冬男
讃岐　物部乱（他一例）、*物部晴継（他）
伊予　物部薬（他一例）
土佐　香美郡物部郷、物部毛虫咩

(2)　葛　城　氏

備前　*赤坂郡葛木郷、葛木部小墨
周防　*葛木部乙道（他）
阿波　葛木福売（他）
讃岐　葛木部竜麻呂、*葛木有町
伊予　葛木部竜

(3)　紀氏と同族（坂本・角）

周防　都濃郡紀村、*紀臣目久子売

讃岐　紀田鳥宿禰、坂本臣鷹野、*〈以下は地名坂本郷・紀伊郷の分布〉山田郡坂本郷、鵜足郡坂本郷、刈田郡紀伊郷、
　刈田郡坂本郷

伊予　紀博世

（延暦十年十二月、伊予国越智郡人正六位上越智直広川等五人言、広川等七世祖紀博世、小治田朝廷御世、被レ遣二於伊予国一、博世之孫忍人、便娶二越智直之女一、生二在手一、在手、庚午年之籍不レ尋二本源一、誤従二母姓一、自レ爾以来、負二越智直姓一、今広川等、幸属二皇朝開泰之運一、適値二群品楽レ生之秋一、請依二本姓一、欲レ賜二紀臣一、許レ之）　（続日本紀）

5　法隆寺伽藍縁起幷流記資財帳

合庄庄倉捌拾肆口　屋壱佰拾壱口

右京九条二坊壱処

近江国壱処　在栗太郡物部郷

大倭国弐処　平群郡一処　添下郡一処

河内国陸処　大県郡一処　志貴郡一処　和泉郡一処　日根郡一処　渋川郡一処　更浦郡一処

摂津国伍処　西成郡一処　武庫郡一処　川辺郡一処　雄伴郡二処

播磨国参処　明石郡一処　揖保郡一処　賀古郡一処

備後国壱処　在深津郡

讃岐国拾参処　大内郡一処　鵜足郡二処　三木郡二処　那珂郡三処　山田郡一処　多度郡一処　阿野郡二処　三野郡一処

伊予国拾肆処　神野郡一処　伊余郡四処　和気郡二処　浮穴郡一処　風速郡二処　骨奈嶋一処　温泉郡三処

6　献物叙位

年月	氏名	叙位
神護景雲元、二	大領外正七下 越智直飛鳥麻呂	外従五下
〃 元、六	無位 越智直国益	外従五下
〃 元、十	凡直継人	外従六下
宝亀十一、七	越智直静養女	爵二級
嘉祥三、七	物部連道吉 鴨部首福主	位一階

7　白村江の戦の参加者（岸俊男による）

国	氏名	出典
筑紫	筑紫三宅連得許	紀、天武十三年十二月
〃	筑紫君薩夜麻	紀、持統四年九月、同十月
筑後	大伴部博麻（軍丁）	紀、持統四年九月、同十月
〃	許勢部形見	続紀、慶雲四年五月
肥後	壬生諸石	紀、持統十年四月
伊予	物部薬	紀、持統十年四月
〃	越智直（越智郡大領の祖）	日本霊異記、上ノ一七
讃岐	錦部刀良	続紀、慶雲四年五月
備後	三谷郡大領の祖	日本霊異記、上ノ七
陸奥	壬生五百足	続紀、慶雲四年五月

8　伊予総領とその他の総領

(1)　日本書紀

イ　天武十四年十一月、儲用鉄一万斤送二於周芳総令所一、

ロ　持統三年八月、詔二伊予総領田中朝臣法麻呂等一曰、讃吉国御城郡所レ獲白鷁、宜二放養一焉、

(2)　続日本紀

ハ　文武四年六月、薩末比売、久売、波豆、衣評督衣君県、助督衣君弖自美、又肝衝難波、従二肥人等一、持レ兵剽二劫覓国使刑部真木等一、於レ是勅二竺志惣領一、准レ犯決罰、

ニ　文武四年十月、以二直大壱石上朝臣麻呂一為二筑紫捴領一、直広参小野朝臣毛野為二大弐一、直広参波多朝臣牟後閇為二周防捴領一、直広参上毛野朝臣小足為二吉備捴領一、直広参百済王遠宝為二常陸守一、

(3)　常陸国風土記

ホ　総叙の条、其後、至二難波長柄豊前大宮臨軒天皇之世一、遣二高向臣、中臣幡織田連等一、惣二領自レ坂已東之国一、于時、我姫之道分為二八国一、常陸国居二其一一矣、

ヘ　信太郡の条、難波長柄豊前大宮馭宇天皇之世癸丑年（白雉四年）、（中略）請二総領高向大夫一、分二筑波茨城郡七百戸一、置二信太郡一、

ト　行方郡の条、難波長柄豊前大宮馭宇天皇之世癸丑年、（中略）請二惣領高向大夫、中臣幡織田大夫等一、割二茨城地八里、那珂地七里、合七百戸一、別置二郡家一、

チ　香島郡の条、難波長柄豊前大朝馭宇天皇之世己酉年（大化五年）、（中略）請二惣領高向大夫一、割二下総国海上国造部

内軽野以南一里、那賀国造部内寒田以北五里㆒、別置㆓神郡㆒、

リ　多珂郡の条、至㆓難波長柄豊前大宮臨軒天皇之世癸丑年㆒、（中略）請㆓申惣領高向大夫㆒、以㆓所部遠隔往来不㆑便、分置㆓多珂石城二郡㆒、

(4)　播磨国風土記

ヌ　揖保郡広山里の条、以後石川王為㆓総領㆒之時、改為㆓広山里㆒、

三　飛鳥京から平安京へ
――都城の興亡――

1　古代のモニュメント――古墳から都城へ

古代史上の都城とは何か　「都城《とじょう》の興亡」という題をいただきましたが、都城も歴史の一つの産物ですから、ある時期にあらわれ、ある時期に消えていきます。

とくに都城のような国家権力を集中しないとできない構造物は、歴史とともに盛衰し消長します。ですから時代の動きを非常によくあらわしているという意味で、都城の興亡は日本の古代の歴史を大きくつかむ格好のテーマであると思います。

古墳もやはりそういうもので、これは豪族階級が大きな勢力を集中して造ったものですから、ある意味で日本の歴史をよく語っていますが、古墳がなくなるころに都城があらわれてくるという関係にあります。

古墳から都城へ――古代のモニュメント　飛鳥のマルコ山古墳は、麦わら帽のような格好をしておりますが（墳丘は山高帽形で、麦わら帽形ではありません）、つばの部分を含めても、さしわたしが二一メートルです。高松塚は縁の部分がないので、さしわたし一六メートルです。そのころ――古墳時代最末期――におけるいちばん立派な墓は、天武天皇・持統天皇合葬陵ですが、これはさしわたし約四〇メートルで、天智陵は上円下方墳ですが、上円部（実際は八角墳）のさしわたしはだいたいそれぐらいです。

本当に仁徳天皇が埋められているかどうかわかりませんが、仁徳陵と伝えられている和泉の堺市にある大仙陵は四七〇メートル、南河内の応神陵とされている古墳は四五〇メートルですから、それらに比べると、一握りといっていいような小さな古墳だと思います。

古墳の形が大きくなるのは、前期の終わりから中期のなかごろにかかる時期ですが、それから形がだんだん小さくなります。小さくなるかわりに内部を念入りに造っているので、やはり手数と費用はそうとうかかっていますが、外形からいうと古墳はだんだん小さくなっていきます。

中期古墳が造られていたころは、天皇とはいわずに大王《おおきみ》といっていたのですが、古墳時代も後期に入りますと、大王の墓を造ることに、だんだんエネルギーを費やさなくなって、ほかのもので大王の力、国家の力を示すようになっていきます。

現在残っている大きな建造物で申しますと、七世紀以後は都城だということになりますので、ある意味では古代国家の時代は、都城時代といってもいいかと思います。

もちろん、都城のほかに大きなお寺も造りました。七世紀の初頭には飛鳥寺《あすかでら》、七世紀の後半には飛鳥の薬師寺《やくしじ》、高市大寺《たけちたいじ》（のちの大安寺《たいあんじ》）などが造られていますが、そういう大きなお寺を造ることによって、豪族や天皇の力を示すということもあったわけです。

このように、古代のモニュメントが古墳から都城にうつり変わっていく過渡期に、古墳の名残りとしてマルコ山古墳のような古墳ができますが、古墳はだんだん小さくなっていきます(1)。そして、都城のいちばん完成した形は平城京《へいじょうきょう》だと思いますが、平城京が造られる八世紀には、ほとんど古墳は造られなくなりました。

天皇陵と決められない古墳　私は、高松塚《たかまつづか》が造られたのは八世紀の初頭だろうと考えておりますが、あれぐらいが目ぼしい古墳の最後のものであって、天皇陵としては元明陵、元正陵、あるいは奈良時代の終わりの称徳天皇陵はある程度の規模を持っているとしても、もちろん最盛期の古墳に比べると比較にならないほど小規模です。

そのかわり都城が出てくるのですが、これが都城の興亡の興のほうです。そして、都城の中心になるのはいうまでもなく宮であって、平城京の場合では、その北の中央に平城宮が営まれます。藤原京の場合も、平城京の場合より、少し南によりますが、大まかにいうと藤原京の北の中央に藤原宮が営まれています（後記　藤原京の規模・規格はその後の調査で訂正され、現在の考えでは、宮は京の中央にある。「あとがき」4節参照）。

宮の中心が大極殿《だいごくでん》で、ここに天皇があらわれて政治を総覧し、大極殿の北側に天皇の日常の住まいである内裏《だいり》がありました。

「日本古代宮跡比較図」という図（一三四・一三五ページ）をごらんいただきますと、左から二つめが藤原宮で、大極殿の北側に内裏と書いてありますが、内裏が大極殿を囲むような格好になっているのは、天皇が政治と密接な関係にあったことを示しています。

第二次平城宮朝堂院《ちょうどういん》でも、大極殿の北の太い線で包んであるのが内裏で、その外囲いが大極殿をも囲んでいます。この内裏と大極殿の一画が都城の中心であり、狭い意味の宮の中心でそこに天皇がいるわけです。

つまり、都城は天皇中心のモニュメントです。古墳は大王の権力を示しているものの、とくに、大王の古墳はどういう形でなければならないという規制は、まだできていなかったようです。

そういうことで、いま仁徳陵とか応神陵とか雄略天皇陵とか、たくさんの天皇陵が指定されておりますが、あれが本当に天皇陵かどうかはわかりません。天皇の墓でなくても、天皇に準ずる有力者の墓であったにちがいありませんが、中期・後期の古墳は、とくにこれが天皇の墓でなければならないという特別の形はまだできておりませんでした。

相対的な天皇権力　じっさいに墓を造ったときは、当時のほかの墓より大きく造り、六世紀の初めごろまでは、埴輪《はにわ》などで立派に飾り立てて天皇の権力を示したとしても、豪族の墓との区別は相対的なものなのです。

ですから、現在残された古墳の外形をいくら調べても、どれが天皇陵かということはわかりません。宮内庁が指定している古代の天皇陵のほかに、陵墓参考地としている古墳の数は数十にのぼると思いますが、そのうち本当の天皇陵がどれであるか、どれが確実な天皇陵かということは、いっこうにはっきりしないわけです（陵墓参考地には古墳時代以後の陵墓も多く含まれている）。

そのことは、五世紀・六世紀においては、天皇の権力が相対的であったことを示していると思います。天皇がいちばん強力であったけれども、他の豪族との差は相対的なものであるというのが原始的な国家のあり方です。

天皇権力の絶対化——大化改新　そののち、中国の影響などを受けて天皇の地位を高めていくようになりますが、その契機になるのが大化改新でした。そのもう少し前の聖徳太子、推古天皇のころからそういうような考えはできてきていたと思います。聖徳太子が作ったと伝えられる十七条憲法には、天皇の地位を絶対化しようという考え方が見えています。

十七条憲法が本当に聖徳太子の作かどうかは問題がありますが、全体の動きからみると、推古朝前後から天皇の地位を絶対化する考え方が出てきて、それを実現の緒につけたのが大化改新《たいかのかいしん》であるといってよいと思います。

八角墳出現の意味は何か　大化改新の行なわれた七世紀中ごろから、天皇の墓をほかの豪族、あるいは皇族の墓とは形をちがえて造るという方式があらわれてきますが、これが八角墳《はっかくふん》の問題です。つまり、天皇に限って、それまで前例のなかった八角形の墓を造営するようになりますが、これは天皇を絶対化するということの具体的なあらわれではないでしょうか。

八角形の古墳として、現在どういうものが知られているかといいますと、もっとも古いのは舒明《じょめい》天皇の押坂陵《おしさかりょう》でしょう。『日本書紀』の皇極二年九月条に「息長足日広額《おきながたらしひひろぬか》天皇を押坂陵に葬る」とあります。対応する二辺間の距離は約四二メートルある八角形の古墳です。京都府の山科にある天智天皇陵と伝えられている古墳は、さしわたし約四〇メートルの八角墳です。それから、藤原宮の朱雀大路の延長線上にある天武・持統陵（大内陵）が八角墳で、これもさしわたし約四〇メートルです。

さらに、天武・持統陵の少し南のほうにある中尾山古墳は史跡に指定されておりましたが、一九七四年に網干善教さんなどが整備のために調べたところ、八角墳であるということがわかりました。これはさしわたしが約三〇メートルです。

もう一つ八角墳らしいものがありますが、それは、網干さんが一九七六年の暮れから七七年の初めごろにかけて調査された飛鳥の牽牛子塚《けごしづか》です。これは墳丘が崩れているので正確にはわかりませんが、斉明天皇陵ではないかという説が出されています。

舒明天皇が亡くなったのは六四一年、斉明天皇が亡くなるのは七世紀の半ばすぎの六六一年、天智天皇が亡くなるのは六七一年、天武天皇が亡くなるのが六八六年、中尾山古墳は文武天皇陵の可能性がきわめて強いと多くの考古学者がいっておられますが、文武天皇は七〇八年に亡くなりました。

したがって、大化改新の少し前から約半世紀余りの間に死んだ天皇たちの墓に限って、八角墳になっているわけです。孝徳天皇陵については、まだよくわかっていません。また牽牛子塚は天皇陵かどうかわかりませんので、これを除外しても、現在わかっている八角墳は、いずれも天皇陵だと考えられています(2)が、このように天皇が絶対化されてきたときに、じつは天皇という称号が初めて用いられるようになりました。

2　都城の変遷――大王から天皇へ

大王と天皇　七世紀の初めごろまでは天皇という称号はまだ生れていなくて、大王といっていました。いつ大王から天皇になったかといいますと、ふつうは推古天皇のころに聖徳太子などによって考え出されたのだろうといわれていました。しかし、近年の研究では、もう少し下げたほうがいいだろうという説が有力になっています。私もそういうふうに考えております。

そうすると、天皇という称号の成立も大化改新以後天皇の地位が現実に絶対化してきたころの天皇である天智天皇、または天武天皇のころだということになるわけです。

相対的な大王　大王は「おおきみ」と読みますが、「きみ」と呼ばれるのは一般豪族です。ふつうは「王」とは書かずに「公」とか「君」と書きますが、読みはいずれも「きみ」で、「きみ」のうちの有力な者が「おおきみ」、すなわち大王ですから、その差は相対的なものであって、天皇の地位が絶対化してくる、あるいは絶対化しようと考えてくると、大王では天皇の威厳が備わりません。

「天皇」をなぜ使い始めたか　そこで、天皇の地位を絶対化するためにいろいろ考えて、天皇という称号を使うようになりますが、(3)これは五、六世紀ごろから天皇は天照大神《あまてらすおおみかみ》または高皇産霊神《たかみむすびのかみ》の子孫であるという考えが強くなり、天皇の神格化が進んだことと関係があると思います。

天皇という言葉は中国で使われていた言葉ですが、中国では主として道教で天帝の意味に天皇という言葉が使われていたようです。天帝は宇宙を主宰する天の神様で、ほんらいは地上の皇帝には使わない言葉ですが、それを借りて、いままで大王といっていたのを天皇と呼んで、天皇の絶対化を図るようになりました。

ところで、中国でも日本でいえば天武天皇のころから、天皇という言葉を皇帝の代わりに使い始める例が出てまいります。日本の天武・持統朝のころ、中国では則天武后《そくてんぶこう》という猛烈な権力者があらわれますが、則天武后の夫で、唐の三代目の皇帝の高宗《こうそう》に対して天皇という言葉が使われ始めるわけです。

古代天皇制国家の確立と都城の形成　その影響もあろうかと思いますが、日本でも天皇という言葉を使い始めるのが、ちょうど八角墳が出てくる時期であり、古墳の終末期であり、そして都城が日本に成立する時期だという関係になっております。

つまり、古代天皇制国家の確立が都城の形成と表裏一体をなしてあらわれますが、そのきっかけとなるのが、繰り返し申しあげている大阪の地、難波長柄豊碕宮《なにわながらのとよさきのみや》を中心に行なわれた大化改新だと考えてもいいだろうと思います。

仁徳から武烈までの都の所在地　次の表1は、仁徳天皇から武烈天皇までの都の所在地を表にしたものです。仁徳の前は応神ですが、応神天皇は幻の大王といえる面があるように思いますので、外しておきました。

武烈は六世紀の初頭と思います。五世紀の初めから六世紀の初頭の一〇〇年ぐらいのあいだは、『古事記』『日本書紀』に伝えられている天皇のなかにも、実在したかどうかややあやしいといわれている天皇もありますが、『古事記』『日本書紀』はその時期の天皇の皇居として、こういう都を伝えています。

その都の比定推定地はどこかといいますと仁徳天皇は大阪市です。高津宮《たかつのみや》だといわれていますが、もちろん正確な場所はわかりません。しかし、上町台地の一角だということは確かだと思います。

以下、履中《りちゅう》天皇は奈良県桜井市（十《と》市《いち》郡)、反正天皇はまた大阪に帰って松原市です。松原市の南の美原町だという説もありますが、いずれにせよ丹比郡のあたりです。

表1

仁徳	大阪市東区（東成郡）
履中	奈良県桜井市（十市郡）
反正	大阪府松原市（丹比郡）
允恭	奈良県明日香村（高市郡）
安康	〃　天理市（山辺郡）
雄略	〃　桜井市（城上郡）
清寧	〃　桜井市（十市郡）
顕宗	大阪府羽曳野市（安宿郡）
仁賢	奈良県天理市（山辺郡）
武烈	〃　桜井市（城上郡）

允恭《いんぎょう》天皇はまた奈良に行って、高市郡の遠飛鳥《とおつあすか》、安康天皇は天理市、雄略天皇は桜井市（城上郡《しきのかみ》）、清寧《せいねい》天皇は桜井市（十市郡）、顕宗《けんぞう》天皇は大阪に戻って羽曳野市の東のほう（安宿郡《あすかべ》）、仁賢《にんけん》天皇は天理市（山辺郡）、武烈《ぶれつ》天皇は桜井市（城上郡）というふうに、天皇の都は飛び飛びに動き回っています。

都についてのこの伝えはやや伝説的で、正確な史実がどこまでたどれるかわかりませんが、天皇の都が、摂津・河内・大和の三国をぐるぐる回っているのは、天皇の権力がまだ安定していなくて、外威の豪族、あるいは外威でなくても大臣《おおおみ》・大連《おおむらじ》などの豪族の勢力関係もあって、天皇の意思だけでは皇居が決められなかったからだと思います。

表2

継体	奈良県桜井市（十市郡）
安閑	〃　橿原市（高市郡）
宣化	〃　明日香村（高市郡）
欽明	〃　桜井市（城上郡）
敏達	〃　桜井市（十市郡）
用明	〃　桜井市（十市郡）
崇峻	〃　桜井市（十市郡）
推古	〃　明日香村（高市郡）
〃	〃　明日香村（高市郡）

相対的権力段階の大王　このように転々としていると、とうぜん大規模な都は造れるわけはありませんし、天皇の住まいだけではなくて、政治機構でもそれほど大きな朝廷をつくることはできません。そういうことからも、このころは他の豪族に比べて相対的な力しか持っていない大王の時代だということがいえそうです。

継体から推古までの都の所在地　表2の都は、やや時代がくだって、六世紀の時代に入ります。継体天皇から推古天皇までで、推古天皇は即位するのは六世紀の末ですが、亡くなるのは六二八年です。ですから六世紀の初めから七世紀の初めまでのほぼ一〇〇年間になりますが、その時期の皇居をとってみますと、奈良県のなかばかりです。

表2の推定地の下のかっこの中に書いてあるように十市郡、高市郡、高市郡、城上郡、十市郡、十市郡、十市郡、高市郡、高市郡となりますが、奈良盆地の東南部、距離にして直径一〇キロの円をえがくと、だいたい入ってしまいます。

このことは、国家権力がだんだん一ヵ所に集中してきたことを示しますが、こうして六世紀の末には推古天皇、聖徳太子の時代に入ってくるわけです。

ただ、聖徳太子といっても、実力は聖徳太子よりはおそらく蘇《そ》我馬子《がのうまこ》のほうが上位であって、蘇我馬子と聖徳太子の二頭政治の上に推古天皇がのっかっているという格好ですから、天皇の地位はまだ絶対的なものには高まっていなかったと思われます。

推古―皇極は飛鳥の都　しかし、推古天皇のときから都は飛鳥の地域に固まるようになりました。いまの行政区画でいいますと、明日香村と橿原市にまたがります。飛鳥川の右岸、すなわち東側が狭い意味での飛鳥です。

岸俊男さんの研究(4)によると、当時は飛鳥といえば飛鳥川の右岸を指していたようですが、現在の明日香村は飛鳥川の左岸も含めますし、古代でも飛鳥は飛鳥川の右岸・左岸を含めていっていいと思います。

そういうふうに考えていきますと、推古天皇の豊浦宮《とゆらのみや》はやはり飛鳥の地域、小《お》墾田宮《はりだのみや》(小治田宮)も飛鳥です。次の舒明《じょめい》天皇は都を四つ持ちますが、いずれも明日香村から橿原市、主として飛鳥川に沿う地域です(5)(百済宮だけが飛鳥川からはなれていることが、近年の調査で判明した)。皇極天皇も飛鳥の小墾田宮と飛鳥板蓋宮《いたぶきのみや》ですが、大化改新のきっかけとなる蘇我入鹿《いるか》暗殺が行なわれた飛鳥板蓋宮も、やはり飛鳥にあります。

つまり、六世紀の末に即位した推古天皇から、大化改新直前の皇極天皇まで約半世紀間は飛鳥の地域に都が集中しますが、およそ直径五～六キロの間に収まりますので、都城の成立する一歩前だと考えていいと思います。

都城の持つ意味　このころから京という言葉が『日本書紀』に出てまいりますが、都城というのは中国風のいい方であって、中国は都の周りにかならず城壁を持っているので、都城という言葉がピッタリいたします。

古代・中世の中国では、都でなくても地方都市でもだいたい城壁を持っているそうで、古代でなくても、古い都市の発掘でも城壁を持っているということが報告されておりますが、文献のうえでもだいたい城壁を持っています。ヨーロッパでも、ギリシアのポリスなどは、たいてい城壁、城門を持っているようです。

城壁を持たない日本　ところが、日本は城壁を持っておりません。外国から日本の遺跡の見学、ないし研究に来た人たちが平城宮跡などに行くと、その点をたいへん珍しがるそうです。

平城京は八坊九条の条坊制を持ち、精密な都市計画を持って建設されているのに、城壁がまったくありません。南の端の羅城門《らじょうもん》の左右に少し城壁を持っていたようですが、全体をぐるりと取り囲むような城壁はないわけです。

したがって、都城という言葉は昔から使われておりますが、日本の都を表現する言葉としてはあまり適当ではないのではないかということで、このごろは宮都、または都宮という言葉が使われます。このほうが日本の実情に適しているというわけです。

宮は天皇の住まい、都は宮をふくめて、貴族ならびに官吏、一般市民が住んでいる部分です。京という言い方は推古朝あたりから『日本書紀』にぼつぼつ出だし、倭京という言い方もやがて出てまいります。つまり、都が一ヵ所に集中してきて、そこには貴族、豪族、あるいは皇族の邸宅が造られ、そういう人たちに労役や物資を供給する下級民の住まいや下級官人の家などができて、一種の政治都市が成立するわけです。

都城成立の準備期　こうした政治都市の様相が、推古朝あたりからぼつぼつ出てきたのではないかと思いますが、七世紀前半の推古朝から皇極朝あたりが都城の成立の前提になる時期、準備時期だと考えてもいいのではないでしょうか。

しかも、七世紀前半の時期は、隋・唐との交渉によって中国の影響を受け、日本を中央集権の古代国家として早く完成させねばならないという貴族たちの意識のなかで、天皇家がその主導権を握るか、蘇我氏が握るかということで、両勢力が対立していた時期だろうと思います。

「天皇」はいつから使われたか　ですから、この時期に天皇という称号ができた可能性もありますが、『日本書紀』の記事を厳密に考えていくと、蘇我氏ががんばっている限り、天皇という称号はなかなか使えなかったのではないか、そういうことを考え出す条件は、実はまだなかったのではないかという考えのほうに私は賛成しております。

ところで、聖徳太子が蘇我馬子と一緒に推古二十八年（六二〇）に、「天皇記・国記・臣連伴造国造百八十部幷《あわ》せて公民等の本記」という歴史書を作ったということが『日本書紀』に出ておりますが、そこに「天皇記」という言葉が出てくるので、天皇という言葉は推古朝のときにできたのだというのが、天皇号推古朝成立説の論拠の一つです。

しかし、これについては『日本書紀』を編纂するときに、原資料には「大王記」とあったのを「天皇記」と書き改めたのかもしれないということが考えられます。

また、法隆寺にある薬師像の光背の銘に、天皇という言葉が使われており、薬師像は推古十五年に造立されたと考えられています。ただしそのころは年代を干支で書くのが例でありまして、薬師像の光背の銘には、薬師像を「丁卯年」に作ったと書いてあり、その丁卯の年が推古十五年に当るのです。そうすると、推古朝に「天皇」の語があったということになります。

しかし丁卯年に作ったということを、のちに彫りこんだのかもしれません。天武朝ごろに文章を作って彫りこんだのではないかという説が今日有力です。

理由は、銘文の文体が崩れた漢文（日本化した漢文）であることと、薬師仏の信仰が日本で盛んになるのは、七世紀後半であることなどです。私なども下げるほうに賛成しております。

3　都城の成立——天皇制の確立

大化改新と難波京　そういう状況のなかで、天皇家と蘇我氏の対立は中大兄皇子《なかのおおえのおうじ》が先手を打って、皇極四年（六四五）六月に蘇我入鹿が大極殿で暗殺されました。『日本書紀』には大極殿と書かれていますが、このころには大極殿という用語はなかったようです。ともかく宮中の重要な御殿で暗殺されたわけです。

入鹿の父親の蘇我蝦夷《えみし》は甘檮岡《あまがしのおか》にある邸で、宝物を焼いて自殺してしまいます。そして年号が大化と定められ、都が難波にうつって、翌大化二年（六四六）に、大化改新の詔《みことのり》が発布されることになりました。(6)

その結果、難波宮が新しい考え方で築かれますが、難波京が難波宮とともに成立したかどうか、ということはよくわかりません。大化のときに難波京も造られたという説と、宮はできても京の成立は天武朝まで下げて考えたほうがいいのではないか、という説と両説があって、私もこれについてはまだ定見を持っておりません。

どちらかというと、都が難波にうつるとともに、貴族、豪族などが難波にうつってきて、難波宮を中心にして政治都市ができあがったと思いますが、条坊の制をともなったいわゆる都城の成立は、もう少しあとにさげて考えたほうがいいのではないかとみております。

それにしても遅くとも、天武朝には難波宮を中心にして難波京が造られます。

不確定な条坊制の大津京　もう一つ、この時期に出てくる京として大津京があります。近年大津市錦織で掘立柱の大きな柱跡がいくつも発見されましたので、ここは大津宮の跡だと滋賀県教育委員会が発表しました。この大津宮は、中大兄皇子が称制《しょうせい》の六年（六六七）に都を近江の大津に移して造営し、翌年ここで即位して天智《てんじ》天皇となります。その大津宮の宮殿のあとが発見された、というわけなのですが、大津京の条坊の制については、いろいろな説が出されている段階です。(7)まだ確定はしていません。

諸説ある浄御原宮の所在地　その次に出てくるのが天武天皇の飛鳥浄御原宮《きよみはらのみや》ですが、これも中心になる宮の場所が確定しておりません。いま飛鳥へ行くと、板蓋宮伝承地というのがあって、これは大化改新のきっかけになった皇極天皇の宮だといわれていますが、あのあたりに浄御原宮があったのではないかというのが一説です。現在ではこれが有力視されています。

それから、それよりずっと北のほうに飛鳥小学校がありますが（現在は廃校、校舎は一部残って教育委員会が使用）、飛鳥小学校の北方で石敷遺跡《いしじきいせき》が出ておりますので、浄御原宮はその付近にあったのではないかというのが一説で、一時はこれがいちばん有力な説と考えられていました。

ところが、昭和五十二年の十一月から十二月の調査で、板蓋宮伝承地の五〜六〇〇メートルほど南、明日香村の村役場のちょっと東南のエビノコという地名のところから、さしわたし七〇センチぐらいの大きな掘立柱の遺跡が出てまいりました。

それをつなぎあわせていきますと、難波の大極殿の前身となる建物と規模がほとんど同じになるわけです。難波宮大極殿前身建物といわれているものは、藤原宮の大極殿の規模とほとんど同じですが、それと同じ規模の建物が出てきたので、エビノコ遺跡が浄御原宮ではないかという説も有力な一説として出てまいりました。(8)

京からみる都城の成立期　そういうことで、浄御原宮は宮の中心地さえも明らかではなくて、ようやく調査が具体化しかかっているという段階ですから、都城の制についてはまだよくわかっておりませんが、天武天皇の五年（六七六）九月や六年五月の『日本書紀』に、京および畿内の人の租税を緩めよ、あるいは京および畿内の歳をとった人に物を与えよというかたちで、京および畿内という言葉が出てまいります。また九年五月の条には「京内二十四寺」という記事もみえます。

こういういい方は、京が一つの行政区画にならなければできませんので、天武朝には京というものが一定の区画を持っていたことは確かです。京職《きょうしき》という役人も置かれたようです。大宝令になると、京職は右京職、左京職に分かれますが、浄御原のばあいは上に左右のつかないただの京職で、それが『日本書紀』の天武十四年のところに出てまいります。

そういうことから、天武朝の半ば以降には、浄御原宮を中心に京が成立したのだろうと考えられるわけです。

そのころになると、難波宮も京の区域をはっきりと持ってきたようです。天武朝もだいぶ末に近い天武十二年の六八三年に、宮都は一つである必要はない、二つ、三つあるほうがいい、「故《かれ》、先《ま》づ難波《なにわ》に都《みやこ》つくらむと欲《おも》ふ」、すなわち難波を正式に都にするという宣言がなされて、官人たちに宅地を班給するというお触れが出ています。

ある程度条坊の制ができたのちに宅地を班給するというのが、当時のやり方で、藤原宮の成立をみても、平城京の成立においても、宅地を班給してから遷都をしております。

したがって、宅地班給というのは、京に条坊ないしそれに類似の区画ができあがったことを示していると思います。

それよりすでに六年前に、摂津職《せっつしき》という官名が『日本書紀』に出てまいります。『日本書紀』は編者による文飾があるので用心しなければなりませんが、ふつうなら摂津国司となるべきなのに、摂津に限って摂津職といっているのは、摂津に京があったので、摂津国を特別地域と考え、京職に合わせて摂津職という職名をつけたのではないかと考えられるわけです。

ですから、このころになると、さきに申しましたように難波にも宮を中心にして京ができて、いわゆる宮都が成立してきておりますが、ここらあたりまでを、日本における都城の成立期としてよいと思います。

都城の成立と天皇制の確立　繰り返して申しますと、この時期に大王という言葉が天皇に改められ、天皇の墓も八角墳という特殊な墳形をつくりだし、天皇の即位儀礼である大嘗祭《だいじょうさい》がはっきり決まってくる。そして都城の制も整ってくるという次第です。

天武朝前後には、その他天皇の地位に関する制度がいろいろ定められます。即位式としての大嘗祭の制もその一つですが、天皇家の祖先神である天照大神を祭る伊勢神宮がりっぱになるのも天武朝です。天武天皇は即位の翌年である天武三年に、むすめの大伯《おおく》皇女を伊勢の斎宮《さいぐう》（斎王ともいう）とし、二〇年ごとに行なわれる式年遷宮の制度も天武朝に始まるようです。

4　都城の完成——藤原京から平城京へ

五・六世紀の東アジアの興亡　そういう天皇制の確立期に都城ができてきたというわけですが、中央集権制をなんらかの形で確立しなければならないというのは、天皇だけではなくて、当時の多くの貴族たちの考えであったにちがいありません。

そして、そのことは、中国に隋・唐、とくに唐という強大な国家があらわれて、それが朝鮮に圧力を及ぼしてきたということと関係があると思います。

五世紀、六世紀の中国は南北朝に分かれて、おたがいに戦っておりましたし、北朝のほうは塞外民、すなわちモンゴル方面の騎馬民族がなだれこんできて、五胡十六国といっていくつもの国が興ったり、滅んだりしている不統一な状況だった時期も長く、朝鮮の国々も比較的安心しておられました。

ところが、六世紀の末にそれが大統一されて、隋《ずい》が興りました。隋は三〇年ぐらいで滅びて、西暦六一八年、つまり推古朝の終わりごろに唐《とう》が興っています。隋は高句麗《こうくり》攻撃に失敗したのが滅亡の大きな原因になりますが、唐も最初は高句麗と仲良くしていたものの、権力が固まってくると高句麗攻撃を始めます。

三度高句麗攻撃をして、高句麗は三度ともはね返したので、唐は方針を変えて、新羅《しらぎ》と組んで百済に攻撃の矢を向けました。

百済は六六〇年にいったん滅亡しますが、のこされた臣下の人たちが百済再興の軍を起こし日本に救援を頼んできますので、六六一年から六六二年（天智元）にかけて天智天皇が救援軍を出します。しかし唐と新羅の連合軍と白村江《はくそんこう》などで戦って、六六三年にほとんど潰滅的打撃を受けて、朝鮮から総退却をするわけです。

続いて、唐と新羅は高句麗攻撃をします。数年後の六六八年（天智七）に高句麗はとうとう亡びました。

唐の高句麗攻撃は大化改新のはじまる六四五年から始まっております。百済《くだら》が危うくなるのはそれより後ですが、百済が亡びると日本も危ないというので、天智天皇は危険を冒して百済を救援したのですけれども、けっきょく失敗に終わり、やがてたのみの高句麗まで亡んでしまいます。

外圧に対する中央集権国家　天智・天武朝というのは、対外的に日本にとっては非常に心配なときでした。なんとか権力を集中して、強大な唐、新興の新羅に対応しなければなりません。ですから、大化改新の前後から日本は中国、朝鮮のやり方を参考にして権力を集中していくことを図り、浄御原令、さらに大宝律令を作りあげた。日本にとっては必死な時期だったわけです。

そこで、天皇を中心に多くの貴族たちが力を合わせて中央集権国家をつくりあげていきますが、そのために多くの民衆が犠牲になってこき使われたというのは、歴史の事実だろうと思います。

これは、状況としては明治維新に似ています。当時のイギリスを中心とする外圧がアジアにおしよせ、ヨーロッパの資本主義の力によって、イギリスはインドを植民地化し、東南アジアではベトナムなどをフランスが植民地化していきました。そして、イギリスはさらに阿片戦争を引き起こして、中国を半植民地化していきます。

こういう力がだんだん日本に迫ってきたので、日本もなんとかしなければなりません。そういうことが、おそらく坂本竜馬や西郷隆盛や大久保利通などを刺激したのではないかと思います。西郷隆盛などもずいぶん危機感を持っていたようです。

そういうこともあって、明治維新が成功すると、天皇を非常に尊いものとし神格化して、日本の中心に据えようとしますが、同じように七世紀の貴族たちも天皇を神格化して、天皇という称号なども考え出しています。

壬申の乱後は、「おほぎみは神にしませば」という歌を作り、神話的な考えかたを大切にしたように、明治の政府も神話を非常にだいじがり、天孫降臨などの神話を強調いたしました。

古道を利用し、都城制を確立した藤原京　こういう似た関係が長い時代を超えて考えられますが、中央集権のあらわれとして、藤原京が持統天皇のときにできあがります。岸俊男さんの研究で明らかになったところによりますと、古道を利用しているのが藤原京の大きな特色であります。(9)

七世紀の初頭ないし中ごろ、つまり推古朝から天智朝ごろまでには、奈良盆地を南北に通る上ツ道・下ツ道・中ツ道という三つの道ができておりました。奈良盆地の南部でこの道を東西に横切る道が横大路《よこおおじ》で、この道が大和から竹内峠《たけのうちとうげ》を越えて河内へ入ると、竹内街道になって南河内を東西に走っているわけです。南河内にはもう一本、竹内街道の北に東西に走る長尾街道があって、大津道とよばれたようです。大坂あるいは穴虫峠《あなむしとうげ》を越えて大和に入ると、当麻《たいま》のあたりで横大路と一緒になります。

古道の利用が藤原京の特色であると申しましたが、藤原京の西の京極は下ツ道、東の京極は中ツ道で、その間隔が約二一〇〇メートルあります。藤原京の南の京極はだいたい山田道の線です。

北の京極は横大路で、西へ行くといま申したように河内に通じ、東へ行くと藤原京の北辺を通り、やがて長谷の谷に入って、墨坂峠《すみさかとうげ》を越え、いまの榛原に入って伊賀のほうに通じます。この道は東西交通の幹線道路です。下ツ道と中ツ道は北へ行くと、平城京の北で山を越えて山背《やましろ》に入り、近江のほうまで通じる道になるわけです。

また下ツ道を南へ行くと、吉野川へ出て川に沿って紀州のほうに行きますし、吉野川へ出てから、逆に吉野川をさかのぼると高見峠を越えて伊勢の櫛田川の上流に出ることができます（後記　藤原宮が下ツ道・中ツ道・横大路・山田道の四つの古道にかこまれていたという岸俊男氏の説は、かつては定説とされていたが、その後の研究の進展によって修正されている。本巻の「あとがき」4節を参照されたい。二〇〇八年記）。

非常に交通の便がよく、当時としては日本の一つの中心だと考えていい場所に藤原京を造り、ここで都城の制が確立いたしました。

藤原京は南北十二条東西八坊（左右京各四坊）に分かれていて、その北寄り中央に宮ができます。京全体の大きさは平城京の三分の一の大きさですから、やがて、これでは手狭になってきます。

平城京の人口は、約二十万を超えたと推定されておりますが、その三分の一の広さの藤原京――東西二キロ余り南北三キロ余りの広さのところでは、二〇万もの人口は収容できません。せいぜい一〇万程度の人口しか収容できませんが、一〇万ともなると生活物資を運ぶだけでもとてもたいへんです。

平城京移転の事情は何か　そのほか政治的な事情もいろいろあったと思いますが、そうした経済的事情もあって、藤原京から平城京に引っ越します。政治的事情の一つは、古い飛鳥の地では、新興の藤原氏は権力を振るいにくかったということです。

藤原氏は天児屋命《あめのこやねのみこと》の子孫で、自分の先祖は天孫降臨のときからついて下っているのだといっておりますが、実質的には藤原氏、すなわちかつての中臣氏は、もと大化以前は中級程度の豪族で大化改新を契機としてにわかに進出してきた新興豪族ですから、飛鳥のような小姑的な旧い豪族の多いところでは政治がしにくいので、新天地を求めて平城へ移ったという政治的事情もありました。

藤原京と平城京の都市計画の関係　それでは、都市計画はどうしたかといいますと、下ツ道の延長といいますか、下ツ道北端の部分を平城京の朱雀大路《すざくおおじ》にします。そして、中ツ道を平城京の東の京極にし、朱雀大路を中心にして折り返し、西の京極をきめます（岸説による）。

ですから、平城京は藤原京とたいへん密接な関係を持っているといえます。

藤原の場合は、朱雀大路を真ん中にして東西各四坊でできておりますが、平城京は一条一坊それぞれの長さを二倍にします。藤原京は左京四坊十二条、右京四坊十二条ですが、平城京は左京四坊九条、右京四条九坊です。平城京も四条十二坊なら、面積は藤原京の四倍になりますが、四条九坊なので三倍の面積です。

都城の完成――藤原京から平城京　平城京はさらに、これに外京《げきょう》をこしらえますので、結局四倍近い大きなものになりますが、藤原京から平城京へという時期に、日本の都城が完成いたします。

国家体制から申しますと、藤原京ができる以前に浄御原令《きよみはらりょう》ができておりましたが、藤原京時代に大宝《たいほう》令《りょう》ができて、平城京は大宝律令にもとづいて建設されるという関係です。こうして日本の都城の制度が完成するわけです。

5　都宮の中心――大極殿の役割は何か

大極殿と天皇制　この都宮の中心である宮の中心になるのが大極殿《だいごくでん》ですので、つぎに大極殿の話をしておきたいと思いますが、これは天皇制の確立、あるいは天皇制の政治の変遷という問題に関係します。

大化以前は天皇が政治の中心だったのですが、豪族連合の上に乗っているために、天皇が直接政治を左右するということはそれほどなかったのではないでしょうか。最終決定は天皇がするとしても、政治への接触のしかたが大化以後とはちがっていたように思われます。

外国使節来朝にみる天皇の位置　それについて参考になるのは、推古天皇のときに中国や朝鮮から使節が来たときのようすで、その記事がかなりくわしく具体的に『日本書紀』に出ております。

それは、推古十五年（六〇七）に小野妹子《おののいもこ》が遣隋使《けんずいし》になって中国に行ったことに対する答礼の使者が推古十六年に隋からやってまいりますが、この使者を推古天皇の小墾田宮《おはりだのみや》に迎えたときの記事でありま す。これはどうも作り話とは思えません。

それを見ると、「朝廷」に使者がやってきて、そこで土産物を「庭中」に置き国書を奉呈します。それを阿倍臣が受け取って大伴連に渡すと、大伴連は「大門」の前の机の上に置いて、そのことを奏上し、これで行事が終わって、隋使たちは退出します。せっかく海を渡って隋から使いが日本に来たのに、天皇はその席に姿をあらわしておりません。

同じような儀式が、推古十八年に新羅の使者が来たときにも行なわれていますが、このとき新羅の使いから国書を受け取っているのは蘇我馬子です。蘇我馬子は来ておりますが、やはり天皇、正確にいうと大王はその場に姿をあらわしておりません。

入鹿暗殺事件の現場はどうだったのか　それでは、大王はぜんぜん政治にタッチしないのかというと、もちろんそういうことはありません。それを示しているのが、大化改新のきっかけとなった蘇我入鹿を暗殺した事件の場合です。

皇極四年（六四五）六月、三韓の貢《みつぎ》を奉る儀式が行なわれて、三韓からの国書を奏上するという機会を利用して、蘇我入鹿を暗殺する計画を中大兄皇子が立てたということになっております。

三韓といっても朝鮮という意味で、じっさいには新羅か百済の使者が来ていたのだと思います。新羅・百済・高句麗の三国が、いっしょに来朝したというのではないでしょう。

このときも国書の奏上が行なわれますが、国書の奏上を行なうのが蘇我倉山田石川麻呂《そがのくらのやまだのいしかわまろ》で、その場には天皇は来ていますし、暗殺の目標である蘇我入鹿ももちろん来ています。さらにその場には、入鹿が次期天皇にしようとしている蘇我氏の娘が産んだ古人大兄皇子《ふるひとのおおえ》がいますが、『日本書紀』の記事を見ると、その場にはこの四人しかいなかったようです。

国書を奏上するというのですから、朝鮮の使者がいそうなものなのに、朝鮮の使者はおりません。従来は、国書奏上の日だとだまして入鹿を引っ張り出したのだと説明されていたのですが、入鹿はこのとき大臣《おおおみ》で、しかも蘇我氏は朝鮮とは関係が深い氏族です。

先ほど申しあげたように、新羅の使者が来たときは蘇我馬子が国書を受け取っています。政治の中心人物が、来もしない朝鮮の使者が来るということでだまされてのこのこ出てくるはずはありませんし、出てきてもそこに朝鮮の使者がおらず、国書を読みあげるのが石川麻呂であれば、入鹿はおかしいと思うにちがいありません。

『日本書紀』の記事はちょっと小説じみた脚色がほどこされていると思いますが、

国書を読みあげるのを合図に、物陰に隠れている中大兄皇子らが飛び出してくるという手はずなのに、入鹿の威光を恐れて、中大兄皇子が率いている刺客が飛び出せない、読んでいる国書がだんだん終わりに近づいてくるので、計画が失敗したのかと思って、石川麻呂は汗をダラダラ流し、手が震えた、不思議に思った入鹿が「いったいどうしたのだ」と聞くと、石川麻呂は「天皇の御前なので、おそれ多いのです」とごまかした。

という手に汗を握る叙述が出てまいります。

しかし、平生とちがっていたら、入鹿はもっとはやくおかしいと思うはずですから、こういう形で国書の奉呈が行なわれているのはふつうのことだと思います。つまり、大門の前の机のところまでしか外国の使節は来ないのが慣例であったと思われます。

机の上に置いたら、大門の内がわにいる天皇の侍従、のちでいう内舎人《うどねり》、あるいは采女《うねめ》などがそれを持っていって天皇にお目にかけるのでしょう。それをもう少し丁寧にやろうと思うと、大臣や大連に準ずる人物、あるいは蘇我馬子などが側近にいて、それを受け取って天皇に取りつぐ、ということではなかったかと考えられます。

ですから、大化改新のきっかけをなした事件のときも、大門の内がわの御殿（のちの内裏正殿）に、大王と古人大兄皇子・石川麻呂・入鹿の三人のメンバーがいたのでしょう。たぶん三韓の使者は、大門の外がわまで来ていたかもしれません。そう考えると、入鹿をだましたというような苦しい解釈は不必要になるわけです。

つまり、実質上の皇太子である古人大兄皇子、大臣の入鹿、蘇我氏でも長老的な人物である石川麻呂といった二、三人の人を相手に、天皇が政治を執り行なうという形であったのでしょう。

大極殿に相当する建物――天皇が出御して百官の前に姿をみせる建物――は大化以前は不必要であり、なかったということになるのではないかと思います。

大化以後の天皇親裁　それでは、大化以後はどうなるかと申しますと、大化改新から六年後に白雉《はくち》という年号が始まりますが、白雉というのは長門国で白い雉が見つかったので、瑞祥《ずいしょう》だというのでつけられた年号です。

そのおめでたい白い雉を天皇にお目にかけるという儀式が、白雉元年（六五〇）二月に行なわれますが、そのときの状況が『日本書紀』にくわしく出ております。

それを見ますと、紫門という門の前でみんなが待ちかまえていると、雉を乗せた輿がやってくる、それを左右大臣などが担いで門を入って殿の前に進む、さらにお付きの者がその雉を持って殿の上にあがる、天皇は中大兄皇子を召してそれを見ると、左大臣巨勢臣《こせのおみ》がお祝いを申し上げる、天皇はそれに対して詔を下し物を賜る、こういうことになっています。

昔の儀式は中国風に露天で行ないますが、偉い人だけは御殿の中にいるわけです。しかし、多くの官人の前に姿を見せるというのは、大化改新以後の政治のやり方をあらわしていると思います。

つまり、天皇が直接群臣の前にあらわれて、政治を親裁したのです。天皇の権力の強化の結果といってよいと思います。それ以前は、大臣・大連がだいたい決めたことを、天皇が承知するという格好ではなかったかと思われるわけです。

前期難波宮の歴史的意味は何か　そういう情勢を遺跡のうえであらわしているのが難波宮の遺跡の発掘によって知られたところではないでしょうか。「日本古代宮跡比較図」（一三四～一三五ページ）の左の端の図が前期難波宮で、たぶんこれは孝徳朝の難波長柄豊碕宮《ながらのとよさきのみや》までさかのぼると考えてよいでしょう。白雉の献上の儀式が行なわれたのは難波長柄豊碕宮ではなくて、難波は難波でも小郡宮《おごおりのみや》だろうと思いますが、ほぼ似たような平面プランになっていたはずです。

現在わかっているのは、小郡宮より三、四年のちに完成した難波長柄豊碕宮の遺構と思われる遺跡です。ひょっとしたら、これは天武朝に建設の難波宮かもしれませんが、発掘を担当している難波宮址顕

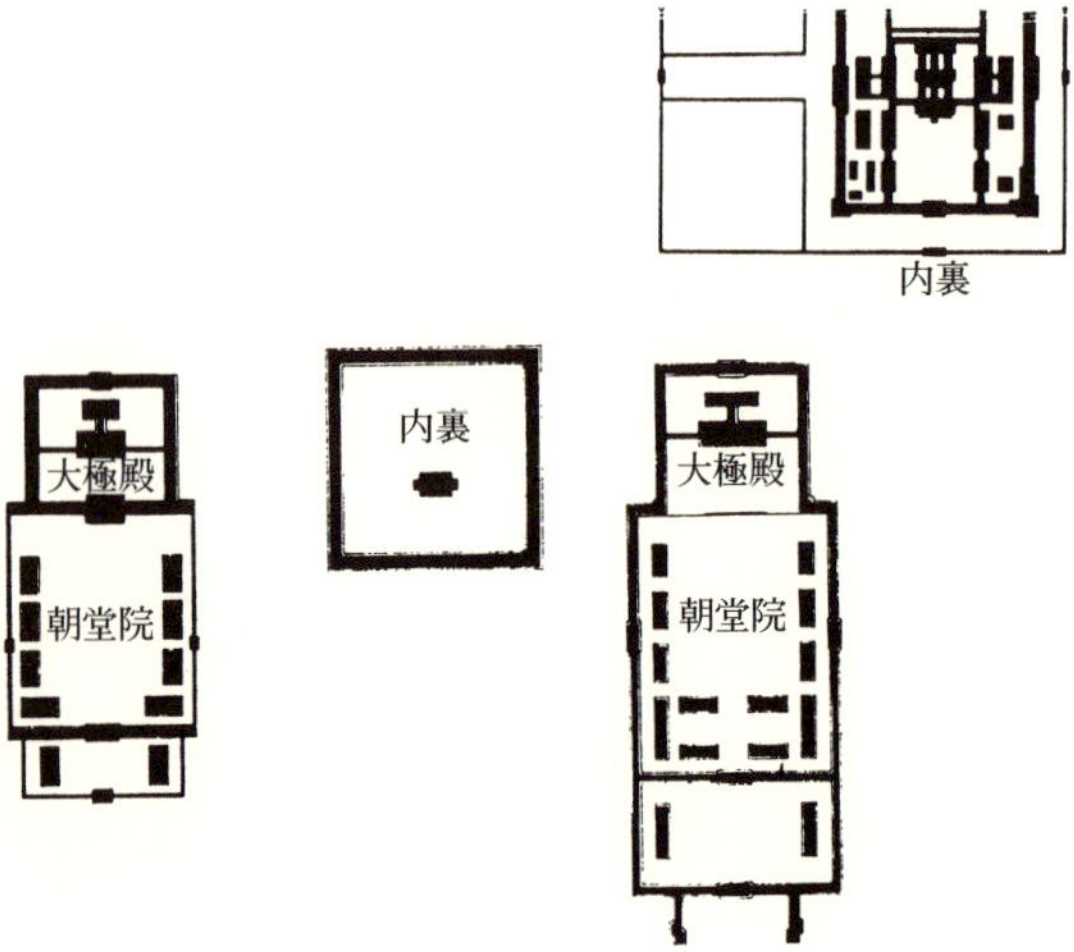

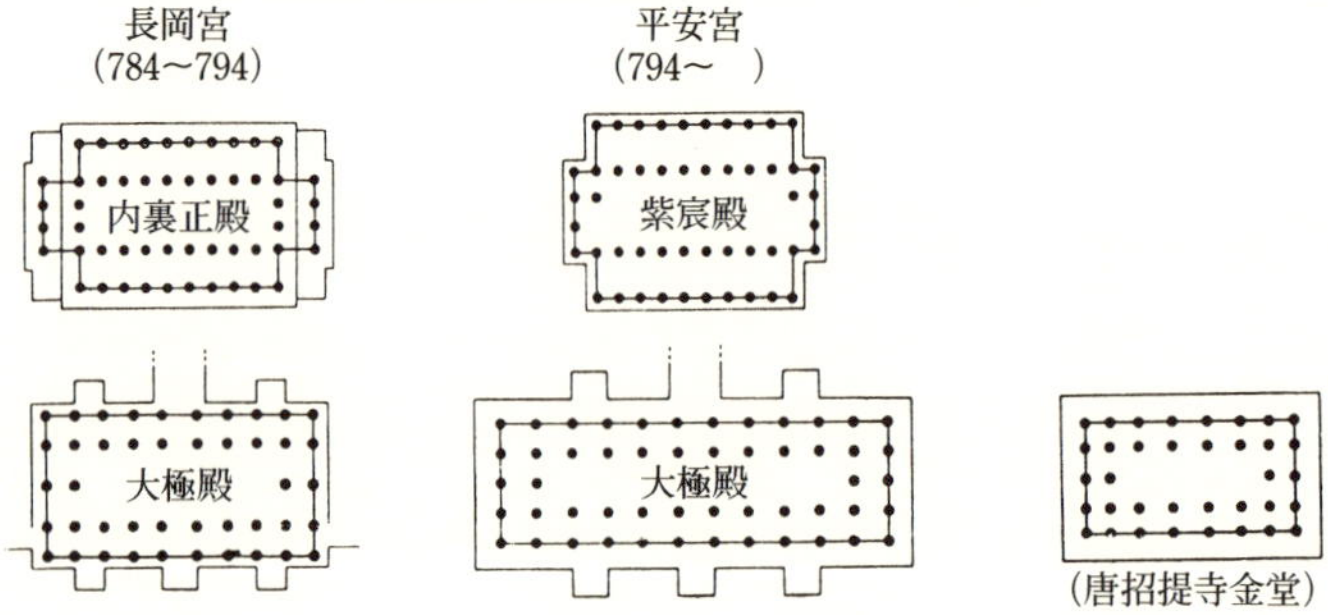

文化財協会〉掲載の図を基本とし，一部加筆訂正した）

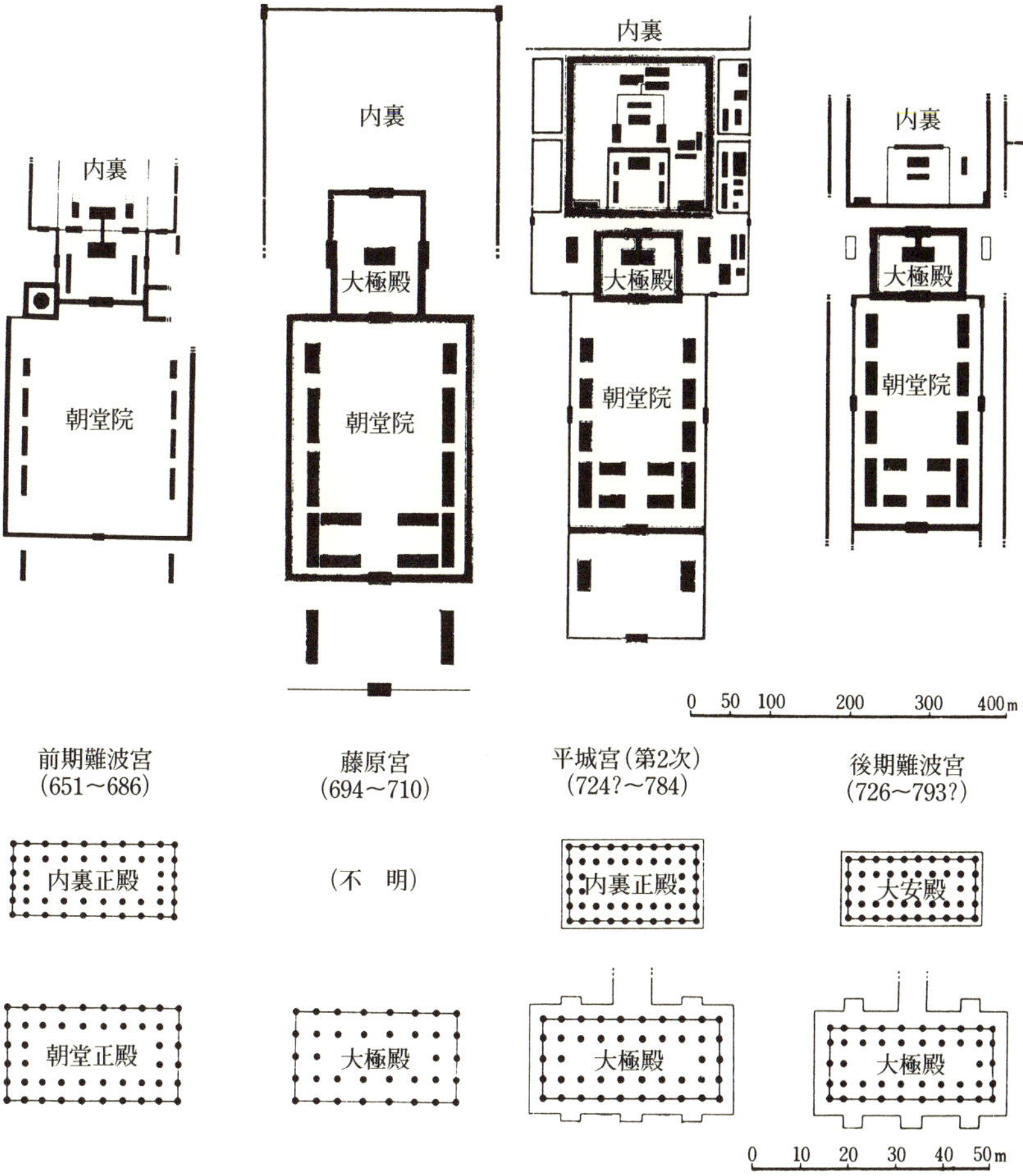

図　日本古代宮跡比較図（『難波宮址の研究　第6』〈大阪市

彰会がこれを長柄豊碕宮とする見解を、私もとっておきたいと思います。

この図（前期難波宮の図）の上のほうに内裏《だいり》と書いてありますが、これは天皇の日常の住まいです。そこに横長の建物があるのは内裏正殿で、その南にやや横長の正方形に近い一郭があり、その上のほうにやや横長の建物がありますが、これは大極殿前身建物といっておけば無難だと思います。あるいは、前（南）のほうにあるのを内裏前殿、奥（北）のほうにあるのを内裏後殿といってもいいかもしれません。推古朝や皇極朝では、天皇の住まいである内裏と政治をする朝堂とは門でつながっていたようですが、天皇は原則として朝堂には出てこないわけです。側近の者と内裏の宮殿で相談して政務を決めていました。

しかし、それでは天皇が中心だという実はあげにくい。天皇と群臣の仲介役の蘇我氏を滅ぼしたあとは、直接みんなの前に姿をあらわす場所を設定しますが、それが大極殿前身建物で、それを取り囲む一画が大極殿院の前身です。

こうして、前期難波宮の平面プランができあがってきます。それが前期難波宮の歴史的な意味だと思います。そのほか八角堂などもできてまいりますが、それは副次的な建物です。

この難波宮のプランを見ますと、内裏の部分と大極殿前身建物のある一郭（大極殿院の前身）とは、簡単な一本柱の柵列で区画されています。

そして内裏の正殿と大極殿前身建物（内裏後殿と内裏前殿とよんでもよい）とは軒廊《こんろう》でつながれていますので、大極殿前身建物のある一郭までを、内裏のなかと考えることもできます。大極殿前身建物は、内裏からはっきりとは分かれていないのです。

内廷・外廷を掌握した平面プラン　内裏は日常の住まいですが、天皇が政治をとる必要上、内裏の一部を前に出っ張らせて、そこで天皇が政治をみたといってもよいのです。つまり、側近と内々でやる儀式は内裏で行なわれますが、これを内廷《ないてい》ともいい、公の政治をやるところを外廷《がいてい》、あるいは朝堂《ちょうどう》といっています。

そして、それを統一するものとして大極殿の前身ができるという形が、長柄豊碕宮で考えられました。したがって、天皇が内裏から大極殿前身建物に出てきて、内廷と外廷を一手に掌握するというふうに、天皇の実権が高まってきたということを、この平面プランはよくあらわしていると思います。

6　都城の整備——藤原京から平安京へ

大極殿が独立する藤原宮　ところが、律令制が確立してくると、天皇親政はなかなかスムーズにはいきません。やはり貴族による連合政治という面が強く出てきて、天皇が日常の生活をする内裏と、政治をとる大極殿とが分離してきます。それが藤原宮の段階です。

藤原宮でも、広い意味の内裏の中に大極殿があるという形ですが、大極殿と内裏の主要な部分とは別区画で、その間には門ができて、大極殿はいちおう独立しております。これが浄御原令ないし大宝令の段階です。

その次の平城宮になりますと、よりいっそう内裏と大極殿の区別がはっきりしてまいりますが、内裏外郭はなお大極殿を包んでいます。

大極殿の門は誰が守るのか　大極殿が内裏の一部としてスタートしたらしいことは、大極殿の門を誰が守るかということからもいえます。内裏を守るのは、律令制では兵衛《ひょうえ》の役目です。古くは舎人が守っていたのですが、律令制が整ってくると、内裏の門は兵衛府が守り、宮城の門は衛門府《えもんふ》が守るという規定になっています。

それでは、大極殿の門はどちらが守るかというと、兵衛が守ることになっています。大極殿の門は内裏の扱いになっているわけです。

後期難波宮も大極殿は独立した一区画ですが、内裏と大極殿はきわめて接近しております。

大極殿が外廷となる長岡京　ところが、長岡宮になると内裏と大極殿は離れてしまいました。一〇〇メートルないし二〇〇メートルの距離ですが、それまでのような接近した状態ではありません。それと同時に大極殿の南の門がなくなって(10)、大極殿は朝堂院の一部だということになりました。つまり、かつては内廷の一部であった大極殿が内廷の外へ出、外廷の一部になったといっていいわけです。

都城の整備と天皇の政治　したがって、都城の制は整備されるにしたがって、天皇が政治からだんだん離れていくという形になります。しかし、天皇がだんだん政治から遠ざかるかというと、簡単にそうともいえないようです。

それは平安宮でも同じで、大極殿の南の門はなくなって、大極殿は朝堂院の一部になっています。かつては内裏の一部であった大極殿が朝堂院の一部になる。いいかえると、内廷の一部であった大極殿が外廷の一部になって、天皇はだんだん政治から遠ざかっていくというように思われますが、ことはそれほど単純ではなく、平安京の時代には官吏が内裏に参向し、内裏の天皇のもとで政治が議せられることが少なくなかったようです。桓武天皇の政治はそういう形で、天皇の強い指導力のもとに行なわれていたと思われます。

いわゆる摂関政治の時代はどうなるのか、そこらは私の専門外なので、省略させていただきます。

7　都城の中の生活――貴族・盗賊・貧民

階級分化の鮮明な都　次に都の内部の生活のことについて少し申しあげたいと思います。都にはとうぜん市民の生活がありますが、それと同時に貴族の華やかな生活が行なわれているので、そういう両極端が都城にあらわれるということが都城の研究のおもしろさです。

つまり、階級分化が非常にはっきりしているのが都で、地方へ行くと共同体の遺制によって、それがぼやかされてしまいます。地方においては、階級の差はそう極端にはあらわれません。

発掘された平城京の庭園　都の華やかさは、近年のいくつかの発掘で確認されましたが、三年ほど前（一九七五年）に平城京の左京三条二坊六の坪で庭園の発掘が行なわれました。奈良の市中にあった郵便局の本局が西のほうに移転しようというので、新しくできた奈良の市役所の近くに場所を求めたのですが、その事前調査でたいへんきれいな池の跡が出てきたわけです。

長さ五〇メートルぐらいのS字状の池で、曲水の宴が行なわれたのではないかとも考えられますが、池の底には一面に玉石が敷き詰められ、深さはせいぜい三〇センチぐらいでした。

池の北側に水の取入口があって、木樋《もくひ》を土中に埋めて暗渠《あんきょ》のようになっていますが、南側にも木樋を敷設しており、水の出し入れも自由にできるようになっています。

そのなかでとくに感心したのは、五〇センチに三〇センチぐらいの板を組んだもの——底のない箱のようなもの——が水際にしつらえてあったことで、そこに菖蒲とか、あやめを植えこんでいたらしいのですが、そういうものが二ヵ所から出てきております。じつに手の込んだ庭園設備を奈良時代につくっていたわけです。

今に蘇る洗練された貴族生活　『万葉集』を読むと、大中臣清麻呂という人の邸で行なわれた宴会のときの歌があります。

池水に影さへ見えて咲きにほふ馬酔木《あしび》の花を袖に扱《こき》入れな
鴛鴦《おし》の住む君がこの山斎《しま》今日見れば馬酔木《あしび》の花も咲きにけるかも
磯影の見ゆる池水照るまでに咲ける馬酔木《あしび》の散らまく惜しも

この池をみていますと、清麻呂の右のような歌を思い出します。この池の西側から、建物の柱の跡がたくさん出てきております。その御殿の一部は、池の水際まで差し出ているようです。その建物は東をむいており、三笠山などを借景にして、貴族たちはお酒を飲んだり、歌を作ったりして楽しんでいたのだと思います。

いま読んだ歌は、この池での歌ではありませんが、似たような池があって、非常に洗練された貴族生活が行なわれていたと考えてよいでしょう。

奈良時代の貴族たちが、花の咲きにおう植えこみを作って楽しんでいたということは、このほかいろいろな歌でわかりますが、樹木や草花を愛するということは、都市生活が発達したために起こってきたのではないでしょうか。自然のなかに住んでいる者は、とりたてて花を楽しまなくてもいいわけです。都市生活が進んでくると、盆栽を作ったり、庭木を愛したりするようになります。

平城京では、そういう洗練された貴族生活が行なわれていたと思います。これは何も発掘によらなくても、正倉院の御物や『万葉集』の歌を見ればだれにでもわかることですが、発掘の結果からも、貴族たちはりっぱな庭園を作って、それを楽しむ余裕を持っていたことがわかりました。

泥棒市もある奈良の都

ところが、一方では泥棒が奈良の都に横行していて、正倉院文書のなかに盗難届が五点か六点残っています。そのなかに安拝《あへの》常麻呂という大初位下の下級官人が、一三種の品物を泥棒にとられたという盗難届がありますが、麻の朝服、葛布の半臂《はんぴ》（半袖のシャツ）、褌《はかま》、夜具といった衣料品から、筥《はこ》・弓などいろいろの品物を取られています。緑の裳《も》や青の裳も書き出してありますので、奥さんの緑や青のスカートなども取られているわけです。

この盗難届を受けとったのは左京職《さきょうしき》ですが、左京職は盗難届を東市司《ひがしのいちのつかさ》に回送しています。それは盗難品が市（市場）に出る可能性が多いからで、奈良の都の一部には貴族生活があり、一部には泥棒市がありました。

別の下級官人の盗難届では、秦家主《はたのいえぬし》の出したものですが、「私の廬《いおり》の物盗まる。問い求めんがために暇《ひま》を請《こ》う」、つまり家の物を盗まれたので、それを探すために休暇をくださいといって、三日間の休暇をもらっています。三日間の休暇をもらって、東市や西市で盗難品を探し回るということが、げんに行なわれていたわけです。

国に帰れなくなった貧民　そして、その市場のまわりには、冬の三ヵ月のあいだおなかをすかせた人々がたくさんたむろしていました。

淳仁天皇がそのことを聞いてどういうわけかと問うと、諸国から都に調《みつぎ》を運んできた人夫たちが、都には出てきたけれども、国に帰る旅費や食糧がなく、あるいは病気になって、故郷に帰ることができないでいる、市場のそばに行くと、何かおこぼれにあずかったり、荷物持ちのような単純労働で小遣い銭ぐらいはもらえるので、都のそばにたくさん集まっているのだということがわかって、「朕《ちん》竊《ひそ》かに茲《これ》を念《おもひ》て情《こころ》に深く矜愍《きんびん》す……」といったということが『続日本紀』の天平宝字三年（七五九）五月の条にでていますが、天皇がいくらかわいそうだといっても、律令体制がある以上、こういう貧民はあとからあとから出てくるわけです。

平安京に現われる律令制の矛盾　しかし、奈良時代は律令制の矛盾はまだ押さえられていて、わずかしか表面に現われてまいりませんが、平安京三百数十年の間にだんだん出てきて、古代国家が没落し、地方に武士など有力者が興ります。そして、地方の有力者が農民を直接握ることによって、勢力を強めてきます。

そのほかにも理由はさまざまありますが、かつての戸籍を基本にした班田収授制が崩壊し、これが基礎になっている律令制も崩れました。

さらに、都を飾る一種のモニュメントでもある寺院で、鎮護国家のための国家仏教を奉じていた坊さんたちも、貴族に反抗しだします。

南都《なんと》北嶺《ほくれい》の僧兵たちは神輿《みこし》を担いだりして脅迫じみたことをするので、院政《いんせい》を始めて大きな権力を握っていた白河法皇も、自分の自由にならないのは、双六《すごろく》の賽《さい》の目と、賀茂川の水と、山法師だといったというのは有名な話ですが、かつて鎮護国家を任務としていた僧侶たちが政府に反抗するのです。

都城没落となる武士の時代　けっきょく古代国家は没落して、武士の時代になりますが、平安の都はなくなりはしないものの、かつての政治都市の意味あいはだんだん薄れ、鎌倉が政治の中心になっていきます。

もっとも鎌倉時代は平安京の政治的な力はなお強かったのですが、かつてのような日本全体の政治的中心の地位は失われました。平安京は西日本の政治的中心であり、また商工業の中心地、あるいは文化の中心地としてはなお繁栄しますが、かつての都城としての性格は失われます。したがって、武士の時代は都城の没落の時代になると思います。

都城と天皇制　没落の過程は、時間の関係で十分お話しすることができませんでしたが、古代天皇国家の成立とともに都が形成され、天皇国家がやがて貴族国家にうつり、貴族国家が武士に政権を奪われるとともに都城は崩壊していくというふうに都城の興亡を考えているしだいです。長い間、ご清聴ありがとうございました。

注

（1）七世紀後半から八世紀初頭ごろまでの古墳を終末期古墳と呼び、後期古墳と区別する考えかたが、近年有力になった。森浩一編『論集終末期古墳』（塙書房、一九七三年）。

（2）八角墳出現の意義については、拙稿「古代天皇の地位と八角墳」（『古代史の窓』学生社、一九八二年）を参照されたい。

（3）天皇という称号ないし敬称のあらわれる以前に、「天王」という敬称が用いられたとする説もある。宮崎市定「天皇なる称号の由来について」（宮崎市定『古代大和朝廷』筑摩書房、一九八八年、初出は一九七八年）。
（4）岸俊男「飛鳥と方格地割」（『史林』五三巻四号、一九七〇年）。
（5）舒明天皇の百済宮を広瀬郡（いまの広陵町百済）とする説もあるが、天香久山の西麓の百済とする説に従う。直木孝次郎「古代国家の形成と飛鳥の都」（『飛鳥奈良時代の研究』塙書房、一九七五年）（後記　一九九六年から始まった桜井市吉備の吉備池廃寺の発掘調査の結果、吉備池廃寺といわれていた寺院跡は、舒明朝創建の百済大寺である可能性が高まった。そのため、舒明朝の百済宮の所在地もその近傍と推定されている。天香具山の北東約一・五キロの地である〈奈良文化財研究所『大和吉備池廃寺』〈吉川弘文館、二〇〇三年〉参照〉）。
（6）『日本書紀』にみえる大化二年正月発布の大化改新詔を、そのまま信ずることができないことはいうまでもないが、大化改新の事実をすべて否定することはできないと考える。
（7）林博通『さざなみの都大津京』（サンブライト出版、一九七八年）。
（8）その後の発掘の進行により、現在では明日香村大字岡の板蓋宮伝承地が浄御原宮の地としてはもっとも有力と考えられる。遺跡は三層からなっており、その上層の遺跡が、斉明天皇の後岡本宮で、浄御原宮は、それを利用し、一部改造したものであるらしい。
（9）岸俊男「飛鳥から平城へ」（『古代の日本』第五巻、近畿、角川書店、一九七〇年）、同「都城と律令国家」（岩波講座『日本歴史』第二巻、一九七五年）。
（10）最近の調査の結果、大極殿の南に門のあることが明らかになったが、それまでは本文のように考えられていた。大極殿南門があっても、長岡宮の大極殿が内裏より朝堂との関係が密接であることに変わりはない。

Ⅱ　飛鳥・藤原の都とその時代

伝飛鳥板蓋宮跡復元大井戸

一　飛鳥時代の魅力

日本における古代国家は、飛鳥《あすか》時代にその形成が軌道にのり、白鳳《はくほう》期に確立し、奈良時代に展開する。日本の全歴史の中でも激動あいつぎ、緊張に満ちた時期といえよう。

六世紀末の守屋《もりや》合戦で物部《もののべ》氏が滅び、蘇我馬子《そがのうまこ》と聖徳《しょうとく》太子らの指導する推古《すいこ》朝が栄えるが、七世紀中葉の大化改新《たいかのかいしん》で蘇我氏が凋落《ちょうらく》する。この二大氏族の没落のあと、中大兄《なかのおおえ》皇子と藤原鎌足《ふじわらのかまたり》らの指導のもとに、日本国家は律令《りつりょう》制への道を歩み始めるが、天智《てんじ》天皇の築いた近江《おうみ》朝廷は壬申《じんしん》の乱によって灰燼に帰し、戦い勝った天武《てんむ》天皇は神と謳《うた》われながら、飛鳥に帰って国家形成の巨歩を進める。持統《じとう》女帝は夫天武の遺業を引き継いで、飛鳥浄御原令《きよみはらりょう》を施行し、藤原遷都を断行する。

しかしこのころから、再び貴族勢力が頭をもたげ、先頭を行く藤原不比等《ふひと》は若い文武《もんむ》天皇を奉じて大宝《たいほう》律令を完成し、元明《げんめい》女帝のもとで平城京《へいじょう》を造営する。こうして律令国家は制度的に整うが、その厳しい収奪に対する農民の抵抗は、浮浪・逃亡というかたちを取ってすでに開始されている。そのほか戸籍を偽ったり、私度僧《しどそう》となるなど、さまざまの手段によって租税をのがれる。

貴族層は農民の抵抗を抑えて律令制の維持・拡充を図りながら、政権の掌握をめぐって血で血を洗う抗争を繰り返す。長屋《ながや》王の変、藤原広嗣《ひろつぐ》の乱、橘奈良麻呂《たちばなのならまろ》の変、恵美押勝《えみのおしかつ》の乱、そのすえは山林に修行して呪法《じゅほう》を体得した僧道鏡《どうきょう》が称徳《しょうとく》天皇の信任を得て、太政《だいじょう》大臣に相当する法王の地位に昇り、皇位を望むという事態にまで立ち至る。

この時代の大きなうねりをさらに多彩なものとするのが、海外との活発な交渉である。いや海外からのインパクトが、うねりを引き起こし、国家形成を推し進めた原動力の一つであるというべきだろう。

朝鮮では強力な高句麗《こうくり》に国境を接する百済《くだら》は、しだいに南方へ圧迫されながらも五世紀後半には国家体制を整え、ひと足遅れて新羅《しらぎ》も六世紀には国家形成を進め、任那《みまな》の地域を百済と分割併合し、日本の任那官家《みまなのみやけ》を滅ぼした。この情勢が日本を刺激していたうえに、中国本土では六世紀末、隋《ずい》が、多年にわたり南北に分かれて争っていた国々を統一して強大な国家を作り上げる。その圧力はいやおうなく、日本を含めた極東の諸国に及んでくる。隋は三〇年ばかりで滅ぶが、かわって七世紀前半にはより強大な唐《とう》帝国が成立する。

巨視的にみるならば、七世紀から八世紀にかけて日本が中央集権国家を形成し、律令体制を整備し、条坊《じょうぼう》整然たる都城を造営し、さらに仏教美術を中心に絢爛《けんらん》たる古代文化の花を開かせたのは、この国際情勢によるといって誤りではない。五世紀以来、日本に渡来した朝鮮の人々が政治・文化の発達に大きな貢献をし、七世紀以後は遣隋使《けんずいし》・遣唐使《けんとうし》やそれに従った学問僧・留学生も少なからぬ功績を立てたが、それらもこの国際関係のもたらしたものといえよう。

そしてこの国際性が、飛鳥・奈良時代二百余年を、日本全史の中できわだたせている要素である。

このように飛鳥・奈良時代は特色のある時期であり、しかもいまから千数百年の時を隔てている。にもかかわらず、私たちはこの時代にたいへん親しみを感ずる。時代の激流に洗われるために、そこに活動する人々の素顔がすなおに表れているからだろうか。国家の形成・発展期であるために、文化がいまだ爛熟《らんじゅく》せず健康・素朴の姿を保っているためだろうか。

私の個人的な感想を述べさせてもらうと、中学三年の時、はじめて手にした『万葉集』の入門書の巻頭第一ページにあったのが、つぎの歌であった。

我《われ》はもや安見児《やすみこ》えたり皆人《みなひと》のえがてにすとふ安見児えたり

藤原鎌足

笹《ささ》の葉は深山《みやま》もさやにさやげども我《われ》は妹《いも》思ふ別れきぬれば

柿本人麻呂《かきのもとのひとまろ》

二首ともたいへんわかりよい。なんの予備知識がなくても理解できる。本歌取りや掛詞《かけことば》のめんどうな『古今集《こきんしゅう》』や『新古今集《しんこきんしゅう》』の歌とは大ちがいである。一三〇〇年の年代の隔たりは感じられない。はるかに遠い時代でありながら、その時代を支え、動かしているのは、現代の私たちと同じ人間なのである。その人たちがどのように生き、戦い、歎《なげ》き、喜んだか。

それでは本文に取り掛かっていただくこととしよう。

二　東アジアの中の日本

1　仏教伝来

大王の支配　六世紀のころ、日本はまだ倭《わ》国とよばれていたが、統一国家への道を歩み始めていた。六世紀のはじめ、越前《えちぜん》・近江《おうみ》を本拠地とする男大迹《おおと》王が、河内《かわち》・山背《やましろ》（山城）に勢力をひろげ、やがて大和に入って、ヤマト政権の新しい大王《おおきみ》となる。これがのちに継体《けいたい》天皇とよばれる人物だが、北九州の有力豪族である磐井《いわい》を討ち滅ぼして、屯倉《みやけ》をおく。つぎの安閑《あんかん》天皇時代には、武蔵《むさし》の国造家が内紛を起こしたのにつけこんで、この地域にも屯倉がおかれる。

屯倉とはヤマト政権が直接支配する領地のことだが、六世紀には上記の二つの地域にかぎらず、九州から関東地方に至る全国各地に多数の屯倉が設定された。朝廷の支配力が各地域に伸びたのである。中央ではそれに対応して、氏姓《うじかばね》の制度が整備され、大王（天皇）とこれを補佐する大臣《おおおみ》・大連《おおむらじ》を頂点とする朝廷の組織が固められた。大王の身辺と朝廷を護《まも》る舎人《とねり》や靫負《ゆげい》の軍事制度も成立した。

百済からの使者　百済から仏教が日本に伝えられたのは、このような時であった。安閑《あんかん》天皇の二代のち、六世紀では最も偉大な王であった欽明《きんめい》天皇の時代、『日本書紀』（以下『紀』という）によれば欽明十三年（五五二）に、百済の聖明《せいめい》王が使者を遣わして、金銅の釈迦《しゃか》像一体と、幡《はた》・蓋《きぬがさ》および経論《きょうろん》を献上したという。

しかしこれには、もう一つの有力な伝えがある。『元興寺《がんごうじ》伽藍《がらん》縁起《えんぎ》幷《ならびに》流記《るき》資財帳《しざいちょう》』（八世紀に編纂《へんさん》。『元興寺縁起』とも略す）にみえるのがそれで、欽明天皇治世の七年目の戊午《つちのえうま》の年（五三八）に、聖明王が太子像と灌仏器《かんぶつき》、それに『説仏起書巻《せつぶつきしょかん》』という書物一篋《はこ》とを奉った、とある。この説に従うと、欽明の即位元年は五三二年となり、五四〇年を即位元年とする『紀』の説とは八年ずれる。しかし『紀』の五五二年説より、この五三八年説のほうが信頼できるという意見が強い。ほかに欽明九年戊辰《つちのえたつ》（五四八）に百済から僧侶らが送られてきたのが初伝である、とする新説もある（松木裕美氏の説）。

仏教渡来の正確な年次をいまここで判定することはできないが、六世紀の中ごろ、百済の国王から欽明天皇の朝廷に伝えられたことは事実としてよかろう。ではなぜ百済王は倭国の王に仏教を伝えたのだろうか。それには当時の朝鮮三国――高句麗《こうくり》・百済・新羅《しらぎ》――のようすをみておく必要がある。

朝鮮三国の形勢　三国のうち、いちばん早く国家形成を進めたのは、北方の高句麗である。そのため軍事力も強かった。四世紀末から五世紀はじめにかけて、高句麗がしばしば百済・新羅の地を侵し、倭とも戦ったことは好太王《こうたいおう》碑（広開土王《こうかいどおう》碑ともいう）にみえて有名だが、五世紀から六世紀のはじめにかけて高句麗の南進はつづき、百済は新羅または倭と協力してこれに対抗した。この抗争の間に、四七五年、百済は都を漢城《かんじょう》（ソウル）から南方の熊津《こむなり》（公州《コンジュ》）に移すが、このころから国家体制が整えられた。

政治的に遅れていた新羅も、六世紀に入ると、その前半に在位した智証《ちしょう》王と法興《ほうこう》王の時代に国家統一は大いに進んだ。五四〇年に即位したつぎの真興《しんこう》王は、高句麗を攻めて領土を北方へひろげるとともに、百済とも戦って圧迫を加えた。

朝鮮三国は国家形成の進行とともに、激しい対立の時代に入った。なかでも百済は腹背に敵――高句麗・新羅両国――を受けて、苦境に立った。国勢を維持するために倭国と結ぶというのが百済の伝統的な外交策であるが、六世紀にはその必要がいっそう高まった。聖明王《せいめい》が、当時の新しい文化を代表する仏教を欽明の朝廷に送ったのは、倭国との友好関係を固める方策のひとつであったと思われる。六世紀の倭国は、国家形成に役だつ新しい文化を求めていたのである。

五経博士の渡来　『紀』によると、継体七年（五一三）百済は五経博士段楊爾《だんように》を日本に献じ、三年後の五一六年に五経博士漢高安茂《あやのこうあんも》を遣わして、段楊爾と交替させている。その後しばらくみえないが、欽明十五年（五五四）にも百済は五経博士を送り、以前から日本に来ていた五経博士と交替させた。五経とは『詩経《しきょう》』『書経《しょきょう》』など儒教の古典のことだから、継体・欽明の朝廷が、儒教の摂取に熱心であったことがわかる。同年には、暦や医術の博士とともに僧侶九人がいっしょに来日している。

国家形成が進むと、国家組織を内面から支える文化や思想が必要になる。日本の朝廷は、そうした意味から大陸文化の摂取に熱心となり、百済はその希望にこたえて、新しい文化を日本に送り込んだ。それが日本をわが陣営にひきつけるのに役だつと考えたからである。仏教を日本に伝えたのも、同じ思惑《おもわく》からだろう。

だが仏教は、日本と気候・風土のまったく異なるインドに起こった高度な宗教であって、在来の日本の素朴な神々の信仰に比べると、たいへん異質である。儒教は宗教性が少なく、その社会倫理や政治思想は、日本の社会に受け入れられやすいが、仏教はそうはいかない。百済からの仏教の伝来に対し、これを受け入れるかどうかで欽明天皇の朝廷に動揺が起こったのも無理ではない。いわゆる崇仏・排仏の対立である。

仏教の私的伝来　朝廷の人々は聖明王の送ってきた仏像や経論を見て、はじめて仏教に接したかのように『紀』には書いてあるが、事実はそうではあるまい。仏教は六世紀前半には、百済でも新羅でもかなり広まっていた。百済では、五二三年に没した武寧《ぶねい》王の陵の出土品や内部装飾に仏教文化の影響が著しく、新羅では、五二一年に梁《りょう》（五〇二年に始まる中国の国名）に使いを送って仏教を採り入れ、五二八年には仏教を公認した。このころ日本とこれら二国との交渉はかなりさかんであったから、両国からの渡来人によって、仏教は、聖明王による公式の伝来以前に日本に伝わっており、朝廷の豪族たちも、ある程度の知識はもっていたと思われる。

『扶桑略記《ふそうりやつき》』によれば、大唐漢人《だいとうかんじん》の司馬達等《しばたつと》が継体天皇の壬寅《みずのえとら》の年（五二二）に日本に渡来し、大和高市《たかいち》郡の坂田原の家に仏像を安置して礼拝したという。大唐というのは誤りで、朝鮮からの渡来人であろう。そしてこれは、たまたま記録にのこった一例で、ほかにも仏教公伝以前から私的に仏をまつっていた渡来人はあったにちがいない。

それゆえ、渡来人と関係の深い氏族は仏教に理解があって、積極的に受け入れようとし、固有の神々の祭祀《さいし》に関係の深い氏族は、この異質の宗教を排斥《はいせき》した。こうして朝廷を構成する豪族の間に、崇仏派と排仏派の対立が起こった。前者の代表が大臣《おおおみ》蘇我稲目《そがのいなめ》、後者の代表が大連《おおむらじ》物部尾輿《もののべのおこし》である。

崇仏派と排仏派の対立　両派の対立が激しいため、欽明天皇は仏教の公認を保留し、仏像を蘇我稲目に授けた。稲目はこれを自分の家に安置したが、しばらくして疫病が国中に起こった。尾輿らは在来の神々の怒りであるとし、天皇の許可を得て、仏像を奪って川に流し、安置してあった家を焼き払った。『紀』にはこのように記されているが、誇張が多く、対立はそれほど激しかったとは思われない。なぜなら、さきに述べたように欽明十五年（五五四）に百済から僧侶が来ているが、その人数は九人で、以前から来ていた七人の僧侶と交替している。それは欽明の朝廷が、五五四年の数年前から仏教を受け入れていたことを意味する。

朝鮮半島の三国は、すでに仏教を公認して国家形成を進めている。仏教の受容は、東アジアの大勢であって、朝鮮三国に負けないように国家体制の整備に努めていた日本だけが、強く仏教を拒否できたとは思われないのである。

『日本書紀』の仏教に対する立場

それではなぜ、『紀』は崇仏・排仏の対立を強調しているのであろうか。

解答のカギは、崇仏派の蘇我氏がその後栄え、排仏派の物部氏が六世紀の末（五八七年）に滅んだことと、『紀』の編纂《へんさん》された八世紀初頭は仏教が国家の保護を得て隆盛をきわめていたこととにある。つまり『紀』の編者は、仏教尊重の立場から、仏教を信ずるものは栄え、軽んずるものは滅ぶという図式を強調するために、仏教を重んずる蘇我氏が物部氏の迫害をこうむって苦しむというかたちに、歴史を描きだしたのである。

蘇我・物部の両氏が対立したのは事実であろう。そして渡来人と関係が深く、朝廷の財政面を担当する蘇我氏が進歩的・開明的であり、在来の神々の祭祀に関係し、軍事を担当する物部氏が保守的・伝統的であることが、対立の原因であったことも、従来いわれている通りだろう。しかし崇仏・排仏の問題は、『紀』や、その他の仏教関係史料に記されているほど、両者の対立の重要な理由ではなかったと思われる。

思うに、朝鮮をへて日本に伝わった仏教は、国を捨てて出家した釈迦《しゃか》が悟りをひらいて始めた原始仏教とは違い、国家仏教の性格をかなり強くもっていたのではなかろうか。高句麗においても、百済・新羅でも、仏教は国家組織の整う時期にさかんとなっている。五、六世紀の朝鮮の仏教は、国家と結びつきやすい性質を備えていた。そうした仏教が主として百済から日本に伝わったのである。

2　飛鳥寺の輝き

ヤマトと新羅の相克　さきに、欽明天皇は六世紀で最も強力な王であるといったが、『紀』で三二年、『上宮聖徳法王帝説《じょうぐうしょうとくほうおうていせつ》』（聖徳太子の伝記で最古のもの。七世紀に書かれた史料を含む。『法王帝説』とも略す）では四一年に及ぶとされる治世の間に、政情は安定し、国家組織の整備は進んだ。五七一年に没し、天国排開広庭大王《あめくにおしはるきひろにわ》というおくり名（諡号《しごう》）を奉られる。天地を押し開くように、広い国土を造り固めた偉大な大王、という意味であろう。

といっても、朝鮮半島では、日本も新興の意気に燃える新羅に押されていた。日本は、以前から朝鮮進出の拠点として、もとの弁韓《べんかん》の地である加耶《かや》（駕洛《からく》ともいう）に官家《みやけ》を設置していたが、五六二年に新羅に占拠された。日本では、加耶地方を任那《みまな》といい、任那の官家の回復が以後の大きな政治目標となるが、結局成功しなかった。こうした海外情勢の悪化、いいかえれば新羅の躍進が、ヤマト政権を刺激して、内政の強化に向かわせたともいえる。

蘇我氏と物部氏の対立　国内では、仏教受容の問題であらわになった蘇我・物部両氏の対立が、その後もますます激しくなった。両氏の争いの原因は、まえにも述べたように崇仏・排仏の可否にだけあったのではなく、統一の進む国家の主導権をどちらが握るかが、その主要な争点であった。欽明天皇のつぎの敏達《びだつ》天皇の代には、蘇我稲目《そがのいなめ》と物部尾輿《もののべのおこし》に代わって、それぞれの息子の馬子《うまこ》と守屋《もりや》とが父のあとを継いで大臣《おおおみ》・大連《おおむらじ》となったが、対立はいっそう深まるばかりであった。

しかし、形勢はしだいに蘇我氏に有利に傾きつつあった。蘇我氏は財政をつかさどっていたほか、馬子の姉妹の堅塩媛《きたしひめ》と小姉君《おあねきみ》とが欽明天皇の妃《きさき》となって皇子を生み、大王家とのつながりを深めていたからである。敏達天皇は欽明と皇族の石姫《いしひめ》（宣化《せんか》天皇の子）との間に生まれた皇子であったが、敏達のつぎには、欽明と堅塩媛との間に生まれた用明《ようめい》天皇が即位した。

物部氏滅ぶ　用明天皇が即位二年目に没したあと、蘇我・物部の対立は頂点に達し、戦乱が勃発《ぼっぱつ》した。直接の原因は皇位継承の争いである。この時、敏達の皇子押坂彦人大兄《おしさかのひこひとのおおえ》が太子の地位にあったが、病弱なためか、馬子は小姉君の生んだ欽明の子、泊瀬部《はつせべ》皇子をつぎの天皇に立てようとし、守屋は同じく穴穂部《あなほべ》皇子を推した（一六〇ページ図1参照）。

宮廷では先帝敏達の皇后でもあり、用明の実妹でもある炊屋姫《かしきやひめ》（のちの推古《すいこ》天皇）が大きな勢力をもっていた。母は堅塩媛である。馬子はうまく炊屋姫に取り入って穴穂部皇子を誅《ちゅう》せよという命令を出してもらい、皇子の宮に不意討ちをかけてこれを殺してしまった。守屋はこれより先に本拠地である河内国の阿都《あと》（大阪府八尾市跡部《あとべ》）に引き揚げて戦備を整えていたため、穴穂部を護《まも》ることができなかった。

先手を取って、馬子側の意気は大いに上がった。敏達の子の竹田《たけだ》皇子、用明の子の厩戸《うまやど》皇子（聖徳《しょうとく》太子）など皇族をはじめ、紀《き》・巨勢《こせ》・阿倍《あべ》・春日《かすが》・大伴《おおとも》など、朝廷の有力豪族の多くも味方についた。守屋のほうには、物部一族のほか大市造《おおちのみやつこ》・漆部造《ぬりべのみやつこ》など伴造《とものみやつこ》の氏族の一部が加わったが、優劣の差は戦うまえから明らかであった。

用明が死んで三か月後の五八七年七月、馬子の軍は守屋を攻めた。一四歳の厩戸皇子も竹田皇子らとともに、馬子の軍に従った。守屋は阿都から渋川《しぶかわ》（八尾市渋川町）の家に移り、ここを砦《とりで》として馬子の軍を迎え戦ったが、さらに衣摺《きずり》（東大阪市衣摺）に退いて、矢を雨のように放って守った。

この時厩戸皇子は少年ながら、白膠木《ぬりで》の木を削って四天王の像を造り、勝利を祈って力戦したという話が伝わっている。厩戸が戦力としてどれだけ役だったかは疑問だが、奮闘する年若い王のすがたは、馬子の軍の士気を高めたであろう。守屋はついに力が尽きて倒れ、その一族は滅んだ。

勝利を収めた馬子は政治の実権を握り、泊瀬部皇子を天皇に立てた。すなわち、崇峻《すしゅん》天皇である。こうして蘇我氏の全盛期が始まる。

馬子の寺　崇峻元年（五八八）、百済《くだら》は僧数名と仏舎利《ぶつしゃり》（釈迦《しゃか》の遺骨）および寺工（建築技師）・鑪盤《ろばん》博士・瓦《かわら》博士・画工などの技術者を送ってきた。これは『紀』にみえるところだが、『元興寺縁起《がんごうじえんぎ》』にも、この年に僧六人と工人四人および金堂《こんどう》の設計図を送ってきたとある。天皇の即位を祝い、仏教の発展をたすけるために献納したのであろう。馬子が、僧と技術者の渡来を百済に要求したのかもしれない。彼は父の遺志を継ぎ、これらの技術者を使って、本格的な寺院の建設に着手する。こうしてできあがるのが飛鳥《あすか》寺（法興《ほうこう》寺・元興寺ともよばれる）である。

その造営の経過を、『紀』と『元興寺縁起』とでたどってみよう。

まず崇峻元年に寺地の選定が行われた。飛鳥の真神原《まがみがはら》にある樹葉《このは》という人物の屋敷が選ばれ、家を取り壊し整地が始まった。樹葉は飛鳥衣縫造《きぬぬいのみやつこ》の先祖であるが、蘇我氏に従っていた人なのだろう。敷地は決まったが、日本ではじめての本格的な寺院建築なので、仕事は慎重に進められた。崇峻三年（五九〇）の冬になって、ようやく山から建築用の材木を伐《き》りだしたという。たいへんなスローテンポだが、そのくらいの準備期間は必要であったのだろう。

いままで飛鳥や大和の人々に、大陸風の建物を建てた経験がまったくなかったのではあるまいが、土中に柱の根元を埋めて、一本一本柱を立てていき、その上に屋根を葺《ふ》けばよかった在来の建築法に比べて、寺院の建築はまったく異なる。寺院建築では、礎石をすえて、その上に柱を立てるのだから、そのままでは柱は安定しない。立柱とともに梁《はり》や桁《けた》で多数の柱を連結し、その上に瓦を葺いた重い屋根をかぶせてはじめて建物は安定する。

柱が一本一本、自力で立っている日本風の建物とは、建築の手順がすっかり違うのである。日本の工人は、礎石をすえて基壇《きだん》を造る技術から、渡来の工人に教わらねばならなかったろう。瓦の焼き方、葺き方にしても同様である。

飛鳥寺竣工　木を伐《き》りだしてから二年後の崇峻《すしゅん》五年（五九二）十月に、いよいよ仏殿と回廊を建て始め、翌推古元年（五九三）に仏舎利《ぶつしゃり》を塔の心柱の礎石の中に納めた。塔の建築も始まったのである。推古四年（五九六）に「法興《ほうこう》寺を造り竟《お》えた」と『紀』にみえるが、これは塔の完成を伝えたもので、金《こん》堂《どう》や中門《ちゅうもん》などの建築は、この時まだ終わっていなかったと思われる。

それは、飛鳥寺の本尊である丈六《じょうろく》（立像《りつぞう》なら一丈六尺、坐像《ざぞう》なら八～九尺の高さの仏像のこと）の銅の仏像が、推古十四年（六〇六）に金堂に納められたと『紀』にみえるからである。推古四年に金堂も落成したとすれば、あまり年月がたちすぎる。金堂は塔より遅れて推古十年ごろに完成し、それから本尊が造られたのであろう。作者は、有名な鳥仏師《とりぶっし》（鞍首止利《くらつくりのおびととり》ともいう）である。

高句麗《こうくり》国王も、この本尊造営のことを伝え聞き、黄金三〇〇両（三二〇両ともいう）を献上して、事業をたすけた。

飛鳥寺の造営の進行中に、天皇は崇峻から推古女帝に代わったが、蘇我馬子の地位は揺るがない。その馬子が先頭に立って推し進めたのだから、飛鳥寺は当時の国力を挙げての事業といってよい。建築や彫刻の技術は、百済や新羅から渡来の技術者やその子孫たちが指導し、高句麗からの資金の援助（黄金貢献）もある。こうして竣成した飛鳥寺の壮麗さは人々の目を奪ったであろう。

幻の寺を探る　しかし、それからいまに至る一四〇〇年に近い歳月の間に、飛鳥の一郭を飾った七堂《しちどう》伽藍《がらん》はすべて崩れ、現在飛鳥寺の地には近世末期以降の建物がのこっているにすぎない。鳥仏師《とりぶっし》の刻んだ丈六仏《じょうろくぶつ》だけが、小さな本堂に鎮座して昔をしのばせるが、顔面の一部のほかは、全身にわたって補修が施されている。

地上から消えた飛鳥寺の様相は、昭和三十一年（一九五六）から奈良国立文化財研究所の行なった発掘調査で明らかにされた。

判明した伽藍配置は、塔を中心として、北・東・西の三方にほぼ同じ大きさの金堂をおくという、ユニークな形式であった。日本にはほかにこうした形式の寺院はなく、朝鮮では現在までの知見では、高句麗の都平壌《ピョンヤン》の郊外にある金剛寺《こんごう》（清岩里廃寺《せいがんり》）がほぼ同じ形式である。『紀』によれば、五九五年（推古三）に高句麗から渡来した僧慧慈《えじ》は聖徳太子の師となったという。さきに記した高句麗からの黄金献納といい、この時代には高句麗の文化の影響が、百済・新羅のそれとともに、かなり強かったのではないかと思われる。

このように国際的な文化を集めて造り上げられた飛鳥寺であるが、地下約三メートルの深さにすえられた塔の心柱の礎石の上から、勾玉《まがたま》・管玉《くだたま》・金環《きんかん》・鎧《よろい》・馬鈴《ばれい》など、後期の古墳の副葬品と同種の品々が出土したことも注目される。塔は、もともと仏舎利《ぶつしゃり》を安置する場所なので、飛鳥寺でも塔の礎石に舎利を納めたのである。だから、そこに古墳の副葬品と同じものを埋めることも当然といえば当然だが、在来の日本文化と異質な仏教が、ここでは日本固有の信仰と混合し、併存しているともいえる。

飛鳥時代とその文化を考える時、これはみのがすことのできない問題であろう。

3　聖徳太子と斑鳩宮

推古天皇即位　推古朝になっても蘇我氏の権勢は強大であった。それは馬子が崇峻《すしゅん》天皇を暗殺し、炊屋姫《かしきやひめ》をつぎの天皇（推古）に擁立したことからも察せられよう。

さきに述べたように、崇峻天皇は馬子の力で即位したのだが、馬子のふるまいをしだいに快く思わなくなったのだろう。五九二年のことだが、ある時、献上された猪《いのしし》を見て、「この猪の頭を切るように、いやなあいつの首をはねたいものだ」といった。この言葉が馬子にもれた。馬子は天皇が自分を殺そう

図1　天皇と蘇我氏の関係系図（天皇の名の右肩の数字は『日本書紀』による天皇の代数）

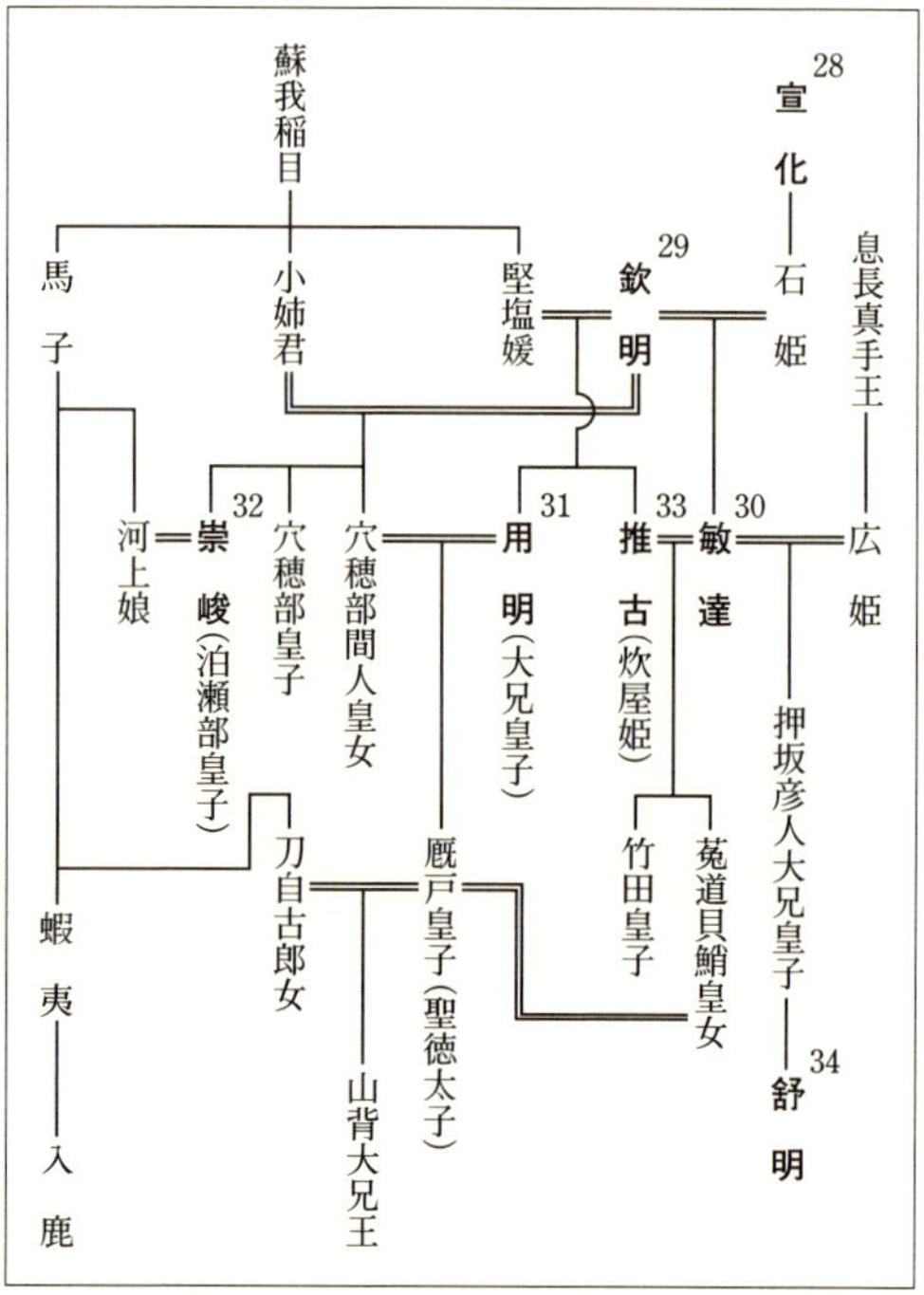

としていると考え、先手を打って、渡来人の東漢《やまとのあや》直駒《のあたいこま》に命じ、天皇を暗殺させた。そのうえで彼は駒を殺して事態を収拾し、推古天皇を位につけた。事態の真相は明らかではないが、彼は一種のクーデターを断行したのであろう。

この時即位した推古（炊屋姫）は、日本最初の女帝である。なぜ女帝が現れたかについては、つぎの諸点が指摘されている。第一に、炊屋姫は欽明天皇の娘であり、敏達《びだつ》天皇の皇后であったため、宮廷内での地位が高い。第二に、国家体制が整い、天皇の権力が強化されるとともに皇后の地位も高まり、天皇の死後も勢力があった。第三に、炊屋姫の母は馬子の姉《きょ》妹《うだい》の堅塩媛《きたしひめ》で、馬子と血縁関係にあった。このような事情を勘案して、馬子は炊屋姫を推し、即位させたのであろう。

女帝誕生の背景　しかしこの時、炊屋姫《かしきやひめ》以外に皇族中に適当な人物がいなかったのであろうか。当時の皇族系譜を調べてみると、少なくとも三人はいたように思われる。敏達《びだつ》天皇の子の押坂彦人大兄皇子《おしさかのひこひとのおおえ》と竹田《たけだ》皇子、および用明《ようめい》天皇の子の厩戸《うまやど》皇子の三人である。このうち押坂彦人大兄は、『記』『紀』(『古事記』と『日本書紀』)に太子とも記されており、皇位につく資格はじゅうぶんあったが、崇峻朝以後、史上に姿をみせない。政争のつづく間に暗殺されたか、病死したか、早く世を去ったと思われる。

のこる二人のうち、竹田皇子は炊屋姫を母とし、厩戸皇子は穴穂部間人皇女《あなほべのはしひと》を母とするが、炊屋姫の母の堅塩媛《きたしひめ》と、穴穂部間人の母の小姉君《おあねきみ》とは血のつづいた姉妹である。年齢は、崇峻の死んだ五九二年に厩戸一九歳、竹田もほぼ同じ年ごろであったと推定される。じゅうぶん皇位につける年である。

しかしこの二人は、宮廷内の地位・血統があまりに似ている。ともに天皇の子であり、蘇我氏の血を同じように引いている。どちらとも決めにくい。そこでいちおう炊屋姫を天皇に立て、政情の安定を待ってどちらかを即位させようと馬子が考え、朝廷の皇族や有力豪族も同調したのではなかろうか。

こうして推古朝は、馬子が政治の実権を握り、推古は暫定の天皇となって、スタートしたと考えられる。

聖徳太子の出生をめぐって

厩戸《うまやど》皇子は、前述のように用明天皇と穴穂部間人皇女を両親とし、敏達三年(五七四)に生まれた。いうまでもなくのちに聖徳太子とよばれるが、「聖徳」は後代《こうだい》に贈られた称号である。たしかな初見は、死後八〇年余りのちの慶雲《けいうん》三年(七〇六)に造られた法起《ほっき》寺の塔の露盤《ろばん》(九輪《くりん》のつけ根にある伏せ鉢《ばち》をのせる方形の台)の銘文で、「上宮太子聖徳皇《じょうぐうたいししょうとくおう》」とある。

厩戸という名の起源については、母の間人皇女が皇子を懐妊して宮中を巡っていた時、馬官《うまのつかさ》の厩戸のまえで産気づき、出産したからだという話が『紀』にみえる。これは厩戸の名の起こりを説明するための作り話であろう。また当時の僧たちがキリストが馬小屋で生まれたという話を聞きかじって、こういう話を作ったとする意見もあるが、どうだろうか。皇子が早くから馬の飼育となんらかの関係があったので、この名がつけられたと解しておきたい。そして馬の飼育や馬具の製作はおもに渡来人が担当していたから、彼らを通じて皇子は幼い時から海外文化に親しんだのではないかと思う。

そうした厩戸皇子に蘇我馬子は目をつけていた。守屋との戦いで、厩戸は馬子の側についたし、厩戸の祖母は、父方も母方も馬子の姉妹《きょうだい》である。馬子の娘の刀自古郎女《とじこのいらつめ》が厩戸の妃《きさき》になっているのは、馬子が厩戸を自己の陣営に引き込もうとしたからではなかろうか。しかし、さきにふれたように、厩戸には竹田皇子という強力なライバルがいる。時の天皇推古がその母である。厩戸が天皇になれなかった主要な理由はそこにあったと、私は考えている。

厩戸、皇太子となる　この考えを推し進めると、推古元年（五九三）に厩戸皇子が皇太子となり、万《ばん》機《き》を総摂《そうせつ》したという『紀』の伝えも疑わしくなる。『紀』が厩戸の死後、彼を聖徳太子として尊崇する思想が高まった時期に編纂されたため、こうした伝えが記されたのではあるまいか。厩戸が太子の地位につき、政治への発言権が大きくなるのは、推古の即位後数年たって、竹田皇子が死去してからと想像される。

しかし竹田皇子がいつ死んだかは不明である。けれども厩戸皇子が太子となった時期については、『隋書《ずいしょ》』の倭国伝《わこくでん》のつぎの記事がてがかりとなる。

開皇《かいこう》二十年、倭王あり。姓は阿毎《あめ》、字《あざな》は多利思比孤《たりしひこ》、阿輩雞弥《おおきみ》（あるいは「あめきみ」）と号す。使いを遣わして闕《けつ》（宮城）に至る。

開皇二十年（六〇〇）は推古八年に当たる。『紀』にはこの年に隋に使いを送ったことはみえないが、『隋書』によると、このように使者が隋に行っている。その時の倭王は、姓はアメ（天）、字はタリシヒコ（足彦）というのだから、男性であって、推古天皇ではない。といってアメを姓とすることからすれば、蘇我馬子を指すのでもない。この倭王は厩戸皇子のことと解するほかはあるまい。おそらく、推古は即位していたが、その通りに隋に伝えると、女帝の立ったことのない中国の人々に軽蔑されると思い、推古に次ぐ地位にあった厩戸を倭王として、隋に報じたのであろう。

こうしてみると、厩戸皇子は推古八年のすこしまえに太子になったと推定される。

活発な海外への動き　推古八年という年は、最初の遣隋使を送っただけでなく、朝鮮に対しても倭国が積極的に行動している。境部臣《さかいべのおみ》を大将軍とする万余の軍隊を新羅に差し向けたのである。新羅は降服して、新羅と任那《みまな》の調《みつぎ》を奉ることを約したという。これは『紀』にのみみえる記事で、日本に有利に作文しているようだが、新羅としても背後に百済《くだら》・高句麗《こうくり》という強敵が控えているので、ある程度日本の要求をのんで和を結ぶ必要があったのだろう。任那の調というのは、日本がかつて若干の利権を有していた任那地方の、新羅による領有を認める代償として、新羅に貢納させたのである。

このように朝廷が海外に向け活発に動きだしたのは、善悪いずれにせよ、厩戸皇子が若い世代を代表して政府首脳部に加わった成果であろう。女帝を上にいただき、老熟した馬子と気鋭の厩戸のコンビで、政治は進行するのである。

聖徳太子と蘇我馬子　厩戸太子と馬子大臣《おおおみ》が協力して政治を執っていたことは、『紀』に「皇太子および大臣《おおおみ》、百寮を率いて以《もつ》て神祇《じんぎ》を祭拝す」（推古《すいこ》十五年条）とあったり、『法王帝説《ほうおうていせつ》』に「聖徳王と嶋《しまの》

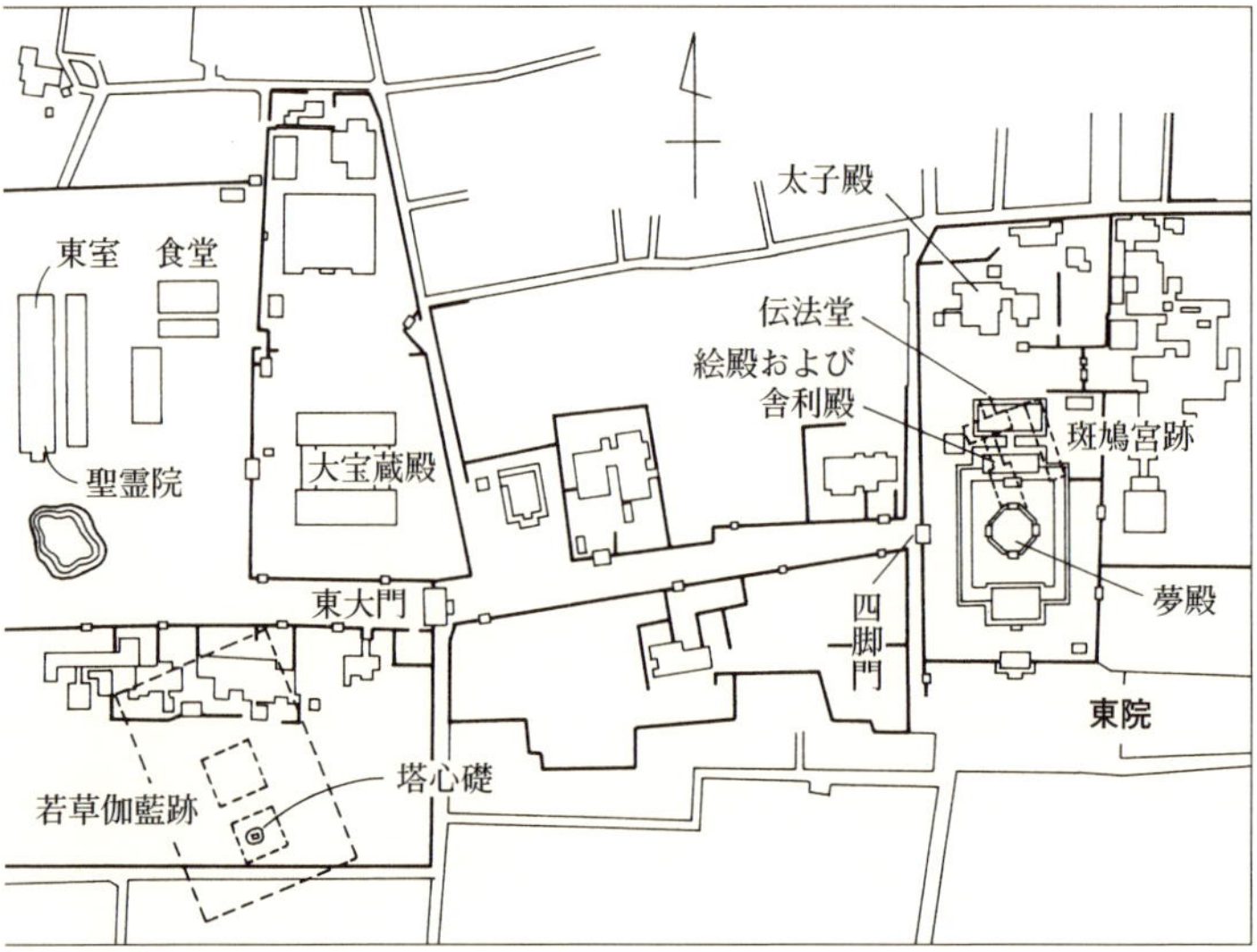

図2　法隆寺と斑鳩宮跡

大臣《おおおみ》（馬子のこと）と、共に謀りて仏法を建立《こんりゅう》し、更に三宝を興し」などとあることからも察せられる。しかし協力といっても、経験豊富な馬子のほうが主導権を握っていたであろう。

だが太子は、すべてにわたって馬子に追随していたのではない。彼は大王家の一員として、馬子とは違う考えももっていたはずである。倭国の王としての天皇の地位を高めることなどがそれだ。太子が推古九年（六〇一）に斑鳩《いかるが》に宮を興し、推古十三年（六〇五）に斑鳩宮に移ったという伝え（『紀』）は、太子のこの立場と無関係ではあるまい。

推古天皇ははじめ豊浦《とゆら》宮におり、推古十一年（六〇三）に小墾田《おはりだ》宮に移った。いずれもいまの明日香《あすか》村の地で、飛鳥《あすか》川左岸と推定されている。斑鳩はそこから直線距離で十六、七キロメートル離れているが、馬を利用すれば日帰りはむずかしくない。太子が飛鳥から斑鳩へ移ったのは、馬子

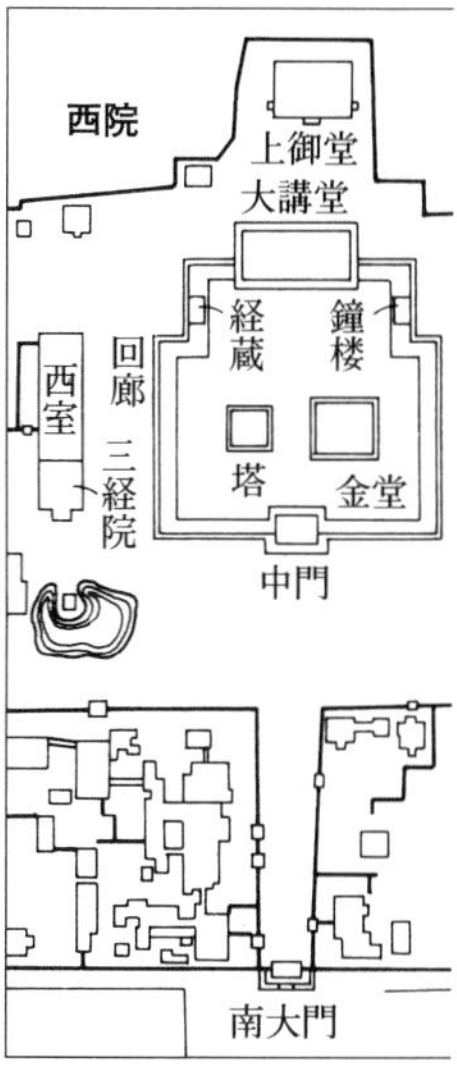

らに追いだされたとか、馬子との政争に敗れて隠《いん》棲《せい》の地を求めたのだとかの解釈があるが、私は、太子が馬子とは政治について、違った考え方をもっていたことの表れと推測している。彼は政治の渦中を離れて、国家のあり方を考えようとしたのではあるまいか。

そのうえ斑鳩の地は、信貴《しぎ》山の南麓を通って河内《かわち》へ行く竜田《たつた》道の起点に当たり、大和から難波《なにわ》へ行く近道である。また大和と河内を結ぶ大和川の流れも、斑鳩宮から二キロメートルぐらいしか離れていない。交通上また政治地理上の要所なのである。太子はここに独自の勢力を築こうと考えたのであろう。

聖徳太子の思想と政策　推古十年（六〇二）、朝廷は新羅進攻の軍を編成して、来目《くめ》皇子を将軍に任じた。彼は太子の同母弟である。しかし翌年九州で病死した。太子は異母弟の当摩《たきま》皇子を将軍としたが、当摩皇子は九州へ下る途中、妻が死んだので戦意を失って都へ帰り、新羅攻撃の計画も沙汰《さた》やみになった。竜頭蛇尾《りゅうとうだび》の事件だが、将軍が二人とも太子の兄弟であることからすると、太子はこの外征計画に深く関係していたと思われる。彼は皇族を将軍にして、軍事権を大王家に取り戻そうと考えたのではあるまいか。

新羅遠征の中止された推古十一年（六〇三）に冠位《かんい》十二階が定められた。太子と馬子とが「共に謀って」作ったと『法王帝説《ほうおうていせつ》』にみえる。朝廷に仕える官吏がふえてきたので、その序列を整えるための制度であろう。百済《くだら》や高句麗《こうくり》などの制にならったものである。

その翌年の推古十二年（六〇四）に、憲法十七条が作られる。官吏の守るべき心得を述べたものだが、その中に「詔《みことのり》を承れば必ず謹《つつし》め」（第三条）とか、「国に二君靡《な》く、民に両主無《な》し。率土《そつど》の兆民《ちょうみん》、王を以《もっ》て主と為《な》す」（第十二条）とか、君主（大王）の地位を絶対化する思想が強く出ている。『紀』にみえる通り、太子の作とすれば、太子の思想がよくわかるのであるが、天武《てんむ》・持統《じとう》朝または奈良初期の偽作とする説もある。私は、もっと簡略な「憲法」が太子によって作られ、のちに潤色したものが、現在『紀』に記されている憲法で、はじめの「憲法」にも大王の地位を高める思想が盛り込まれていたのではないか、と想像している。

斑鳩宮と法隆寺　聖徳太子のすまいである斑鳩宮は、今日もちろん見ることはできないが、平安時代には法隆寺の東院――夢殿《ゆめどの》を中心とする一郭――が太子の斑鳩宮とする説があり（『日本三代実録《にほんさんだいじつろく》』）、その後も斑鳩宮が東院の地にあったとする伝えは、長く法隆寺では信じられていた。

この寺伝の真偽は、昭和九年（一九三四）から始まった東院の地下の発掘によって明らかとなった。発掘調査は難航したが、昭和十四年（一九三九）、南北に長い建物の存在を示す掘立柱《ほったてばしら》の跡が発見された。その建物は現在の法隆寺の建物とはやや方位を異にし、太子時代の法隆寺と思われる若草伽藍《わかくさがらん》の遺構とほぼ同じ方位で建てられているので、太子時代の建物と思われる。さらに、斑鳩宮は太子の死後しばらくして火災に遭うが、この地下の柱の跡も、焼け壁・焼け瓦《がわら》をともなっていて、火事にあったことを示している。これらの点から考えて、発見された建物こそ聖徳太子の斑鳩宮にちがいないと判定された。寺伝が実証されたのである。

こうして検出された斑鳩宮は、掘立柱を用いていることからみて、礎石をすえて柱を立てる大陸風の建物ではなく、高床式《たかゆかしき》の和風建築であったと思われる。しかし少数ながら瓦も出土しているので、屋根は茅葺《かやぶ》きや檜皮葺《ひわだぶ》きばかりではなく、瓦も用いた、当時としてはハイカラな建物であったと推測される。太子はそこに住み、高句麗や百済の僧や博士から大陸の事情を聞き、新しい政治の想を練ったのであろう。

4　日出ずる国の使者

東夷と天子、外交を結ぶ　開皇《かいこう》二十年（六〇〇年・推古八年）に倭王の使者が隋《ずい》の朝廷に行ったことはさきに述べたが、この時倭の使者は、「倭王は天を以《もっ》て兄と為《な》し、日を以て弟と為す」といったという（『隋書《ずいしょ》』）。中国の皇帝は天子といって、天の子を自称しているのに、東夷《とうい》とみくだしている倭王が、みずから天の弟であると名のってきた。隋の皇帝としては聞きのがせない。この時帝位にあった文帝《ぶんてい》は、「此《こ》れ大いに義理なし」といって、さとして改めさせた、と『隋書』にみえる。

それから七年目の推古十五年（六〇七）、日本の使者は再び隋を訪れた。この二回目の遣使のことは、『隋書』に、「大業《たいぎょう》三年（六〇七）、其《そ》の王多利思比孤《たりしひこ》、使いを遣わして朝貢す」とある。

日出ずる処《ところ》の天子、書を日没する処の天子に致《いた》す。恙無《つつがな》きや。

という有名な文章は、この時日本の使者がもたらした国書の一部である。日出ずる国のほうが、日没の国よりいいに決まっている。文帝のあとを嗣《つ》いでいた煬帝《ようだい》は、これを見てきげんが悪く、「蛮夷《ばんい》の身分で無礼なことをいう。二度と取り次いではならん」といった。

以上は『隋書』にみえることで、ほぼ事実とみてよかろう。日本は強大な隋に対し、たいへん威勢のよい態度をとったものである。「日出ずる処」は東、「日没する所」は西という方位を意味するだけで、優劣の考えは含まれない、という説もあるが、少なくとも「倭」と「隋」とを対等にみた表現である。文帝がきげんを悪くするのは、もっともである。

推古朝における外交方針　『紀』には国書や煬帝のことはみえないが、推古十五年（六〇七）に小野《おのの》妹子《いもこ》を使者として隋《ずい》に派遣したことは記されている。

『紀』の記事は簡単だが、『隋書』の記事から考えると、推古朝における日本の外交の方針は、隋から倭王に官爵《かんしゃく》を授かり、その勢力下に入ろう、というのではなく、対等の国際関係を結ぶことにあったようである。五世紀の倭の五王時代の外交とは、すっかり違っている。そうした自信のある態度がとれたのは、六世紀以来、日本が大王家を中心に統一国家への道を進み始め、推古朝に入って、ある程度の結実をみたことによるのであろう。

しかし日本がいくら自信をもっても、実際は隋よりはるかに弱小な後進国である。隋の皇帝が「無礼者」と怒るのは当然である。ところが隋は、第二回目の使者である小野妹子が推古十六年（六〇八）に帰国する時、裴世清《はいせいせい》を答礼の使者として、日本に派遣している。日本をてなずけておけば、将来朝鮮を支配するのに有利であると考えたのであろうか。

隋の使者裴世清　小野妹子と隋の使者裴世清の一行は、推古十六年四月に筑紫《つくし》につき、六月十五日に難波津《なにわのつ》に入港した。大和の朝廷は餝船《かざりぶね》三〇艘《そう》を出して歓迎し、新築の客館に案内した。隋使らはここで一か月半滞在して旅の疲れを休め、八月のはじめに飛鳥の小墾田宮《おはりだ》に向かった。『紀』には、海石榴市《つばいち》に着くと、朝廷のさしむけた餝馬七五頭に迎えられたとある。海石榴市は三輪《みわ》山の東南の麓《ふもと》にあり、大和川の上流の泊瀬《はつせ》川に近い。難波から川をさかのぼり、ここに至ったのだろう。

そして一〇日のちに小墾田宮に参入した。『隋書』によると、大礼可多毗《かたび》が二〇〇騎を率いて出迎えたという。大礼は冠位十二階の第五級、可多毗は額田部連比羅夫《ぬかたべのむらじひらふ》のことかとされる。朝廷が全力を挙げて隋の使者をもてなしていたことがわかる。日本の威容と武力を隋使にみせようとしたのだろうが、裴世清はそれをどう受け取ったろうか。それを明らかにする史料はないが、隋は百済《くだら》王を上開府帯方郡公《じょうかいふたいほう》、高句麗《こうくり》王を上開府儀同三司《ぎどうさんじ》・遼東《りょうとう》郡公に任じているのに、倭《わ》王にはそうした官職を与えていない。日本は、隋に遣使しながらも、独立の地位を保とうとしていたのであろう。

遣隋使と聖徳太子　ところで隋との通交を推進した人物はだれであろうか。外国の事情にくわしい蘇我馬子とする説もあるが、遣隋使に起用された小野妹子が、蘇我氏と関係が薄く、大王家としばしば婚姻関係を結んで密接な間柄にある和珥《わに》氏・春日《かすが》氏と同族の小野氏の出であることが注目される。私はこのことから、遣隋使の派遣は聖徳太子の考えによると判断する。

太子が当時の最大の港である難波《なにわ》に便利な斑鳩《いかるが》にすまいを定めたことも、海外に深い関心をもっていたことを示す。彼ははじめ、弟を将軍に任じて二度も新羅遠征を強行しようとしたが、二度とも成功しなかった。その現実に教えられて、以後外交の方針を平和外交にきりかえ、隋との国交をもつことにより日本の地位を高めようとしたのではあるまいか。

もちろん太子のねらいは国交だけではない。それによって中国の進んだ文化や制度を取り入れることである。『隋書』によると、推古十五年（六〇七）の第二回の遣隋使は、沙門《しゃもん》（僧侶）数十人をともなっていたといい、『紀』では推古十六年（六〇八）の第三回遣隋使とともに留学生高向玄理《たかむくのくろまろ》や学問僧新《いまきの》漢人旻《あやひとみん》・南淵請安《みなぶちのしょうあん》らが渡隋したとある。留学生はいうまでもないが、学問僧も仏教だけを修めたのではない。僧侶も国家に必要な学問を身につけて帰ることを期待され、彼らの多くは、その期待にこたえた。それは大化前後における請安や旻の働きをみればわかる。

聖徳太子と仏教　当時日本に伝わった仏教は国家仏教の性格を帯びていた（一五四ページ参照）。私は聖徳太子が仏教の熱心な信者であったことを疑わないが、太子が権謀のうずまく政治の世界をのがれて、弥陀《みだ》の救済を願う隠遁《いんとん》の生活に入っていたとは思わない。太子の師としては高句麗《こうくり》の僧慧慈《えじ》や博士覚哿《かくか》の名が伝えられているが、この二人や他の多くの朝鮮の僧たちから、仏教・儒教のほか、政治上の制度や技術について学んだことであろう。彼が仏教信者であったことと、政治・外交の指導者であったこととは矛盾しないのである。

斑鳩《いかるが》の里にある法隆寺《ほうりゅう》は、もと斑鳩寺とよばれていた。その建立《こんりゅう》年代は明確ではないが、通説通り聖徳太子の建立としてよかろう。ただしそれはいまの法隆寺ではなく、さきに述べた若草伽藍《わかくさがらん》跡に建っていたと思われる。若草伽藍跡は、現法隆寺の塔・金堂《こんどう》のある一郭――夢殿《ゆめどの》のある東院に対して、西院とよばれる――の東南にあり、現在は塔の心柱である巨大な礎石がのこっているだけだが、昭和十四年（一九三九）の発掘で、現法隆寺より一時代古い塔と金堂が、南北に並んで存在したことがわかった。これが聖徳太子の建てた最初の法隆寺であり、いまの法隆寺は、最初の寺が天智《てんじ》朝に焼失したのち、天《てん》武《む》朝以降に再建された二代目の寺であると考えられる。

聖徳太子の法隆寺は、蘇我氏の建てた飛鳥寺《あすかでら》と並んで、当時の文化の大きな中心となっていたであろう。重々しく甍《いらか》の屋根をいただいた堂塔が立ち並び、異国の僧侶の読経《どきょう》の声が、かぐわしい香《こう》のかおりとともに流れてくる。そのほのぐらい堂内には金銅の仏像が、ゆらめく燈明《とうみょう》の光を受けてあやしく輝き、法会《ほうえ》の儀式ともなれば、色あざやかな幡《はた》や絵図が掲げられ、西域伝来の管絃《かんげん》の楽《がく》も奏せられたにちがいない。

　このころになると、寺々は大和以外の各地にも建てられた。難波《なにわ》の四天王《してんのう》寺、山城《やましろ》盆地の広隆《こうりゅう》寺などはことに有名である。斑鳩の中宮《ちゅうぐう》寺、飛鳥の坂田《さかた》寺もこのころの創建であろう。これらの寺々を飾った仏教美術は、遺品は少ないが、高いレベルに達していた。

　太子は仏教教義を深くきわめ、法華《ほっけ》・勝鬘《しょうまん》・維摩《ゆいま》の三経の注釈書（『三経義疏《さんぎょうぎしょ》』）を作ったといわれる。ただし、現在伝えられている『三経義疏』が太子の真撰《しんせん》かどうかについては、疑問とする説もある。また、晩年の太子は、馬子とともに『天皇記《すめらみことのふみ》・国記《くにつふみ》・臣《おみ》・連《むらじ》・伴造《とものみやつこ》・国造《くにのみやつこ》・百八十部《ももあまりやそとものお》并《あわ》せて公《おおみ》民《たからども》等の本記《もとつふみ》』という歴史の書を作ったとも伝えられているが、この書は未完に終わったらしい。

　太子は推古三十年（六二二）に没するが、太子のめざした統一国家の完成もつぎの時代にもちこされた。

三　大化改新

1　改新の実相

推古女帝の死と後継者争い　聖徳《しょうとく》太子が推古三十年（六二二）に没したあと、政治は再び蘇我馬子《そがのうまこ》の独占するところとなったが、馬子ももう老いていた。馬子が、推古三十二年（六二四）に、葛城県《かずらぎのあがた》は蘇我氏の故郷だから自分の領地にしてほしいと推古天皇に願いでて、拒否されたという話を『紀』は伝えている。蘇我氏の往年の権勢は、やや衰えたかにみえる。

馬子はこの事件の二年後の推古三十四年（六二六）に死に、長寿を保った推古女帝も、さらにその二年後、三六年に及ぶ治世のすえに、七五歳でみまかった。女帝が敏達《びだつ》との間に生んだ竹田《たけだ》皇子はすでに逝去《せいきょ》しており、つぎの天皇には、押坂彦人大兄《おしさかのひこひとのおおえ》皇子の子、田村《たむら》皇子と、聖徳太子の長男、山背大兄王《やましろのおおえ》とが有力候補であった。年老いた女帝は、後継者をはっきりと指名せずに死んだので、二皇子はそれぞれに皇位継承を主張して対立した。

この時、政界の中心にあったのは、馬子の子で、大臣《おおおみ》の地位を継いだ蘇我蝦夷《そがのえみし》であった。彼は田村皇子を支持し、山背大兄皇子の側についた叔父《おじ》の境部臣摩理勢《さかいべのおみまりせ》を攻め殺して、田村皇子を皇位につけた。

舒明《じょめい》天皇である。蝦夷が田村皇子を支持したのは、自分の妹が以前から田村皇子の妃《きさき》となり、古人《ふるひと》皇子を生んでいたからであろう。蝦夷は舒明のつぎにはこの古人皇子を天皇に立て、権勢をふるうつもりであったと思われる。山背大兄王は、蝦夷の姉の刀自古郎女《とじこのいらつめ》が聖徳太子の妃となって生んだ子で、蝦夷とは姻戚《いんせき》となるが、父の跡を継いで斑鳩《いかるが》宮に住み、大きな勢力をもっていたから、蝦夷の目には敵対者とうつったのである。

舒明天皇と新時代への出帆　皇位についた舒明は、それ以前から皇族で姪《めい》に当たる宝《たから》皇女（のちの皇《こう》極《ぎょく》天皇）を妃《きさき》としており、すでに中大兄《なかのおおえ》皇子が生まれていたが、即位後に大海人《おおあま》皇子が生まれた。この二人はのちに天智《てんじ》・天武《てんむ》の両天皇となって、古代国家の完成に大きな足跡をのこす。舒明朝は、その新しい時代を用意する準備の時期であった。

中国では六一八年に隋《ずい》が滅び、同年唐《とう》が建国した。唐が興って五年後の推古《すいこ》三十一年（六二三）に帰国した留学生の薬師恵日《くすしのえにち》は、「大唐国は、法式の整ったりっぱな国であります。たえず交通すべきです」と報告した。舒明天皇は舒明二年（六三〇）に、犬上君御田鍬《いぬかみのきみみたすき》と右の報告をもたらした恵日とを使者として、唐に送った。これが第一回の遣唐使であるが、舒明の朝廷が中国の進んだ制度・文化を取り入れようとしたことの表れである。

舒明朝には、皇族の一人が官吏の出勤・退出の時間を定めて規律を正そうという提案をしたが、蘇我蝦夷の反対で実現しなかったという事件があった。この話は蝦夷の権力の強さを語っているが、出勤時間を定めることが必要なところまで、官僚制が整ってきたことをも示している。大臣《おおおみ》などの高級官人は別として、一般の官人は毎日出勤することが原則となっていたのだろう。

このように、推古朝以来官制が整い、それに応じて役所の数もふえ、政治機関は充実してきた。推古朝ごろから、都の場所が飛鳥の地に集中してくるのはその結果だろう。推古の豊浦宮《とゆら》・小墾田宮《おはりだ》、舒明の岡本宮《おかもと》・田中宮《たなか》・厩坂宮《うまやさか》、皇極の板蓋宮《いたぶき》はいずれも飛鳥とその周辺である。舒明の百済宮《くだら》も、飛鳥に接する天香具山《あめのかぐ》の西麓の地にあったと思われる（後記　その後の調査で、百済宮は桜井市吉備に所在したと推定されている。Ⅰ—三の注(5)参照）。政治機関との関係から、いままでのように皇居を遠いところへ移すことはできなくなったのである。

この政治情勢を一歩進めて、国家統一の体制を作ることが舒明朝の課題であったが、舒明はそれを果たすいとまもなく、六四一年、治世一三年目に没した。

蘇我入鹿の台頭　舒明のあとは、皇后の宝皇女《たから》が嗣《つ》いだ。二人目の女帝皇極《こうぎょく》天皇である。舒明の皇子のうち、古人大兄《ふるひとのおおえ》は二〇歳前後（推定）、中大兄《なかのおおえ》は一六歳で、ともに天皇となる資格があったが、どちらを天皇にするかがむずかしく、情勢がおちつくまで皇后が天皇となるということになったのであろう。また若い皇子が天皇になることには、斑鳩《いかるが》の山背大兄王《やましろのおおえ》が反対したのかもしれない。

皇極朝に入ると、蝦夷の子の入鹿が台頭してきた。若くて気鋭の入鹿には、父蝦夷のやり方が、てぬるいと感じられたのであろう。朝廷の部民《べのたみ》や、山背大兄王が聖徳太子から譲られた部民を、蘇我氏の私用に使ったというのも、入鹿の考えによるのだろう。皇極二年（六四三）に父から大臣《おおおみ》の位を譲られてからはその動きはいっそう激しくなる。まず彼は古人大兄を皇位につけることを企て、じゃまになる山背大兄王を殺そうとして、斑鳩宮《いかるが》を焼き討ちする。王は重囲を脱して、生駒山《いこま》にのがれるが、最後は法《ほう》隆《りゅう》寺に戻って、妃《きさき》や王子とともに自殺した。

入鹿打倒の策謀　山背大兄王《やましろのおおえ》が死ぬと、皇位の争いはいよいよ古人大兄《ふるひとのおおえ》と中大兄《なかのおおえ》にしぼられる。この形勢をみて立ち上がったのが、中臣連鎌子《なかとみのむらじかまこ》（のちの藤原鎌足《ふじわらのかまたり》）である。彼の宮廷での地位はあまり高くなかったが、そのためにかえって動きやすかったのであろうか。

はじめ、皇極天皇の弟で大王家の長老的人物でもある軽《かる》皇子に目をつけて、信任を得るが、それほどの人物でもないとみて、中大兄皇子に接近を図る。飛鳥寺の槻《つき》の木のもとで行われた打毬《うちまり》の遊びのおりに親交を結ぶチャンスをつかみ、南淵請安《みなぶちのしょうあん》のもとへ学問に通う道で密談をこらした、と伝えられている。そのエピソードの真偽はともかく、彼は中大兄を中心に、蘇我氏打倒の組織を着々と作り上げた。とくに蘇我氏一族の結合のゆるみに乗じて、一族中の有力者蘇我倉山田石川麻呂《そがのくらのやまだのいしかわまろ》を仲間に引き入れたのは大きかった。

入鹿の側も情勢の切迫を感じ取ったのであろう。家のまわりに堀を掘り、柵《さく》を構え、兵士をおいて軍備を固めた。しかし、鎌足側の計画の進行は、入鹿の想像を上回っていた。

蘇我本宗家の滅亡　中臣鎌足の計画したクーデターは、皇極四年（六四五）六月十二日に断行された。この日は、朝鮮三国の調《みつぎ》の品が奉られるので、入鹿《いるか》が朝廷に姿を現すからである。天皇も出席する朝廷の大殿の陰に、中大兄と鎌足が刺客を率いて隠れ、倉山田石川麻呂《くらのやまだのいしかわまろ》が朝鮮の国書を取り次いで、読み上げるのを合図に大殿に突入するというてはずである。

この計画は、重要な突入の段階で刺客たちがためらい、あわや失敗に終わろうかという時、中大兄が勇をふるい、率先《そっせん》斬り込んで入鹿を倒すことができた、と『紀』にみえる。中大兄の功をたたえるための潤色があるだろうが、入鹿は殺されて、クーデターはみごとに成功した。父の蝦夷はその翌日、

『天皇記《すめらみことのふみ》・国記《くにつふみ》・臣《おみ》・連《むらじ》・伴造《とものみやつこ》・国造《くにのみやつこ》・百八十部《ももあまりやそとものお》并せて公民《おおみたからども》等の本記《もとつふみ》』を珍宝とともに焼いて自殺した。こうして蘇我本宗家は繁栄の頂上で滅び、時代はにわかに展開した。

皇極天皇は、位を中大兄皇子に譲ろうとしたが、鎌足は中大兄に、「叔父君《おじぎみ》の軽《かる》皇子をさしおいて、あなたさまが皇位につくのはどうでしょうか」と忠告したので、中大兄は辞退し、軽皇子が即位した。孝徳《こうとく》天皇である。この時、中大兄は二〇歳、孝徳は五〇歳ぐらいになっていた。

新政権の顔ぶれ　孝徳は即位とともに中大兄を皇太子とし、蘇我氏に次ぐ有力氏族の族長、阿倍内《あべのうちの》臣麻呂《おみのまろ》（倉梯麻呂《くらはしまろ》）を左大臣《ひだりのおおまちぎみ》、クーデターの功臣、蘇我倉山田石川麻呂《そがのくらのやまだのいしかわまろ》を右大臣《みぎのおおまちぎみ》に任じた。また鎌足を内臣《うちつおみ》、外国の事情にくわしい旻《みん》法師と高向史玄理《たかむくのふひとくろまろ》とを国博士《くにつはかせ》とした。左右大臣・内臣・国博士はいずれも従来なかった官職で、この新官制はいままでの氏姓制度を打破して、新しい政治を始めようとする政府の姿勢を示すものであった。年号もはじめて定められ、大化《たいか》と号した。

こうして中大兄皇子は歴史の舞台の正面におどりでたが、舞台裏に引き下がった古人大兄《ふるひとのおおえ》皇子の地位は、急に不安なものとなった。彼は髪を剃《そ》って僧形《そうぎょう》となり、吉野山に入ったが、この年九月、謀反を企てていると密告するものが現れた。中大兄はただちに兵を送って、古人を殺し、後顧《こうこ》の憂いを絶った。古人大兄も新政の犠牲者のひとりであろう。

大化元年（六四五）十二月に都は大和から難波《なにわ》に遷《うつ》された。政府の首脳部が、継体《けいたい》朝から考えても一〇〇年以上都のあった大和を離れ、当時日本で最も栄えた港のある地へ引き移ったことは、新政にかけた彼らの意気込みのほどを思わせる。しかし、にわかにりっぱな都城を築くことはできない。以前からあった難波の屯倉《みやけ》の建物を改造して皇居とした。そして翌大化二年（六四六）正月、有名な大化改新《たいかのかいしん》の詔《みことのり》が発せられる。

新政始まる　大化二年正月の改新の詔《みことのり》は、つぎの四か条からなっている。第一条では、天皇や豪族の所有する部民《べのたみ》・屯倉《みやけ》・田荘《たどころ》（豪族の私有地）を廃して、公地・公民とする。第二条では、京および地方の行政組織と交通・軍事の制を定める。第三条では、戸籍・計帳・班田収授《はんでんしゅうじゅ》の法を作る。第四条では、古い税制を改めて田の調以下の新しい税制に切り替える。そして第二条以下には、制度の細目が具体的に――たとえば郡里の規模や、郡領の資格、里長の任務、田租の数量など――記されている。

それは隋《ずい》・唐《とう》の律令制《りつりょうせい》を手本にして作られた、整然たる制度であって、実行されたなら中央集権の統一国家の完成といってよいであろう。すぐに実行されなくても、こうした方針が出されたことだけでも、きわめて大きな革新の事業である。日本の古代史の中で、大化改新がとくに重視されたのは、主としてこの四か条の改新の詔による。

改新の詔の謎　しかし改新の詔を載せる『紀』の文章が、どこまで信用できるかが問題である。そこに示された制度の中には、これから五十数年のちに作られた大宝令《たいほうりょう》の文とまったく同じものや、わずかしか違わないものが多く、七世紀前半の政治の実情との差が大きすぎる。だからこそ大化《たいか》新政が大変革であったともいえるが、つぎのような事実もある。改新の詔では田の面積を計るのに町《ちょう》・段《たん》・歩《ぶ》の単位を用いているが、そのような単位が用いられるようになるのは、持統《じとう》三年（六八九）に飛鳥浄御原令《あすかのきよみはらりょう》が発布されてからで、それ以前は代《しろ》という単位が用いられていた。

これらの点から、改新の詔は『紀』の編者が、中大兄《なかのおおえ》や鎌足《かまたり》の政治をりっぱにみせるために、大化当時の原文に手を加えたのではないか、とする説は早くから津田左右吉《つだそうきち》氏によって説かれていた。戦後、井上光貞氏が郡の制度を金石文《きんせきぶん》などから研究し、郡制が施行されるのは浄御原令または大宝令制以降であって、それ以前は「評《こおり》」の制であったことを論証した。これで『紀』の改新の詔には、『紀』編者の手が加わっていることは明確となった。

このような研究成果に立って、岸俊男氏はさらに考察を深め、各条の細目規定だけでなく、主文にも疑問があると論じ、門脇禎二・原秀三郎両氏らは、改新の詔は当時の原文を『紀』の編纂《へんさん》時に潤色・修文したというようなものではなく、全部編者の造作したものと断じた。両氏はさらに論を進め、大化二年（六四六）正月の詔だけでなく、その前後に出された詔や政治改革に関する記事の多くも、造作とした。

ここまでくると、大化改新という政治改革自体を否定せざるを得ない。いま門脇・原両氏の「大化改新否定論」は学界において注目すべき一学説とみなされている。

改革の進行　たしかに大化二年正月の詔《みことのり》には疑問が多い。しかし、大化の政治改革をすべて否定してよいだろうか。孝徳天皇の即位ののち、都が難波に遷《うつ》ったことは、『紀』以外にも史料があって事実であることに疑いはない。まえに述べたように、それ自体が政府首脳部の、改革への志を語っている。また都の移動とともに、いままで長い間大和の各地に本拠をおいていた諸豪族の族長たちも、官人として朝廷に仕えるためには本拠を離れて難波に移らなければならなくなる。そのことは、天皇中心の政治体制の形成を促進するであろう。

左右の大臣《おおまちぎみ》に阿倍内麻呂《あべのうちのまろ》と蘇我倉山田石川麻呂《そがのくらのやまだのいしかわまろ》を任命したことにも、そうした意図が読み取れる。

「阿倍の内」という複姓は、阿倍氏が大王家の家政機関から発展した内廷を主宰したところから生まれたものと思われる。また、「蘇我の倉」という複姓も、蘇我氏が朝廷の財政を管理したところから生まれたと思われるが、蘇我氏はその財力にものをいわせて、諸豪族の多くを勢力下に入れていた。この有力な阿倍と蘇我を左右に並べ、その上に天皇と皇太子が立つという体制は、大臣《おおおみ》蘇我《そがの》馬子《うまこ》と太子《たいし》厩戸《うまやど》皇子の両頭政治であった推古《すいこ》朝より、中央集権の点では一歩進んだものである。

中央集権の強化　また冠位の制も、大化《たいか》三年（六四七）に推古《すいこ》朝の十二階が十三階に改められ、さらに大化五年（六四九）に十九階となった。階等の刻みが多くなったことは、官僚制の発達を示すが、それだけではない。推古朝の十二階制では、のちの三位以上に相当する高位の官人は冠位を受けなかったが、大化の冠位は皇族以外の全官人を授与の対象とし、左右大臣も冠位を授けられることになった。阿《あ》倍内麻呂《べのうちのまろ》と蘇我石川麻呂《そがのいしかわまろ》はこの新制に従わなかったが、大化五年につぎの左右大臣となった巨勢臣徳太《こせのおみとくた》と大伴連長徳《おおとものむらじながとこ》は、ともに新冠位を受けて大紫を授かった。改新の政治は着々と進行していたといえよう。郡の前身である「評《こおり》」の制が、全国いっせいにではないにせよ、大化期にかなり広く施行されたことは、多くの研究者の認めるところで、中央権力による地方支配の強化といえよう。

このような現象を取り集めて考えてみると、『紀』に記された通りではないが、大化の時期に、難波《なにわ》の朝廷で大きな政治改革が企てられ、ある程度実現したことは事実だと思われる。

蘇我石川麻呂の横死　大化の政治改革の目的は、国家権力を集中強化して、統一国家を完成することにあった。大化改新の直前の六四四年には、唐《とう》が強大な国力をあげて高句麗《こうくり》攻撃に乗りだし、その緊迫した国際関係の中で、高句麗はもちろん、百済《くだら》・新羅《しらぎ》もそれぞれの方法で内政を改革し、政府の権力の強化に努めている。日本の朝廷も同じ歩みを取ったといえよう。

その改革は、大化の五年間でほぼ軌道《きどう》に乗ったが、大化五年（六四九）三月、阿倍内麻呂《あべのうちのまろ》が病死した同じ月に、蘇我石川麻呂の変が起こった。石川麻呂は謀反を企てていると密告する者があり、天皇と皇太子はそれを信じて兵を出し、石川麻呂の邸《やしき》を囲ませたところ、石川麻呂はのがれて大和の飛鳥の近くにある山田寺《やまだでら》に入って自尽した、という事件である。石川麻呂は無実の罪で死んだのだが、この事件で蘇我氏の勢力はまた弱められた。

その翌年（六五〇）、長門国《ながとのくに》（山口県の一部）から白い雉《きじ》が献上された。朝廷はこれは瑞祥《ずいしょう》であるとして、年号を白雉《はくち》と改めた。そして、白雉三年（六五二）に壮大な難波長柄豊碕宮《なにわながらのとよさきのみや》が完成した。「其の宮殿の状《さま》、殫《ことごと》く論ずべからず（筆舌に尽くしがたい）」と『紀』に記されている。太平洋戦争後、大阪市の上町《うえまち》台地の北部の法円坂《ほうえんざか》町で発掘された前期難波宮の遺跡は、この長柄豊碕宮跡と考えてよかろう。

2　悲劇の皇子

中大兄と孝徳帝の確執　白雉《はくち》年間に入ると、難波の朝廷も当初の緊張からやや解放されたようである。大きな力を傾けて難波長柄豊碕宮《ながらのとよさきのみや》を営んだのは、国家の威容を示すためであったかもしれないが、このことと、白雉四年（六五三）・五年（六五四）両度の遣唐使派遣以外には、とりたてていうほどの政治改革に関する事件は記録されていない。そして孝徳天皇と中大兄皇子の不和があらわになってくる。緊張の緩和が内部の対立の表面化を許したのだろうか。

『紀』によれば、白雉四年に中大兄が都を難波から大和へ遷《うつ》すことを願いでたのを孝徳が許さなかったことから、両者の対立が表に現れたように記してあるが、意見の相違はもっと早くからあったのであろう。対立を、外交政策の差に求め、中大兄が親新羅《しらぎ》派であったのに対し、孝徳が百済《くだら》寄りであったからとする意見などもあるが、若い中大兄がだんだんと政務に自信をもち、孝徳の存在を無視するふるまいが多くなったからか、とも考えられる。

中大兄が大和遷都を思い立った理由はよくわからないが、それを機会《しお》に自分の主導権を確立しようと考えたのではあるまいか。孝徳は遷都を許さなかったが、中大兄は、先帝である母の皇極や弟の大海人《おおあま》皇子をはじめ公卿《くぎょう》以下の百官を引きつれて、飛鳥《あすか》川のほとりの川辺《かわべ》の行宮《かりみや》に移った。孝徳の皇后である間人《はしひと》皇女までが、天皇を捨てて中大兄に従った。そのため、孝徳は中大兄をうらんで皇位を捨てようとまで思いつめた。しかし、それも果たさず、翌白雉五年（六五四）には病床に伏す身となり、その年の十月、中大兄にうらみを抱いたまま死んだ。

孝徳は皇后との間に子がなく、妃の阿倍内麻呂《あべのうちのまろ》の娘小足媛《おたらしひめ》との間に有間《ありま》皇子があった。この時一五歳の若い皇子は、父天皇の死をどのような目で見つめただろうか。後年の悲劇の種は、この時すでに播《ま》かれていたといってよい。

斉明即位の陰の理由　孝徳の死後、どういうわけか中大兄は皇太子であるのに即位せず、さきに皇位を退いた皇極女帝が再び天皇となった。斉明天皇である。斉明元年（六五五）に、彼女はもう六二歳であった。なぜこのような老女が即位し、三〇歳の若い盛りの中大兄が皇太子にとどまったのか。

ふつうには、天皇になると宗教上の制約が多くて行動の自由がなく、政治上に活動するには皇太子のままでいたほうが便利だから、と説明する。しかし二〇年ほどあとの天武《てんむ》天皇などは、皇位について親政の政治を行っている。私は吉永登氏に従って、中大兄が皇位につかなかったのは、彼が当時のタブーを犯して、同母妹の間人《はしひと》皇女とひそかに結婚していたからと考える。

間人皇女は中大兄と同じく皇極（斉明）を母とし、孝徳《こうとく》の皇后となったが、いつのころからか、兄の中大兄と特別の仲になったとみるのである。もし中大兄が即位すると、当時の慣例に従って間人皇女を皇后に立てなければならないが、それはタブーを公然と破ることであって、天皇の地位が危うくなる。その危険を避けるために、皇太子の身分にとどまったのであろう。

有間皇子の期待　理由はなんであれ、とにかく中大兄が即位をみおくっていることは、有間皇子に皇位の期待を生じさせる。「中大兄を押しのけて自分が天皇になれたら、不幸な死に方をした父のうらみも晴れるだろう」と有間が考えてもなんら不思議ではない。そのうえ、斉明天皇は飛鳥岡本《あすかのおかもと》に宮を造り、田身嶺《たむのみね》（多武峰《とうのみね》）に楼閣《たかどの》を営み、大きな運河を掘るなど、さかんに土木事業を起こして、国家の資財と民の労力を費やしている。それは人心を朝廷から離反せしめているように、有間には思われた。

だがこのような有間の心の動きを、聡明《そうめい》な中大兄が察知できないはずはない。彼は彼で策を講じたことと思われる。

斉明四年（六五八）十月、中大兄は斉明天皇ら宮廷の人々をともなって紀伊の牟婁温湯《むろのゆ》に出かけた。十一月三日、留守官として飛鳥にのこっていた蘇我臣赤兄《そがのおみあかえ》が有間皇子を訪ねてきた。赤兄は石川麻呂《いしかわまろ》の甥《おい》で、政界の有力者である。

彼は斉明の政治に失敗が多く、人民は苦しんでいることを説いた。若い有間は、赤兄が自分に期待を寄せていると考えて、大いに喜び、「とうとう兵を挙げるべき時が来ましたね」といった。

十一月五日、有間皇子は腹心の従者をつれて赤兄の家に行き、謀反の密議をこらし、戦略を練った。その密談の最中に、寄り掛かっていた夾膝《おしまずき》（脇息《きょうそく》）の脚《あし》が突然折れた。不吉な前兆と思われたので、その日は盟《ちか》いを立てるだけで別れた。

有間皇子は家に帰って寝についたが、赤兄はただちに兵を集め、夜中に有間の家を囲み、急使を牟婁温湯に走らせて、事態を天皇と中大兄に知らせた。有間は赤兄の策謀にうまうまと乗せられたのである。彼は赤兄が中大兄の信任を得て、留守を託された人物であることを、もっとよく考えるべきであった。

藤白坂の露　捕らえられた有間は、牟婁温湯《むろのゆ》に護送され、中大兄の訊問《じんもん》を受けた。中大兄が「なにゆえに謀反を企てたか」と問うたのに対し、有間は、「天と赤兄《あかえ》と知る。吾《われ》は全《もは》ら解《し》らず」と答えたと『紀』は記している。そうは答えたが、彼がいちばんいいたかったことは、「中大兄皇子よ、あなたがその理由をいちばんよく知っているではないか」ということではなかったろうか。

有間皇子は牟婁温湯につくまえの日、磐代《いわしろ》（和歌山県日高郡南部町《みなべ》）で一夜を明かした。その時、

磐代の浜松が枝《え》を引き結び真幸《まさき》くあらばまた還《かへ》り見む
家にあれば笥《け》に盛る飯《いひ》を草まくら旅にしあれば椎《しひ》の葉に盛る

の二首を作り（『万葉集』に所載）、身の幸いを松の霊と土地の神に祈った。

しかし、その望みもむなしく、十一月十一日、藤白坂《ふじしろのさか》（和歌山県海南市《かいなん》）で絞首された。一九歳であった。ただし、右の二首の歌は、有間皇子の死を惜しむ後人の作とする説もある。

3　白村江の戦い

重臣たちの死　有間《ありま》皇子を滅ぼすことで、中大兄皇子の不安の一つはのぞかれた。しかしこれで政治上の問題がなくなったのではない。彼が斉明天皇とともに土木工事を強行したのは、内乱に対して都の防備を固めるためであったかもしれない。大化以後の新政に対する豪族や農民の不満には、つねに警戒せねばならなかった。

また新政のはじめに左右大臣となった阿倍内麻呂《あべのうちのまろ》・蘇我石川麻呂《そがのいしかわまろ》はともに大化五年（六四九）に没し、国博士《くにつはかせ》の旻《みん》は白雉《はくち》四年（六五三）に死に、高向玄理《たかむくのくろまろ》は白雉五年（六五四）に唐《とう》へ渡ってかの地でみまかった。大化五年に右大臣《みぎのおおまちぎみ》となった大伴長徳《おおとものながとこ》は白雉二年（六五一）に、左大臣《ひだりのおおまちぎみ》となった巨勢徳太《こせのとくた》は斉明四年（六五八）に、ともに死去した。中大兄は鎌足をのぞいて難波朝廷以来の重臣をほとんど失ったのである。そこで彼は蘇我赤兄《そがのあかえ》を登用して欠を補い、弟の大海人《おおあま》皇子をこのころから政治に参与させたのではないかと思われるが、朝廷の権威は一時衰えたであろう。

中大兄皇子の蝦夷対策　そのような状況の中で、中大兄皇子は斉明四年（六五八）以後二、三年にわたって蝦夷の征討事業に乗りだすのである。手をひろげすぎるきらいはあるが、辺境を開拓することで朝廷の権威を高め、内政の安定に役だたせようというねらいがあったのだろう。またこの時期の蝦夷の地の経営は太平洋側でなく、日本海側を主としているのは、朝鮮三国との国際関係、とくに高句麗《こうくり》・新羅《しらぎ》との間が微妙になってきたこととかかわりがあるのではなかろうか。

このころの東アジアの情勢を概観すると、新羅は高句麗と百済《くだら》の両国に攻められて苦しみ、六四八年（大化四）に太子金春秋《きんしゅんじゅう》を唐《とう》に遣わして、百済征討の約束を取りつけ、六五五年（斉明元）にも唐に救援を要請している。唐は六四七年（大化三）、六四八年、および六五八年（斉明四）に高句麗を攻めるが、いずれも撃退されたので、新羅の頼みを入れて、攻撃の目標を百済に改め、その準備を始める。

こうした国際関係のもとでは、朝鮮三国はいずれも日本を味方に引き入れようとする。そのさい、高句麗・新羅と日本を結ぶ便利な交通路に日本海経由のルートがある。飛鳥の朝廷首脳部には日本海沿岸の重要性が、強く認識されたであろう。そしてこの地域を確実に掌握するには、蝦夷を討たねばならない。孝徳朝に、越《こし》（北陸地方）に渟足柵《ぬたりのき》・磐舟柵《いわふねのき》が造られたのも、同様な理由と思われるが、同じように斉明朝には日本海側の蝦夷の地の経営を、中大兄皇子らが思い立ったのであろう。

阿倍臣比羅夫の出陣　斉明四年（六五八）四月、阿倍臣比羅夫《あべのおみひらふ》は水軍一八〇艘《そう》を率いて日本海から蝦夷《えみし》の地へ向かった。このころまだ北陸の地方は、越前《えちぜん》・越中《えっちゅう》・越後《えちご》の三国には分かれておらず、総括して越《こし》の国とよばれていた。越の国府《こくふ》はそのころはのちに越前の国府のおかれた武生《たけふ》市のあたり（丹生《にゅう》郡）か、湊として重要な三国《みくに》町付近（足羽《あすわ》郡）かと思われるが、一八〇艘の水軍は三国湊《みくにみなと》に集結して、発進したのであろう。

船団は能登《のと》半島を迂回《うかい》して、のちに越中の国府のおかれた伏木《ふしき》の港を中継地とし、さらに進んで前述の渟足柵《ぬたりのき》（新潟市）・磐舟柵《いわふねのき》（村上市）を前進基地としたと思われる。水軍の構成は明らかではないが、第二回目の遠征軍の中に、能登臣馬見竜《のとのおみまみたつ》という部将があり、これは能登の国造《くにのみやつこ》の一族であろう。それからすると、阿倍比羅夫の直属の兵を中心に、朝廷の勢力下に入った越の豪族を集めて編成した連合軍と思われる。

比羅夫軍の北上と第二次遠征　冬は波の荒い日本海も、春から夏にかけてはおだやかである。その海づたいの大船団の来襲には、国家的統一はもちろん、地域的な結合も未熟な蝦夷《えみし》は対抗できなかった。比羅夫《ひらふ》の北征は比較的順調に進行したようである。秋田・渟代《ぬしろ》（能代市《のしろ》）の蝦夷は降伏し、比羅夫はなおも進んで、渟代・津軽の二郡をおき、蝦夷を郡の長に任命し、渡島《わたりのしま》の蝦夷を召し寄せて威を示した。『紀』によれば、比羅夫はここでいったん兵を帰し、翌五年（六五九）に再び北征して、肉入籠《ししりこ》に至り、後方羊蹄《しりべし》に郡（正しくは評）の長をおいて帰還した、とあるが、これは斉明四年の遠征を二度に分けて書いたものであろう。また、渡島は北海道のこと、肉入籠・後方羊蹄も北海道の地名とする説と、いずれも東北地方の地名とする説とが対立しているが、私は後者の説を採っている。

斉明六年（六六〇）にも大規模な遠征が行われた。この年三月、前回を上回る二〇〇艘《そう》の船団が、比羅夫に率いられて北へ向かったが、この水軍は東北地方の北端近くまで進んで粛慎《みしはせ》（アイヌ族とする説が有力）の水軍と接触し、戦いが始まった。比羅夫軍は相当の損害をこうむったが、粛慎四九人をとりこにして帰国し、戦利品とともに朝廷に献上した。

さてここにみえる蝦夷が、いまのアイヌ族と同じかどうかは議論のあるところだが、近年はアイヌではなくて、文化の遅れた日本人とする説が有力であり、私もそれを妥当と考える。

百済の危急　比羅夫《ひらふ》が二回目の遠征に出発した六六〇年は、唐が新羅の願いを入れて、百済に大軍を差し向けた年でもある。その軍は水陸合わせて一三万、唐の蘇《そ》定方《ていほう》を将軍として百済に攻め入り、新羅は武烈《ぶれつ》王（金春秋《きんしゅんじゅう》）みずから五万の兵を率いて呼応した。

百済の将兵は各地に力戦奮闘したが、この年七月には錦江《きんこう》に臨む王都泗沘城《しひのさし》（扶余《プヨ》）を包囲された。百済の義慈《ぎじ》王らはのがれ出て、旧都の熊津城《くまなりのさし》（公州《コンジュ》）にたてこもったが、この年七月、力及ばず唐に降伏し、泗沘城も落ちた。百済の官女たちが落花巌《らっかがん》から錦江に身を投げたというのは、泗沘城落城の時の哀話である。百済はついに滅んだ。

しかし百済の遺臣たちは、ただちに復興の義兵を起こした。蘇定方は、百済滅亡の二か月後に劉仁願《りゅうじんがん》を泗沘城にのこし、自分は義慈王などをつれて唐へ引き揚げだが、彼が百済を離れないうちに百済の遺臣たちはあいついで挙兵し、泗沘城にも迫った。

大和朝廷の決断　これら百済復興の軍のうち、任存城《にんぞんのさし》（大興《テーフン》付近）にたてこもった鬼室福信《きしつふくしん》と、熊津《くまなりの》城《さし》に拠《よ》る余自信《よじしん》の軍とが有力であった。斉明六年（六六〇）九月には、早くも百済の遺臣たちからそういう情報が大和の朝廷にもたらされ、追いかけるように十月には福信からの使者が到着して、日本の援軍を請い、また人質として舒明《じょめい》二年（六三〇）以来日本に来ている百済の王子豊璋《ほうしょう》を送り返してほしいと頼んだ。豊璋を立てて百済王としようというのである。

事態の急激な展開にわが朝廷は色めきたったことだろう。朝鮮三国と唐との関係が緊迫していたことはむろん知っていたが、こんなに早く戦争に巻き込まれる情勢になろうとは、だれも予測していなかったにちがいない。それにしても百済の使者の要請にどう答えるのが日本に有利かは、すぐには決めにくい。百済をたすけて強大な唐と新興の新羅《しらぎ》を敵に回すのが危険なことは目にみえているが、このまま百済をみすてたらどうなるか。唐が、つぎには日本に襲いかからないという保証はない。

おそらく朝議は紛糾し、決しがたかったと思われるが、ついに百済救援の断が下った。年（六六〇年）も末の十二月二十四日、天皇はみずから難波宮に行き、筑紫に出征して援軍を遣わすという決意を宣言する。外征のために天皇が畿外に出るのは、仲哀《ちゅうあい》天皇・神功《じんぐう》皇后の伝説をのぞくと前例をみない。日本は国の総力を挙げて戦いに乗りだしたのである。

救援軍の西征と斉明天皇の急死　斉明七年（六六一）正月、天皇と皇太子中大兄の率いる船団は難波津を出て、西征の途に上った。大海人《おおあま》皇子も同行していた。それは大海人の妃《きさき》の大田《おおた》皇女が、吉備《きび》の大《おお》伯《く》の海（岡山県邑久《おく》郡の沖）で女子を出産したという『紀』の記事からわかる。その女子は海の名にちなんで大伯《おおく》皇女と名づけられた。やはり大海人の妃で、のちに持統天皇となる鸕野《うの》皇女や、歌人として有名な額田王《ぬかたのおおきみ》も、船団の中にいた。鸕野皇女は翌年筑紫で草壁《くさかべ》皇子を産んでおり、額田王は西征の船が伊予《いよ》の熟田津《にぎたつ》（松山市の三津あるいは堀江・和気の地）を船出する時、

熟田津に船乗りせむと月待てば潮《しほ》もかなひぬ今はこぎいでな

の歌を作っている。

船団は三月、無事に那大津《なのおおつ》（博多《はかた》）につき、いよいよ渡海の準備が始まる。ところがその最中の七月、斉明天皇は病気になり、朝倉《あさくら》宮で没した。『本朝皇胤紹運録』によれば、六八歳の老齢であった。中大兄が跡を嗣《つ》ぐが、即位はしないで皇太子のまま政治を執った。彼が即位して天智《てんじ》天皇となるのは、その六年のちのことである。

天皇になる資格のある人が即位をのばして政務を執ることを「称制《しょうせい》」というが、便宜上称制の元年から天智の治世とみて、天智元年とかぞえておく。

百済滅亡　斉明の死の翌年である天智《てんじ》元年（六六二）五月、救援軍の第一陣は阿曇連比邏夫《あずみのむらじひらふ》を将軍と

し、豊璋《ほうしょう》を護《まも》って出発した。兵力は五〇〇〇余人という。第二陣二万七〇〇〇は天智二年（六六三）三月、上毛野君稚子《かみつけぬのきみわかこ》らの将軍に率いられて百済へ向かった。蝦夷征討の勇将阿倍比羅夫《あべのひらふ》も、将軍のひとりとしてその中にあった。

日本からの援軍を得て、百済復興をめざす人々の意気は揚がり、戦勢は好転するかにみえた。しかし唐もまた増援軍を派遣し、新羅も全力を投入する。戦局はいよいよ重要な時期にさしかかった。ところがこの時、百済軍の中心である豊璋と福信《ふくしん》の間が不和となり、豊璋は福信を謀反の疑いがあるとして殺害した。それが百済復興にマイナスであることはいうまでもない。

天智二年八月、錦江の河口で唐と日本の水軍の決戦が行われた。錦江を白江《はくこう》ともよび、この戦いを「白村江《はくそんこう》の戦い」という。日本水軍は江を血で染めて奮戦したが、優勢な唐の水軍の堅陣を破ることはできず、惨敗した。日本軍は退却し、ここに百済はまったく滅んだ。

4　近江の朝廷

防人と水城　百済《くだら》救援は国を挙げての大事業であった。天皇がみずから北九州まで進出して遠征軍を指揮したことは、それまで前例がない。このことからみても、天皇ばかりでなく、朝廷の貴族たちも、百済滅亡という事態の重大性を認識していたと思われる。

しかし救援に差し向けた大軍は白村江《はくそんこう》の戦いで壊滅した。敗残の日本軍は、亡命を望む百済の貴族や官人たちをつれ、故国へ引き揚げてきた。中大兄皇子は、急ぎ大和へ帰って朝廷の体制の立て直しを図るとともに、国土の防衛に力を傾けた。

まず天智《てんじ》三年（六六四）に最前線の対馬《つしま》・壱岐《いき》の島と筑紫《つくし》に、防人《さきもり》を配置し、烽火台《とぶひだい》を設け、また大宰府《ざいふ》を守るために水城《みずき》を築いた。天智朝に大宰府という名称が用いられていたかどうかは明確でないが、六世紀前半の宣化《せんか》天皇の時以来、いまの福岡市の地域に那津《なのつ》の官家《みやけ》がおかれ、外交の事務や九州支配の政務を扱っていた。それの発展したのが大宰府で、百済救援軍を派遣する時に、海岸から約一四キロメートル退いたいまの地点に移ったと私は考えている。

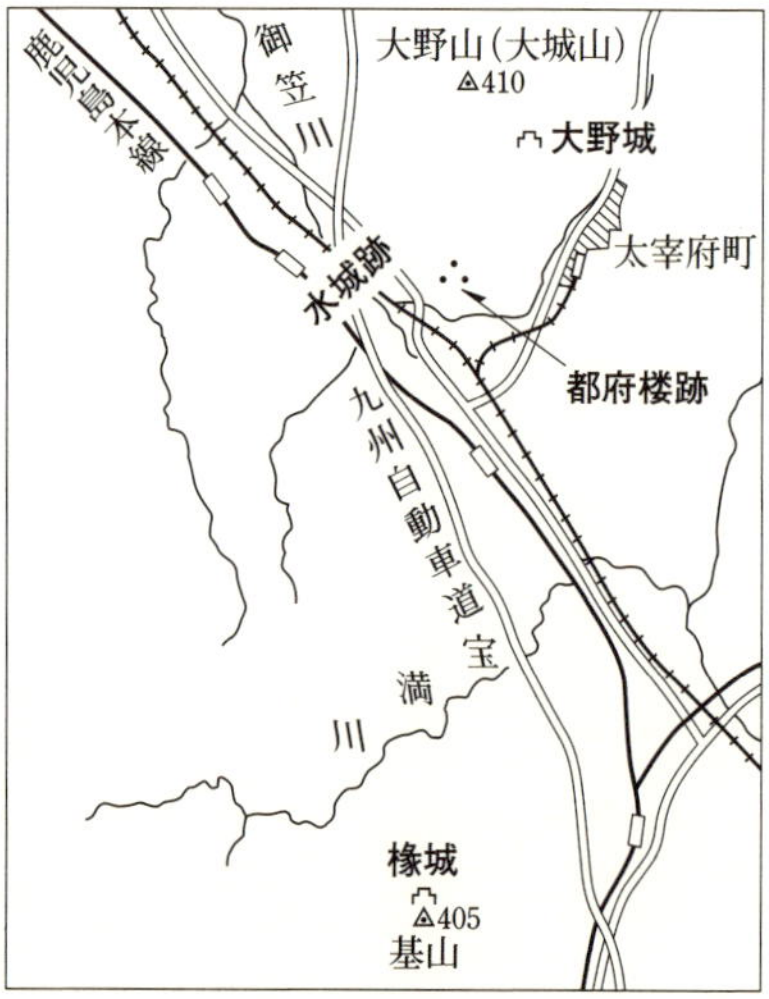

図　大宰府の防衛

理由はもちろん、外敵の襲来に備えるためである。水城はいまもその姿を伝えているが、大宰府と那津を結ぶ細長い低地帯を流れる御笠《みかさ》川を横切るように築かれている。高さ一四メートル、延長一キロメートル余の雄大な土塁である。

朝鮮式山城の造営　翌天智四年（六六五）には、大宰府の北にそびえる大野《おおの》山に大野城を築き、南方約一〇キロメートルをへだてる基山《きさん》に椽《き》城（基肄《きい》城）を築いた。これらは山の尾根すじや斜面に土塁・石垣を巡らし、中に谷や小盆地を取り込んだ朝鮮式の山城で、非常の場合には大宰府の官人や住民を収容することもできた。事実、発掘調査によって大野城には四〇以上の倉庫の存在が知られている。この両城の築造は、百済からの亡命官人である憶礼福留《おくらいふくりゅう》らの指導によったことが『紀』に記されている。

山城はこのほか各地に築かれた。対馬《つしま》の金田城、讃岐《さぬき》の屋島《やしま》城、大和の高安《たかやす》城などである。長門国《ながとのくに》にも築かれたが、場所は明らかでない。高安城の遺跡は、最近八尾《やお》市に住む市民団体の人々によって発見された。大和の朝廷は、高安から生駒《いこま》へつづく山並を外敵に対する最後の防衛線と考えたのである。記録には残っていないが、岡山県総社市の鬼《き》ノ城《じょう》や愛媛県東予市の永納山の山城などもこの時期に造営されたのであろう。

このような大規模な築城は、外征とその準備のために疲れた農民にとって、過重な負担であった。長門の城など、遺跡の判然としないものがあるのは、そのためかもしれない。危機感をもつ朝廷の官人が必死に督励しても、農民は応じないことが多かったのであろう。

しかし、恐れていた唐《とう》の日本侵攻はなかった。敗戦の翌年の天智三年（六六四）に、百済に進駐していた唐将劉仁願《りゅうじんがん》の使者が筑紫《つくし》に来た。翌四年には唐の本国から使者が来たので、大和へ迎え入れた。日本からも唐へ答礼の使者を派遣した。互いに相手のようすを探りあったのであろうが、ついに唐は日本を攻撃しなかった。

唐もまた、百済遠征に疲れたということもあろうが、朝鮮には百済よりも強力な高句麗《こうくり》が健在である。それをおいて、日本に侵攻するような余裕のなかったことが最大の理由であろう。高句麗の抵抗のおかげで、日本は敗戦の痛手から立ち直ることができた。

甲子の詔　中大兄《なかのおおえ》皇子は防人《さきもり》の設置や山城《やまじろ》の造営など軍備を強化する一方、内政とくに豪族・官人層への対策にも留意した。それを具体的に示すのが、天智三年（六六四）に発布された詔《みことのり》である。この年の干支《えと》が甲子《きのえね》なので「甲子《かっし》の詔《みことのり》」といい、つぎの三か条を定めている。

第一に、十九階であった大化《たいか》五年（六四九）以来の冠位を二十六階に増した。第二に、朝廷に仕える氏族の族長を氏《うじ》ノ上《かみ》と定め、大氏の氏ノ上には大刀《たち》、小氏の氏ノ上には小刀《かたな》、伴造《とものみやつこ》などの氏ノ上には干楯《たて》・弓矢を与えた。第三に、これらの氏ノ上に所属する民部《かきべ》・家部《やかべ》を定めた。

第一の冠位の増加は、大化以来の官司制の整備に対応したもので、それほど問題はないが、第二・第三の制は、詔の文章が簡単なため、種々の解釈がなされている。しかし大まかにいうと、第二条は、臣《おみ》・連《むらじ》・伴造・国 造《くにのみやつこ》など、朝廷を構成する氏族の族長の特権的地位を保証する意味をもつ。それは個人の能力を重視する官僚制とは矛盾するが、朝廷と氏族との結合を固め、国家体制を安定させるのに役だつ。

第三条は、氏ノ上の民部・家部所有を公認することだから、有力氏族に氏姓制時代の特権の復活を認める保守的政策ともいえるが、大化改新で廃止した部民《べのたみ》を復活したのではなく、大化以後もなお豪族が保有していた部民の範囲を、限定したうえで承認したものと解することもできる。このように考えれば、それは収公（政府が領地などを取り上げること）への一段階となり、朝廷の権力を高める政策ともいえる。

要するに、甲子の詔は、朝廷に従う豪族層の地位を安定させたうえで、官僚制と中央集権制を推し進めたものと評価できる。敗戦によって国際間の緊張の厳しさを身をもって感じた豪族たちは、中大兄の指導に不満はあっても、朝廷を中心に結集するよりほかなかったのである。

ここでもうひとつ注意しておきたいのは、中大兄がこの詔を弟の大海人《おおあま》皇子に命じて発表させたことである。いままで聡明《そうめい》な兄の陰に隠れていた大海人が、いよいよ表に出て政務を担当するようになった。この時、左と右の大臣《おおまちぎみ》は病死などで欠けていた。内臣中臣鎌足《うちつおみなかとみのかまたり》は健在だが、表向きには大海人が中大兄に次ぐ地位にあったと考えてよい。

大津遷都　内政はいちおう安定し、外敵襲来の危険もやや薄らいだ。しかし中大兄皇子は平和を楽しむいとまもなく、天智六年（六六七）三月に都を近江《おうみ》の大津に遷《うつ》した。

遷都の理由は明らかではないが、近江が大和よりさらに内陸にあって、外敵の攻撃に対して安全であることが主要な理由であろう。付随していえば、琵琶《びわ》湖を通じて東国や北陸への交通も便利であるし、日本海をへて高句麗《こうくり》と連絡するのにも都合がよい、と考えたのであろう。

しかし遷都の時期を天智六年三月としたのは、間人《はしひと》皇女の死と関係があると私は考えている。間人皇女は天智四年（六六五）二月に没し、二年の殯《もがり》ののち六年二月に葬られた。その翌月に遷都が断行されたのは偶然とは思われない。中大兄は間人の死によって即位が可能になった。彼は間人の葬儀が終わるのを待ち、間人とのかかわりのない地に新しい都を造って即位しようとしたのではあるまいか。中大兄が即位して天智天皇となるのは、近江遷都の翌年正月のことである。この事実から、私は右のように想像するのである。

中大兄皇子にとって遷都は必要なことであったかもしれないが、朝廷の貴族・官人の多くにとっては思いがけないことであったろう。難波遷都ならまだしも、文化の遅れている近江への遷都を、彼らが喜んだとは思われない。遷都にともなう莫大な費用や労力のことを思うと、なおさらである。額田王《ぬかたのおおきみ》が、中大兄に従って近江へ下る時、

　三輪山《みわやま》をしかも隠すか雲だにも情《こころ》あらなむ隠さふべしや

と詠《うた》って、大和の国つ神である三輪山の神に奉ったのは、三輪の神の怒りをなだめようとしたからであ

ろう。時代が下るが、のちに柿本人麻呂《かきのもとのひとまろ》が近江の旧都の荒廃を嘆いた歌の中で、この遷都について「いかさまにおもほしめせか（いったい皇子《みこ》はどんなお考えか）」と詠って批判的であるのも、貴族・官人の気持を反映したものであろう。

大津京の栄え　しかし天智《てんじ》天皇や鎌足《かまたり》の政治力が巧みであったためか、廷臣たちの動きは大きな流れとはならず、近江の都には平和が保たれた。朝鮮では高句麗が天智即位の年（六六八）に滅んだが、高句麗の遺民は唐に対してねばり強く抵抗し、新羅も唐の朝鮮占拠の政策に反抗して不和となった。このため唐は日本に圧力を及ぼす余裕はなく、近江の朝廷は外交の危機を免れることができた。

こうして近江の大津京には平穏の日々が訪れ、貴族たちは都のはなやかな生活を楽しむことができた。元来天智天皇は中国を尊重し、中国文化を好んだようだが、中国文化をよく理解している百済の亡命貴族たちが、近江朝廷にたくさん仕えていた。彼らも大津京の繁栄に貢献したことであろう。奈良時代に編纂《へんさん》された漢詩集『懐風藻《かいふうそう》』によれば、天智の長子大友《おおとも》皇子は沙宅紹明《さたくしょうめい》・答本春初《とうほしゅんしょ》など多くの百済の学者を大津宮に招き、自分でも漢詩を作っている。

このように漢文学が喜ばれたが、日本古来の歌、和歌も好まれて、発達した。五七調の短歌形式が完成するのは、天智朝前後と考えられるが、その代表的歌人はいうまでもなく、額田王《ぬかたのおおきみ》である。彼女が天智七年（六六八）五月に催された蒲生野《がもうの》の遊猟《ゆうりょう》のさい、かつての夫であった大海人《おおあま》皇子と贈答したつぎの歌は、『万葉集』中屈指の名歌とされている。

あかねさす紫野行き標野《しめの》行き野守《のも り》は見ずや君が袖《そで》ふる　額田王

紫の匂《にほ》へる妹《いも》を憎くあらば人妻《ひとづま》ゆゑにわれ恋ひめやも　大海人皇子

庚午年籍と近江令　大津京の繁栄の中で、律令《りつりよう》体制の整備も進行した。それを物語るのが庚午年籍《こうごねんじやく》の作製である。

天智九年（六七〇）、日本ではじめて、ほぼ全国にわたる戸籍が作られた。残念ながら実物はのこっていないが、奈良時代や平安時代の記録によって、九州諸国で七七〇巻、上野国《こうずけのくに》だけでも九〇巻以上の戸籍があったことがわかっている。天智九年が庚午《かのえうま》の年に当たるところから、この戸籍を「庚午年籍」とよぶのである。

のちの奈良時代の戸籍ほどくわしいものではなかったろうが、一戸ごとに戸主・戸口の姓名を書きだし、評《こおり》（のちの郡）・里ごとにまとめてあったと思われる。女子は記載されていたか、豪族・貴族の私有民も登録されていたか、里の制度ははたして成立していたか、など疑問も多く提出されているが、とにかく、この戸籍の作製によって、朝廷は全国の民衆の大部分を直接掌握することができるようになった。中央集権政治の成立を示す指標《メルクマール》といってよいだろう。

天智朝の成果として、もうひとつ重要なものに近江令《おうみりよう》がある。ふつう、近江令は庚午年籍に先だって天智七年（六六八）に制定されたとされる。しかしそのことは、九世紀に成立した『弘仁格式《こうにんきやくしき》』の序文にはじめてみえるだけで、『日本書紀』その他、七、八世紀の文献・記録には載せられていない。そこで、近江令制定のことは天智天皇の功績をたたえるために、平安時代になってから作られた説ではないかともいわれる。いちおう私も疑問としておくが、近江の朝廷で各種の制度が整えられたことは事実であろう。

四　天武・持統の世

1　壬申の乱

鎌足の死と天智・大海人の不和　天智八年（六六九）十月、中臣鎌足《なかとみのかまたり》の病が重くなった。天皇はみずから鎌足をみまい、また、大海人《おおあま》皇子を遣わして、大織冠《たいしょくかん》（のちの正《しょう》一位）の位と藤原《ふじわら》の姓を賜って、多年の功労に報いたが、その翌日に没した。五六歳であった。

これより先、天智天皇《てんじ》が琵琶湖の浜辺の高殿で宴会を催した時、大海人が長い槍をふるって宴席の刺し貫き、天智が怒って大海人を殺そうとしたことがあった。鎌足が急いで仲に入り、ことは無事に収まったが、この聡明《そうめい》な兄弟の不和は、近江遷都後まもなく兆していたと思われる。このエピソードが示すように、鎌足のとりなしで二人の不和は表面に現れず、政治は順調に進展していたと思われる。その調停役の鎌足の死は、近江の朝廷に暗雲を投げかけた。

天智と大海人の不和の原因は、おそらく皇位継承の問題であった。当時の慣例では、天皇に有力な弟がある時は、その弟が兄の跡を嗣《つ》ぐことが多かった。天智も大海人を重んじて、皇位を譲るつもりであったと思われる。甲子《かっし》の詔《みことのり》を大海人に宣下《せんげ》させているのにも、それがうかがわれる。ところが自分の皇子が成長してくるにつれて、迷いが生じた。

大友皇子の出世と大海人の吉野隠遁

天智《てんじ》には男子が四人あったが、一人は若くして死んだ。のこる三人のうち、伊賀《いが》出身の采女《うねめ》の宅子《やかこ》の生んだ大友皇子が年長であり、また才能もあった。しかし、すぐに大友を皇太子にできない事情もあった。年齢は天智の即位した年（天智七年）に二一歳であって天皇になるにはやや若すぎるうえに、母の身分が低い。采女といえば国造《くにのみやつこ》などの地方豪族出身の女性で、宮中では下級の女官である。大海人の母が斉明《さいめい》天皇であるのとは比べものにならない。また従来、大海人を皇太子同様に待遇してきた経過も無視できない。大海人が天智の娘の鸕野《うの》皇女（のちの持統《じとう》天皇）を妃《きさき》としているのも、二人の結びつきの固いことを示している。ここに天智も決断を下しがたい悩みがあったが、大海人にも兄の動揺は伝わる。二人の間に隙間《すきま》が広がり始めた。

　天智十年（六七一）正月に発表された政府首脳部の新陣容は、天智がとうとう後継者問題に結論を出したことを意味した。新陣容というのは、大友皇子を太政大臣《おおまつりごとのまえつぎみ》、その下に左大臣《ひだりのおおまちぎみ》に蘇我赤兄《そがのあかえ》、右《みぎの》大臣《おおまちぎみ》に中臣金《なかとみのこがね》、御史大夫《おおきもののもうすつかさ》（のちの大納言《だいなごん》・中納言に相当）に蘇我果安《はたやす》・巨勢人《こせのひと》・紀大人《きのうし》を任命するというものである。太政大臣は天皇を補佐する役だから、大友皇子がその地位につくことは、皇太子に任命されたのと、ほぼ同じことである。蘇我赤兄以下は当時の有力氏族の族長またはこれに準ずる人々である。この新人事が、天智のつぎの朝廷のあり方を示すものであることは、だれの目にも明らかであり、そこに大海人皇子の占めるべき席はない。

　事態を察した大海人は、この年十月、僧形《そうぎょう》となって大津の宮を去り、吉野山に入った。都にいては天智の疑いを受けて命を失うことを恐れたからである。吉野への山路をたどる彼の心は、失意の嘆きに満たされていたろうが、再起の望みを捨てたわけではなかった。
壬申《じんしん》の乱の直接の原因は皇位問題にあったといわねばなるまい。

天智の死と大友の即位

天智《てんじ》十年（六七一）の八月ごろから、天智は病床についていた。彼に往年の精気があったら、吉野山をめざす大海人を襲って、近江朝廷にとっての禍根《かこん》を絶ったかもしれないが、重病は気力をも奪ったのであろう。大海人は妃の鸕野《うの》皇女《ひめみこ》や信頼する舎人《とねり》たちと、吉野山中の隠れ家におちつくことができた。

それから二か月たった十二月のはじめ、厳冬の近江の大津宮で天智は四六歳の生涯を閉じ、永い眠りについた。その知らせはすぐ吉野にも届いたであろう。大海人にとっては兄の、鸕野にとっては父の訃《ふ》報《ほう》であるが、吉野の人々には吉報と聞こえたにちがいない。

近江では、予定通り大友《おおとも》皇子が父の跡を嗣《つ》いで政治を執《と》った。即位の儀式を執《と》り行ういとまはなかったろうが、実質上の天皇である。『日本書紀』は天皇と認めていないが、もしこれを認めると、乱を起こして近江朝廷を倒した大海人皇子＝天武《てんむ》天皇が逆賊になるからであろう。江戸時代になって、水戸光圀《みとみつくに》の『大日本史』は大友皇子の即位を認め、明治政府もこれにならって大友皇子に弘文《こうぶん》天皇という諡号《おくりな》を奉った。私も上述の理由から、大友皇子が天皇となったと考えてよいと思う。

それはともかく、天智死後の近江朝廷の結束は固いとはいえなかった。長年天智をたすけてきた大海人の人望は大きく、若い大友よりも、経験豊富な大海人に期待を寄せる人は少なくなかった。また、天智の推進した中央集権の政治のために、従来の特権を失った地方豪族層には、近江朝廷に反感をもつものが多く、彼らもまた、近江朝廷から疎外された大海人に期待を寄せた。

大海人皇子の決起　天智の死の翌年は、干支《えと》でかぞえると壬申《みずのえさる》の年（六七二年）である。近江朝廷は大海人皇子の行動に注意し、吉野へ通ずる道筋に斥候《せっこう》をおくなど、監視を厳重にした。この警戒体制を、吉野の人々は吉野攻撃の準備かと疑った。座して死を待つか、立って戦うか、大海人皇子は決断を迫られた。とくに吉野側の神経をいらだたせたのは、壬申の年五月、近江朝廷が天智天皇の陵《みささぎ》を造るために、美濃《みの》・尾張《おわり》から多数の人夫を徴発し、これに武器を与えている、というニュースであった。その大部隊に攻撃されたら、吉野の仮ずまいはひとたまりもない。

この知らせを受けてから、大海人は、挙兵のための具体的な準備を始めたのではなかろうか。

大海人が反乱に踏みきったのは、壬申の年六月二十二日である。彼は吉野に引退してはいたが、美濃国安八磨《あはちま》郡（岐阜県安八《あんぱち》郡）の地に湯沐邑《ゆのむら》という名で領地をもっていた。ここを基盤として挙兵する計画を立て、舎人《とねり》として身辺に従っていた従者のうちから村国男依《むらくにのおより》ら三人を選んで、二十二日に美濃国へ差し向けた。彼らは、湯沐邑の役人である湯沐令《ゆのうながし》や美濃国司《みののくにのつかさ》と連絡をとって兵を集め、美濃と近江を結ぶ不破《ふわ》道をふさぐという使命を授けられていた。そして二日のちの二十四日、大海人はのこりの舎人二十余人と女孺《にょじゅ》（女官）十余人を引きつれて、吉野のすまいを打ち発《た》った。大海人の傍らには鸕野《うの》皇女の凜々《りり》しい姿があった。彼女の産んだ草壁皇子（大海人の次男）も一行の中にいた。

大海人軍の快進撃　大海人《おおあま》皇子が吉野を脱出して東国へ向かったという知らせは、おそらくその日のうちに近江朝廷に届いたと思われる。これを聞いた廷臣たちはみな驚き恐れ、都を逃げだそうとする者が少なくなかったという。この時ただちに騎兵を発進させて大海人を追撃すれば、以後の戦局はどう変化したかわからなかったが、その勇気は朝廷首脳部にはなかった。

大津宮にいた大海人の長男の高市皇子《たけち》や三男の大津皇子《おおつ》は、混乱に乗じて都を抜けだし、東国へ急ぐ大海人の一行に合流した。大海人皇子らの意気は大いに上がり、吉野を出発した翌日の夜に早くも伊勢の北部に到着し、三日目の二十六日には先発した村国男依《むらくにのおより》が馬を飛ばして駆けつけ、美濃《みの》での軍の動員が順調に進み、三〇〇〇の兵で不破《ふわ》道を押さえたと報告した。大海人は高市皇子を不破に遣わして前線の指揮を託し、東海・東山の両道に募兵の使者を派遣した。挙兵の第一段は予想以上に上首尾に進行した。

第二の段階も大海人に有利に展開した。一つは尾張国守《おわりのくにのかみ》が二万の大兵を引きつれて、大海人側についたことである。あるいはこれが、近江朝廷が天智の陵《みささぎ》を造るために尾張国に徴発を命じていた人夫かもしれない。もしそうだとすると、近江朝廷につくはずの大軍が寝返ったも同様で、その成果はきわめて大きい。

もうひとつは、大海人の挙兵以前から情勢をみとおして、大和の家に帰っていた大伴吹負《おおとものふけい》が、大海人の側について立ち上がったことである。彼は一族や近隣の勇士を集め、また飛鳥の近くに住む漢氏《あや》一族とも連絡をとって、六月二十九日に飛鳥古京を急襲した。近江側の守備隊は不意を討たれてたちまち潰走《かいそう》し、大和全域は吹負の支配下に入った。近江朝廷は、美濃の大海人軍と大和の大伴軍の両面に、兵を差し向けなければならなくなった。

近江朝廷の滅亡　そのうえ近江《おうみ》朝廷の募兵は順調には進まなかった。地方の国司《くにのつかさ》や評《こおり》（のちの郡）の役人である豪族たちの中に、大海人皇子に心を寄せるものが多かったからであろう。

大海人皇子は形勢よしとみて七月二日から攻撃を開始した。その主力の第一軍は不破《ふわ》から近江へ入って、湖東の平野を進み、第二軍は大和へ向かい、大伴吹負《おおとものふけい》と連絡して、南から大津京を突こうとした。近江軍は両戦線で健闘した。とくに大和では、一時は大伴軍を圧倒する強さをみせたが、大海人の派遣した第二軍の来援によって結局は敗退し、湖東平野の戦いでは大海人軍が主導権を握り、前進をつづけた。七月二十二日、近江側の最後の守りの瀬田川を突破し、二十三日に大津京に突入した。

栄華を誇った大津宮は兵火に遭って焼け落ち、大友皇子（弘文《こうぶん》天皇）は山前《やまざき》（山崎）の地で、みずから首をくくって死んだ。年はようやく二五になったばかりである。首は不破の本営に届けられた。

大勝を得た大海人皇子は、戦後の処理に一か月余りを費やし、九月十二日に大和へ凱旋《がいせん》した。壬申《みずのえさる》の年に起こった乱なので、これを「壬申《じんしん》の乱」という。

2　天武の朝廷

大海人、天武天皇となる　飛鳥《あすか》の古京に帰った大海人《おおあま》皇子は、斉明《さいめい》天皇の岡本宮《おかもとのみや》の南に新しい宮殿を造った。斉明の岡本宮にこの新宮をあわせた宮殿が飛鳥浄御原宮《あすかのきよみはらのみや》で、大海人は翌六七三年二月にここで即位の式を挙げた。天武《てんむ》天皇となったのである。この年を天武元年とする考えもあるが、『日本書紀』は壬申《みずのえさる》の年（六七二年）を天武元年、即位の年を天武二年とする。便宜上、それに従うこととする。

さてその飛鳥浄御原宮の場所であるが、従来は敷石の存在などから、飛鳥寺の北の飛鳥小学校付近とする説が有力であったが、近年は飛鳥寺の南の伝板蓋宮《いたぶき》跡の発掘が進み、大井戸や高床住居跡《たかゆか》が発見され、そこを浄御原宮の遺跡とする説が重視されている。

ここで「天皇」という称号について述べておこう。『日本書紀』をみると、推古十六年（六〇八）に派遣された遣隋使の国書に「東の天皇、敬《つつし》みて西の皇帝に白《まう》す」とあり、聖徳《しょうとく》太子が『天皇記《すめらみことのふみ》・国記《くにつふみ》・臣《おみ》・連《むらじ》・伴造《とものみやつこ》・国造《くにのみやつこ》・百八十部《ももあまりやそとものお》并《あわ》せて公民《おおみたからども》等の本記《もとつふみ》』を作ったとある。それらによって、天皇の称号は推古朝ごろから大王の称号に代わって使われ始めたというのが通説である。しかし、天皇の語は、中国では本来、天を主宰する神＝天帝《てんてい》を意味し、地上の帝王の意味に用いられるのは、唐の高《こう》宗《そう》の上元《じょうげん》元年（六七四・天武四年）以後であるところから、『日本書紀』の推古紀にみえるのは編者の潤色で、正式に天皇の号を用いたのは、天武天皇が最初であるとする説が、近年有力となりつつある。私もその説に従っておく。

大王は神にしませば……　天皇号の採用と前後して、「大王《おおきみ》は神にしませば」という歌が作られ始めたことは、たいへん興味がある。

　大王は神にし坐《ま》せば赤駒《あかこま》の腹ばふ田井《たゐ》を京師《みやこ》となしつ

　大王は神にし坐せば水鳥の多集《すだ》く水沼《みぬま》を京師となしつ

の二首が『万葉集』にみえるが、いずれも壬申《じんしん》の乱後の歌で、とくに前者は壬申の乱に参加した大伴御行《おおとものみゆき》の作と伝えられる。

反乱に成功して皇位についた天武《てんむ》が、いままでのどの天皇（大王）よりも大きな権力をもったことが、この歌からうかがわれる。また戦《いくさ》の過程で、蘇我《そが》・巨勢《こせ》・中臣《なかとみ》などの有力氏族が力を失ったことも、天武の地位を強大なものとした。大和の朝廷も、天武朝には、長い伝統をもつ畿内《きない》豪族連合政権の性格が弱くなり、天皇の独裁的な権力が強まった。その権力により、天武は左右大臣や御史大夫《おおきものもうすつかさ》をおかず、有力豪族の代表を政治の補佐とするという慣行を打ちきり、鸕野《うの》皇女を皇后に立てて相談相手とし、政治を親裁した。また壬申の乱に功の大きい高市《たけち》皇子やその他の皇族を重く用い、草壁《くさかべ》皇子・大津《おおつ》皇子が成長してくると、政治に参与させた。このような政治を皇親《こうしん》政治といい、天武朝の特色とされている。

そうした天武天皇を宮廷の人々が神と仰いだのは、もっともなことである。「大王は神にしませば」という言葉は、そののちも柿本人麻呂《かきのもとのひとまろ》などによって歌い継がれた。

兵制の整備　天武《てんむ》天皇は大きな権力を握ると、それを背景にして国家体制の整備に努めた。まず壬申の乱の経験に照らして、中央の軍事力の強化を図った。天武四年（六七五）に兵部省《ひょうぶしょう》の前身である兵政官《つわもののつかさ》の長官と次官を任命するとともに、朝廷に仕える初位《そい》以上の官人に武器を備えることを命じ、天武八年（六七九）には馬をも用意させ、同年、迹見《とみ》駅（奈良県桜井市）で上級官人の閲兵《えつぺい》を、翌年、長柄《ながら》の森（南葛城《かつらぎ》郡）で中・下級官人の閲兵を行った。おそらくこの時期に、のちの五衛府《ごえふ》（左右兵衛《ひょうえ》府《ふ》・衛門府《えもんふ》・左右衛士府《えじふ》）の制が準備されたのであろう。天武十三年（六八四）に天武は「凡《およ》そ政《まつりごと》の要《ぬみ》は軍事《いくさのこと》なり」と詔《みことのり》しているが、それは天武の本心であり、天武朝の政治の特質である。

地方の兵制《へいせい》では、当時は民衆を徴発して軍団を編成するところまで進んではいなかった。兵役と労役とは未分化で、朝廷は必要に応じて国司に命じ、兵士を集めたと思われる。その兵士の徴募をスムーズに行うためには、国造《くにのみやつこ》など、かつての地方豪族のもっていた軍事権を取り上げることが必要である。

しかし一方的に地方豪族の権利を奪うだけでは、彼らの不満が高まる。天武は、地方豪族の権利を制限する一方、彼らの一族の子弟が、下級の武官や文官として朝廷に出仕する道を開いた。従来からも大王家と関係の深い豪族は、年若い時期に舎人《とねり》として大王に仕えるという慣行があったが、それを広く全国の豪族に対して認め、また舎人以外の分野にも進めるようにしたのである。

官制の充実と位階六十階の制定　それは官制の充実にみあう処置でもあった。さきに兵政官《つわもののつかさ》のことをみたが、天武《てんむ》朝にはこのほか、法官《のりのつかさ》・理官《おさむるつかさ》・民官《かきのつかさ》・刑官《うたえのつかさ》・大蔵《おおくら》の五官、兵政官と合わせて六つの役所が成立したが、これは大宝令《たいほうりょう》制の式部《しきぶ》・治部《じぶ》・民部《みんぶ》・刑部《ぎょうぶ》・大蔵《おおくら》・兵部《ひょうぶ》の六省の前身をなすもので、前代に比べて官司制度はたいへん発達した。しかしそれを運営するためには、多数の官人がいる。地方豪族の子弟の出仕を認めるのは、官制整備のためにも必要なことであった。

任用した官吏については、毎年勤務成績を調べ、位階を進める制度も作られた。ただし完全な能力主義ではなく、氏族としての地位の上下も加味して昇級が決められるのであるが、世襲を原則とする氏姓制度はすでに大きく揺らいでいた。

天武天皇は天武十年（六八一）に至って、ついに律令《りつりょう》の編纂《へんさん》に着手した。この年二月、天武は鸕野《うの》皇后とともに浄御原宮《きよみはらのみや》の大極殿《だいごくでん》に行き、皇族と諸臣を召して、律令を制定することを宣したのである。しかし、律はもちろん、令も天武朝には完成しなかったが、四年後の天武十四年（六八五）には、諸王（皇族）以上十二階、諸臣四十八階、計六十階の新位階制が施行された。

これはのちに完成する飛鳥浄御原令の位階制であるが、従来の二十六階制より刻みが多くなったこと、諸王と諸臣の位階を区別したところに特色がある。前者は官制の発達と対応する。後者は皇族にも位を与えて皇族間の序列を明らかにし、統制を図るという意味があるが、皇族も天皇に仕える官吏であることを明確にする目的もあったのであろう。

伊勢神宮と天武帝の結びつき　天武《てんむ》天皇は中国の制度を採り入れて官制を整え、律令《りつりょう》の編纂《へんさん》にも着手する一方、宗教についても関心が深かった。

天武は「神にしませば」とうたわれたが、彼自身、古来の神々をたいせつにした。天武三年（六七四）に忍壁《おさかべ》皇子を石上《いそのかみ》神宮に遣わして神宝をみがかせ、天武四年以後はほとんど毎年、大和の竜田《たつた》の風の神と広瀬《ひろせ》の大忌神《おおいみのかみ》をまつり、天武十年（六八一）には全国のおもな神社の建物を修理させている。各地の神々を敬《うやま》い、さらにそれを天皇の支配下におくことによって、地方の民衆の心をとらえようとしたのであろう。

なかでも天武がとくに崇《あが》めたのは、伊勢《いせ》神宮である。乱の終わった翌々年、天武は娘の大伯《おおく》皇女を斎宮《いつきのみや》として、伊勢神宮に仕えさせている。

『日本書紀』では垂仁《すいにん》天皇の時、皇女倭姫命《やまとのひめみこ》が天照大神《あまてらすおおみかみ》を大和から移して、伊勢の五十鈴《いすず》川のほとりにまつったのに始まるとするが、伊勢神宮はもと伊勢地方の神で、大和の大王家がそれをまつるようになったのは、五世紀後半以後、大王家が本格的に東国地方に進出し始めてからと推定される。そしてそのころから、伊勢神宮の神が皇祖神《こうそしん》の天照大神と同じとされるようになったのであろう。壬申《じんしん》の乱では、伊勢神宮を奉ずる伊勢の豪族が大海人皇子に味方し戦功が大きかった。そのために、天皇家と伊勢神宮の結びつきが強くなり、伊勢神宮が天照大神をまつる最も重要な神社となった、と私は考えている。

仏教の保護と史書の編纂　天武はまた仏教への関心も深かった。天武二年（六七三）に飛鳥に高市大寺《たけちのおおてら》を創立し、政府の手で造営を進めた。これはのちに大官大寺《だいかんだいじ》と名を改め、天武九年（六八〇）創建の薬師《やくし》寺と並んで官の大寺となった。また飛鳥寺や川原《かわら》寺などの大寺にも経済的援助を与えるなど、天武は仏教を奨励し、ついには天武十四年（六八五）に、「諸国、家ごとに仏舎《ほとけのおおとの》を作り、礼拝供養せよ」

という詔《みことのり》まで出したが、一方では、僧正《そうじょう》・僧都《そうず》・律師《りつし》からなる僧綱《そうごう》の制を定め、仏教界の統制も図った。

仏教を保護・奨励しながら監督する、というのが律令《りつりょう》政府の仏教政策の基本原則であるが、その原則は天武天皇の時に成立したといってよい。それが「国家仏教」のあり方である。この時代には、金光明《こんこうみょう》経《きょう》・仁王経《にんのうきょう》など護国思想をもつ経典が重んぜられた。

この時期の文化的事業として注目されるものに歴史書の編纂がある。和銅《わどう》五年（七一二）に成った『古事記』の序文によると、舎人《とねり》の稗田阿礼《ひえだのあれ》を助手として、諸家に伝わる帝紀《ていき》（天皇の系譜の記録）と旧辞《きゅうじ》（歴史的な伝説・物語）をまとめ、定本を作る仕事をしたという。また『日本書紀』には、天武十年（六八一）に川島《かわしま》皇子らの皇族・官人一二名に命じて帝紀と上古の諸事を記定させたとある。両書とも天武朝には完成しなかったが、奈良時代の『古事記』と『日本書紀』のもととなった。

歴史の編修は、朝廷に仕える氏族の功績の評価にも関係する。天武天皇は天武十三年（六八四）に従来の多くの姓《かばね》を整理して、八色《やくさ》の姓の制を作ったが、現実に氏族のもつ勢力と過去の歴史を勘案して制定したものと思われる。真人《まひと》・朝臣《あそみ》・宿禰《すくね》・忌寸《いみき》・道師《みちのし》・臣《おみ》・連《むらじ》・稲置《いなぎ》の八種が八色の姓である。

3　大津皇子の死

天武天皇の悩み　天武天皇の政治は、ほぼ順調に進行した。治世のはじめには、天武四年（六七五）に麻績《おみ》王を因幡《いなば》（鳥取県）に流し、翌五年（六七六）には筑紫大宰《つくしのおおみこともち》の地位にあった屋垣《やかき》王を土佐（高知県）に流すなどの事件があり、政情必ずしも平穏でなかったことが知られるが、以後は政界の波も静まり、天武の絶大な権威のもとに国家体制は着々と整った。

しかし天武天皇にも悩みがあった。後継者の問題である。天武には史上に名のみえるだけでも、男子が一〇人いた。その中には天武五年生まれの舎人《とねり》皇子のような壬申《じんしん》の乱後に生まれた幼い皇子もあるが、それらを除外して天武朝の後半までに成年に達した皇子をかぞえると、つぎの四人がいる（カッコ内は皇子の母）。

高市《たけち》皇子（胸形君徳善《むなかたのきみとくぜん》の女《むすめ》、尼子娘《あまこのいらつめ》）
草壁《くさかべ》皇子（鸕野《うの》皇女）
大津《おおつ》皇子（大田《おおた》皇女）
忍壁《おさかべ》皇子（宍人臣大麻呂《ししひとのおみおおまろ》の女、檝媛娘《かじひめのいらつめ》）

年からいえば高市皇子が最年長で、壬申の乱の時に一九歳となっていた。乱での功績も大きい。しかし母が九州の豪族胸形氏の出身で、身分が低い。天智天皇が伊賀《いが》の豪族の娘を母とする大友皇子を跡継ぎにして失敗した前例を思うと、高市皇子を皇太子にするのは無理である。同じ理由から、忍壁皇子も適格性を欠く。母の檝媛娘の出身の宍人臣は、おそらく畿内《きない》の氏族であろうが、中流以下の小豪族で、忍壁が皇位につくのはむずかしい。

草壁皇子と大津皇子　それで天武の皇子のうちから皇太子を選ぶとなると、皇女を母とする草壁皇子か大津皇子のどちらかである。二皇子の母の鸕野《うの》皇女と大田《おおた》皇女は、ともに天智《てんじ》天皇の娘である。その点では両皇子に甲乙はつけにくいが、大津皇子の母の大田皇女は、大津を産んで数年後に病没したのに対し、草壁を生んだ鸕野皇女は終始天武の側近に仕え、天武の即位とともに皇后となった。その点、草壁皇子が有利であり、年齢も草壁のほうが大津より一歳の年長で、天武五年（六七六）には一五歳に達していた。

外的条件はこのように草壁がよいのだが、才能は大津のほうが優れていたようだ。『懐風藻《かいふうそう》』（奈良時代に作られた漢詩集）の大津皇子の伝には、

状貌魁梧《じょうぼうかいご》（姿形が大きくりっぱ）にして器宇峻遠《きうしゅんえん》（器量が雄大である）、幼年より学を好み、博覧にしてよく文を属《つく》る。壮に及びて武を愛し、多力にしてよく剣を撃つ。

とある。姿も勇ましく、大人物の器量があり、文武両道に優れている、というのである。ほめすぎのようだが、『日本書紀』にも大津の才能をほめたたえた文章があり、かなりの人物であったにちがいない。

順序からいえば草壁だが、天武はなかなか決断が下せなかった。彼は大津のほうを、よりいっそう愛していたのだろう。

吉野の誓い　天武八年（六七九）五月、天皇は鸕野《うの》皇后をはじめ、草壁《くさかべ》・大津《おおつ》・高市《たけち》・川島《かわしま》・忍壁《おさかべ》・芝基《しき》の六皇子を従えて、吉野に行幸した。皇子たちの順序は『日本書紀』の記述に従ったのだが、これが宮中での順列であったのだろう。六皇子のうち川島と芝基（志貴）は天智の皇子で、川島の母は忍《おし》海造《ぬみのみやつこ》色夫古娘《しこぶこのいらつめ》、芝基の母は越道君《こしじのきみ》伊羅都売《いらつめ》である。六人の皇子はすべて母を異にする兄弟と従兄弟《いとこ》である。

天武は吉野についた翌日、皇后と六人の皇子を呼び集め、「今後永久に平穏無事がつづくよう、誓いを立てようではないか」といった。草壁皇子は第一番に進みでて、「私たちはみな母を異にするが、天

皇の勅《みことのり》に従って、たすけあおう」と天地の神々に誓った。ほかの五人の皇子たちもつぎつぎに同じように誓い、天皇は襟《えり》を開いて六人の皇子をかき抱くようにし、「おまえたちはみな母が違うが、これからは同じ母から生まれたように、いとしく思うぞ」といい、「もしこの誓いに背いて、別《わ》け隔てをすれば、私の身を滅ぼすだろう」と誓いを立てた。皇后もまた、同じように誓った。

吉野はいうまでもなく壬申の乱の策を練った思い出の地であるが、なぜその地でこのような事々しい誓いを立てたのだろうか。天武や鸕野《うの》皇后の心のうちはわからないが、皇子のうちだれを皇太子に立てても、あとのものは皇太子と力を合わせ、仲違《なかたが》いを起こさない、ということをはっきりと約束させたかったのであろう。それくらい、天武は後継者問題に慎重であった。壬申の乱の中心人物としては、無理からぬことである。

後継者の資格　皇后や皇子たちの思いはさまざまであろうが、皇位の継承者をいつまでも決めずにおけば、疑心暗鬼を生んで、政局の動揺を招きかねない。吉野の誓いの年、天武《てんむ》八年（六七九）に草壁《くさかべ》皇子は一八歳、大津《おおつ》皇子も一七歳である。すでに政治にも関与できる年ごろになっている。

天武十年（六八一）二月、天皇は決断を下して草壁を皇太子に定めた。草壁を採った理由のひとつは、天武が大津の性行にやや不安を感じたからではなかろうか。『懐風藻《かいふうそう》』の大津皇子伝は、さきに挙げた文につづいて、

性頗《すこぶ》る放蕩《ほうとう》、法度《ほうど》に拘《こだわ》らず、節を下して士を礼す。是《これ》によって人多く付託す。

と記す。性格は勝手気儘《かってきまま》で、規則に拘泥《こうでい》しない、それでたいへん人気がある、というのである。戦国乱離の世ならともかく、これからは律令《りつりょう》の制を整え、法制に則《のっと》って政治をしていこうという時代には、不

向きの性質といわざるをえない。彼が当時、宮廷で容姿と才能をもてはやされていた石川郎女《いしかわのいらつめ》という女性に想《おも》いを寄せて、贈答した歌が『万葉集』にのこっているが、彼の文才と性行をしのばせるものがある。

対する草壁の性格は、史料がなくてわからないが、おそらく穏やかな貴公子であったと思われる。機略には欠けても、母の鸕野《うの》が後見《こうけん》をするかぎりは安心と、天武は考えたのであろう。その草壁の立太子が、天武十年二月、天皇・皇后が大極殿《だいごくでん》に出て律令制定を詔《みことのり》したのと同じ日に公表されたのは、興味がある。草壁の両親は、律令を完備して草壁の治世を守り、草壁が律令制的な天皇となることを期待したのであろう。

草壁は立太子とともに、正式に政治に参与したが、二年のちの天武十二年（六八三）二月に、「大津皇子、始めて朝政《みかどのまつりごと》を聴こしめす」（『日本書紀』）ことになる。草壁に並んで、大津も天武の政治に加わるのだが、これは近江朝廷で、大海人《おおあま》皇子が天智の政治をたすけていたところへ、大友皇子が太政《おおまつりごと》大臣《のまえつぎみ》に任命されたのによく似ている。鸕野皇后はそれを思いだして、草壁の前途を心配したにちがいない。

なぜ天武がこのような処置をとったのか疑問だが、大津のような抜群の才能と人望のある人物を、いつまでも政治に加わらせないでおくことも危険であったからかもしれない。しかしそれは、鸕野の大津に対する警戒心を高めさせ、大津の没落をもたらす原因のひとつとなった。

磐余の池と二上山　天武十五年（六八六）は、赤い雉《きじ》が現れたので朱鳥《しゅちょう》と年号を改めるが、五月ごろから天皇は病床についた。寺社への祈願、天下の大赦《たいしゃ》、諸国での大解除《おおはらえ》など、病気平癒《へいゆ》のための手段が尽くされたが、病状はしだいに悪化し、ついにこの年九月九日に天武は世を去った。年は五六歳と推定される。

殯宮《もがりのみや》（死体の仮安置所）が浄御原《きよみはら》の宮の南庭に設けられ、天皇の死を弔う盛大な殯宮の儀が営まれた。その儀礼が執《と》り行われている時、十月二日に大津《おおつ》皇子の謀反が発覚し、皇子と大舎人中臣臣麻呂《おおとねりなかとみのおみまろ》・巨勢《こせの》多益須《たやす》・新羅《しらぎ》僧行心《こうじん》ら三十余人が捕らえられた。そして翌三日、皇子は磐余《いわれ》の池（奈良県桜井市）に近い訳語田《おさだ》の地で処刑された。初冬の風の冷たい夕暮れであった。

皇子は「金烏《きんう》（太陽のこと）西舎に臨み、鼓声《こせい》短命を催《うなが》す。泉路《せんろ》（死者の国のこと）賓主《ひんしゅ》なく、この夕《ゆう》家《べ》を離れて向かう」の漢詩一編と、

百伝《ももつた》ふ磐余《いはれ》の池に鳴く鴨《かも》を今日のみ見てや雲隠《くもがく》りなむ

の短歌一首をのこし、二四歳の若さで世を去った。妃《きさき》の山辺《やまのべ》皇女は、はだしであとを追って殉死した。「見る人皆歔欷《なげ》く」と『日本書紀』は記している。大津の漢詩と短歌は、大津に同情する後人の作とする説もある。

ともに捕らわれた三十余名に対する処分は意外に軽い。大津に反逆を勧めたという沙門《しゃもん》行心と、従者の礪杵道作《ときのみちつくり》とが流されただけで、ほかはすべて赦免《しゃめん》され、中臣臣麻呂・巨勢多益須などは三年後に政界に復帰している。このことから、大津皇子の謀反がどこまで事実であったのか疑われてくる。皇子の言動に多少不穏の廉《かど》があったのを理由にして、作り上げられた謀反事件ではなかったろうか。そうした言動を密告したのは、天智の子の川島《かわしま》皇子らしいが、それを採り上げて大津を処刑したのは、鸕野《うの》皇后であろう。彼女はわが子草壁《くさかべ》の安全のために、ライバルの大津を抹殺《まっさつ》したのである。

皇子の遺骸は二上山《ふたかみ》に葬られ、皇子の姉の大伯皇女《おおく》はつぎの歌を詠《よ》んで不運の弟の死を弔った。

現身《うつそみ》の人なる吾《われ》や明日よりは二上山を同母弟《いろせ》とわが見む
石《いそ》の上《へ》に生ふる馬酔木《あしび》を手折《たを》らめど見すべき君が在《あ》りといはなくに

4　持統天皇と藤原京

持統即位の背景　天武天皇の葬儀は盛大に行われた。それは大津皇子の事件によって引き起こされた宮廷の動揺を静めるのにも、役だったと思われる。

葬儀の主要な行事は、天皇の遺体を収めた殯宮《もがりのみや》の前で皇族・百官が「誄《しのびごと》」という弔詞を述べ、種々の歌舞を奏することであるが、誄では、人々は天武の徳をたたえ、真心をもって朝廷に仕えることを誓ったのであろう。鸕野《うの》皇后は殯宮の儀礼を利用して、皇族・官人の忠誠心をかきたて、結束を固めて、偉大な帝王の没後の空白を乗りきろうとしたのである。

殯宮の儀が天武の死の直後の朱鳥《しゅちょう》元年（六八六）九月から二年三か月という長期にわたって営まれたのち、天武は飛鳥の大内陵《おおうちのみささぎ》に葬られた。この間、政界は大津皇子の変のほかは、鸕野の思い通り平穏に推移した。しかし政治には思いがけないことが起こる。葬儀が終わって、いよいよ即位の予想された皇太子の草壁《くさかべ》皇子が、二八歳の若さでその翌年（六八九年）四月に急逝《きゅうせい》した。草壁には妃の阿閇《あへ》皇女（天智の娘。のちの元明《げんめい》天皇）との間に生まれた軽《かる》皇子があったが、まだ七歳にしかなっていない。そして一方、天武の男子にはこの時三六歳の高市《たけち》皇子、三〇歳前後の忍壁《おさかべ》皇子など、適齢の皇子が控えている。このままでは皇位の継承に相当の紛糾は免れないであろう。

その恐れを断《た》ち切ったのが鸕野の決意である。皇太后《こうたいごう》の地位にあった彼女は、みずから皇位につく意志を固めた。先例は彼女の祖母の皇極《こうぎょく》天皇である。皇極も夫の舒明《じょめい》の死後、皇位についた。違うのは、皇極は将来自分の生んだ中大兄皇子の即位するのを期待しての皇位の継承であったのに対し、鸕野は直系の孫である軽皇子に位を伝えたいための即位であった。

飛鳥浄御原令の施行　草壁《くさかべ》の死の翌年（六九〇年）の正月、鸕野《うの》皇太后は、物部麻呂《もののべのまろ》が大盾《おおたて》を樹《た》て、中臣大嶋《なかとみのおおしま》が天神寿詞《あまつかみのよごと》を読み、忌部色夫知《いんべのしこぶち》が剣・鏡を奉る、という荘重な即位の儀式を行って、天皇となった。これが持統《じとう》天皇である。四六歳であった。この年が即位の元年だが、ふつう天武《てんむ》の没した朱鳥《しゅちょう》元年のつぎの年（六八七年）を持統元年とし、即位の年を持統四年としている。

女帝ではあるが、吉野での苦しい隠栖《いんせい》生活から壬申の乱を経て、浄御原朝廷での十数年の間、天武をたすけてきた持統である。「深沈《しめやか》にして大度《おおきなるのり》」がある、つまり考え深くて度量が大きいと『日本書紀』も持統の性格を評している。彼女は単に中継ぎのためだけに立った天皇ではなかった。

即位に先だつ持統三年（六八九）六月、諸司に令一部二二巻が班《わか》たれた。天武十年（六八一）以来編《へん》纂《さん》が進められていた「飛鳥浄御原令」の実施に踏みきったのである。近江令《おうみりょう》の存在が疑わしいとすると（一九五ページ参照）、これが日本における最初の総合的法典である。父天智と夫天武の遺志を継いだ法典の公布をもって、持統は自分の政治のスタートを切ったといえる。

さてこの浄御原令の内容であるが、令自体は失われ、逸文《いつぶん》ものこっていない。ただ大宝律令《たいほうりつりょう》の完成を記した『続日本紀《しょくにほんぎ》』の大宝元年（七〇一）八月条に、「大略《おおよそ》、浄御原朝庭をもって准正《じゅんせい》（基準）と為《な》す」

とあり、その巻数も一一巻で、浄御原令二二巻の、二巻を一巻とした巻数であることから、大宝令にかなり似ているのではないかと考えられている（後記　浄御原令と大宝令の関係についてのこの記事は、『続日本紀』の編者の誤解によるもので、検討を必要とするという異論もある）。

律令体制への基礎作り　実際、持統朝に施行された諸制度と大宝令の制とを比べると、似ているところが多い。たとえば、戸籍は浄御原令《きよみはらりょう》の戸令に基づいて持統四年（六九〇）に作られ、その年の干支《えと》にちなんで庚寅戸籍《こういんこせき》とよぶが、以後六年ごとに造籍が行われ、大宝二年（七〇二）の大宝令による戸籍につづく。庚寅戸籍も実物はのこっていないが、大宝令の戸籍の原型となったと思われる。租税の制も、大宝令制は調《ちょう》・庸《よう》を個人別に徴収するのを特色とするが、租税の個人別徴収は浄御原令の制に始まるようである。

中央の官制では、いちばん上に太政大臣《おおまつりごとのまえつぎみ》、その下に左《ひだり》・右大臣《みぎのおおまちぎみ》、さらに大・中・少の納言《ものもうすつかさ》をおいている。大宝令制では、中納言《すけのものもうすつかさ》がなくなるが、およそは同一である。また大宝令制の八省に対応する官司として、浄御原令には八官の制があったとも推定されている（六官とする説もある）。地方制度では、持統朝の実情からいって、浄御原令に国《くに》・評《こおり》・里の制が規定されていたことは確実で、これは、大宝令の国・郡・里の制とほぼ同じものである。

もちろん、さらに細かくみていくと違う点はいろいろある。たとえば浄御原令の大・中納言は、天皇の秘書ないし侍従《じじゅう》に似ており、政策の決定にも参与する大宝令の大納言とは性格が違うこと、大宝令では官司の規模の大小や性格によって、官《かん》・省《しょう》・職《しき》・寮《りょう》・司《し》・台《だい》などの別があるが、浄御原令では官と職の別しかなかったらしいこと、税制の基本的税目が、大宝令では租・調・庸であるが、浄御原令では租・調・役《えき》であること（庸は物納を原則とするが、役は力役を原則とする）、などいくつも差異があったことは確かである。

しかしそれにしても、中央集権・公地公民の体制は、この令の実施によってほぼ整ったといえる。古代国家がいちおうの完成をみたのである。

藤原の都　浄御原令の施行と並ぶ持統天皇の大きな仕事は、藤原京《ふじわらきょう》の建設である。新京の造営は天武天皇も計画し、使いを出して候補地の視察などもさせていたが、着手するには至らなかった。大事業なので、ためらっていたのであろう。持統はこの点でも夫の遺志を継いで、即位の年から具体化に取り掛かった。

京の地は耳梨《みみなし》（耳成）・天香具《あめのかぐ》・畝傍《うねび》の三山に囲まれた平野である。天皇は持統四年（六九〇）に百官を従えて検分し、持統五年（六九一）十月に地鎮祭《じちんさい》を行い、十二月には早くも右大臣《みぎのおおまちぎみ》以下の官人と王族に宅地を賜っている。造営の工事はすでに始まっていたのだろう。それには莫大《ばくだい》な労働力を必要とし、その調達にいろいろの問題があったであろう。歌人の柿本人麻呂《かきのもとのひとまろ》が天香具山のふもとで死者を見て、

草枕《くさまくら》旅のやどりに誰《た》が夫《つま》か国忘れたる家待たまくに

と詠《よ》んだことが『万葉集』にみえるが、その死人は京の造営に地方から都へ召しだされた農民が、故郷へ帰る途中に行き倒れたのかもしれない。

しかし全体としては、大きなトラブルが起こったような史料はのこっていない。持統の巧みな政治力によって、造都の業はほぼ順調に進んだのであろう。持統八年（六九四）十二月、新京への遷都が挙行された。土地の名をとって藤原京という。

京と宮城の位置や規模については、戦前では昭和九年（一九三四）から、戦後では昭和四十一年（一九六六）からの発掘調査で明らかになった。

それによると、京は奈良盆地の中央を南北に走る下《しも》つ道を西の京極《きょうごく》、その東約二・一キロメートルを南北に走る中つ道の南への延長線を東の京極、奈良盆地南部を東西に走る横大路を北の京極とし、東西約二・一キロメートル、南北約三・二キロメートルの広さをもつ。宮城は、京の中央、北寄りに約一キロメートル四方の正方形の地を区画し、堂々たる大陸風建築の大極殿《だいごくでん》や十二朝堂《ちょうどう》を備え、四方へ一二の宮城門を開く。統一国家にふさわしい偉容を備えた都城であった（後記　藤原京の規模や都市計画については、かつては上記の説が定説とみなされていたが、その後の調査・研究により、この説は修正され、新説が成立している。一二七ページおよび本巻「あとがき」4節参照。二〇〇八年記）。

軽皇子の立太子　皇位継承の問題は、その後意外な展開をみせた。持統天皇は即位の年（六九〇年）の七月に高市《たけち》皇子を皇太子に準ずる太政大臣《おおまつりごとのまえつぎみ》に任じた。草壁《くさかべ》皇子が皇子尊《みこのみこと》とよばれたのに対し、高市皇子は後皇子尊《のちのみこのみこと》とよばれているから、皇太子と同じ待遇を受けていたのではないかと思われる。持統はいったん高市に皇位を伝え、高市から軽皇子に皇位を譲ってもらうような密約を結んでいたのではなかろうか。

仮にそうであったとしても、高市から軽への皇位の継承が持統の願い通りに運ぶかどうか、心もとない話である。そのことを思うと、持統の胸は休まらなかっただろう。ところが藤原《ふじわら》遷都の二年のち、持統十年（六九六）の七月に、高市皇子が太政大臣の現職のまま逝去《せいきょ》した。

政治上信頼できる補佐役を、にわかに持統は失ったわけだが、同時にそれは愛する孫の軽皇子を、自己の後継者に指名するチャンスの到来でもある。期待に彼女の心は躍ったにちがいない。

しかし慎重な持統は、おもだった皇族・重臣を宮中に集めて、後継者の問題を協議する会議を開いた。出席者にはそれぞれの思惑《おもわく》があって会議は難航した。とうとう大友皇子の子の葛野王《かどの》が進みでて、「わが国では子孫相承して皇位を嗣《つ》ぐのが神代《かみよ》よりの法である。だれが皇太子にふさわしいかは決まっている」と述べた。持統直系の孫の軽皇子が適任である、というのである。しかし、子孫相承が神代からの法であるというのは事実ではない。天武天皇の皇子の一人の弓削《ゆげ》皇子が立ち上がって反対しようとしたが、葛野王は叱《しか》りつけて、黙らせてしまった。持統の意図に反した主張をすれば、災いが自分の身に及ぶことに弓削皇子も気がついたのであろう。こうして軽皇子は、皇太子に立つことと決まった。

5　大宝律令の制定

文武天皇の即位　軽《かる》皇子の立太子の記事そのものは『日本書紀』にはないが、持統《じとう》十一年（六九七）二月に東宮職《とうぐうしき》の長官の大傅《おおきかしずき》と、春宮坊《とうぐうぼう》の長官の大夫《つかさのかみ》が任命されたことがみえる。東宮職も春宮坊も皇太子のことを処理する役所だから、このころに立太子が行われたと考えてよい。そしてこの年七月の末に、宮中の百官たちが天皇のために造営した仏の開眼《かいげん》供養が、藤原《ふじわら》京の薬師寺《やくしじ》で催された。

持統天皇はその盛大な法会《ほうえ》を花道として、二日のちの八月一日に、位を一五歳の皇太子に譲った。文《もん》武《む》天皇の治世がこれから始まるのである。しかし、太上《だいじょう》天皇（上皇ともいう）となった持統が政治から引退したのではない。彼女は若い天皇をたすけて政治に与《あずか》った。そのことは、これから一〇年後に即位した元明《げんめい》天皇の即位の宣命《せんみょう》に、「持統天皇は天《あめ》の下の業《わざ》を文武天皇に授け、二人並んで天の下を治めた」という意味のことが記されているのでわかる。持統は自分がまだ衰えないうちに軽皇子を即位させて、後見してやろうと考えたのであろう。

こうした思いの持統をたすけて文武の即位の推進に努めたのが、藤原不比等《ふじわらのふひと》である。鎌足《かまたり》の次男で、持統十一年に三九歳、宮廷での地位はそれほど高くないが、かつて草壁《くさかべ》皇子の信任を得、皇子は死ぬまえに愛用の黒作りの太刀《たち》を形見《かたみ》として不比等に与えた。おそらく遺児軽皇子の将来を頼んだのであろう。その後不比等が軽皇子にどのように仕えたかは不明だが、いろいろと策を講じたにちがいない。それは軽の即位が成就した時、草壁遺愛の黒作りの太刀を軽に献上していることでわかる。

軽の即位に努力したことで、不比等はまた持統の信任をも得た。鎌足が死に、一族の中臣金《なかとみのこがね》が壬申《じんしん》の乱ののち斬首されてから、しばらくなりをひそめていた藤原氏が、再び政界に翼《つばさ》をのばす足場を、こうして不比等は築いたのである。

『続日本紀《しょくにほんぎ》』によると、文武天皇には三人の妃《きさき》のあったことがみえるが、その筆頭は不比等の娘の藤原宮子《みやこ》で、あとの二人は紀竈門娘《きのかまどのいらつめ》と石川刀子娘《いしかわのとねのいらつめ》である。この結婚の成立（入内《じゅだい》）によって、文武朝における不比等の栄進が保証されたといってよい。

大宝律令の編纂・施行　文武《もんむ》朝の課題は、天武《てんむ》・持統《じとう》の二代でほぼ完成した律令体制を、より堅固なものに仕上げることであった。そのためには、制度のいっそうの整備が必要である。天武天皇が編纂に着手した律令のうち、令は飛鳥浄御原令《あすかきよみはらりょう》として実施されているが、不備も少なくない。律は未完のままで、必要がある場合は唐律《とうりつ》を借用しているという状態である。文武天皇は即位後まもなく、新律令の作成に着手したらしい。

文武四年（七〇〇）三月に、「諸《もろもろ》の王臣に詔《みことのり》して令文を読み習い、また、律条を撰成《せんせい》せしむ」と『続日本紀《しょくにほんぎ》』にみえるのは、新しい律令の編纂の進行していたことを語るものである。そしてそれから三か月後の同年六月に、刑部《おさかべ》（忍壁《おさかべ》）親王・藤原不比等《ふじわらのふひと》以下一九人の官人たちが、「律令を撰定」した功により、褒賞《ほうしょう》を受けている。この時点で、律令は完成していないまでも、完成の見通しがついていたと思われる。

さて編纂の人々であるが、筆頭の刑部親王は天武の皇子で吉野の誓いにも姿をみせる忍壁皇子と同一人物である。彼は持統朝には不遇で、一時史上から姿を没している。おそらく皇位継承の問題に関係して、持統に疎まれたためだろう。しかし、文武の即位が実現したために政界に復帰できた。この段階では天武の皇子中最年長で、朝廷に重きをなす人物である。

律令編纂の中心になったのは、もちろん不比等であるが、刑部親王を編纂事業の総裁にすえたのも、彼の才覚であろう。どうかすると、反文武勢力の中心になりかねない刑部親王を、不比等は自分の味方に引き入れたのである。

のこりの一七人のうちに、渡来人系の人物が伊岐博徳《いきのはかとこ》・薩弘恪《さつこうかく》ら九人もみえるのがめだつ。中国の文物の摂取には、まだ渡来人系の人々に頼らねばならないことが多かったのである。

こうして完成した律令のうち、令がまず文武四年の翌年、大宝元年（七〇一）六月に「凡《およ》そ庶務はもっぱら新令に依《よ》れ」の勅《みことのり》で実施に移され、同日使者が七道に遣わされ、新令の施行が布告された。律はやや遅れて、大宝二年（七〇二）二月に「天下に頒《わか》」たれた。これで律・令並び行われたわけだが、同年十月に「律令を天下に頒ち下す」という記事（『続日本紀』）もあるので、全面的な施行はこれ以後であるかもしれない。それはともかく、ここに日本の古代国家は制度的にも完成したのである。

大宝律令の特色　さきにも述べたように、令は国家の政治に関する各種の法制、律は刑法である。浄《きよ》御《み》原《はら》律がすでに存したとする説があるが、大宝に至ってはじめて律・令並び備わったとする説に従いたい。

これにより、二官《かん》八省《しょう》二職《しき》一六寮《りょう》三〇司《し》と一台《だい》（弾正台《だんじょうだい》）から成る中央の官制、正《しょう》一位から少初位《そい》下に至る三〇階の位階制、左右京および国・郡・里から成る地方制度、五衛府《ごえふ》と各地の軍団から成る軍事組織、また刑法・司法・租税・土地利用・度量衡《どりょうこう》・婚姻の制から宗教・葬儀に至るまで詳細な規定ができあがった。いまそのいちいちについて述べるいとまはないが、律令社会の基礎となる戸籍・班田収《はんでんしゅう》授《じゅ》と租税について概略を記しておこう。

戸籍は六年ごとに作られ、戸主以下家族の全員の姓名・性別・年齢・戸主との続柄《つづきがら》を記す。これが六年ごとに行われる班田収授の台帳になる。班田収授の制では男子一人当たり二段《たん》（約二〇アール）、女子はその三分の二の一段一二〇歩《ぶ》の口分田《くぶんでん》が支給される。ただし六歳未満の者は支給されない。

租税は、租・調・庸と雑徭《ぞうよう》が主要なものである。租は田に課せられる税である。一段につき二束《そく》二把《わ》で、上田《じょうでん》の場合、収穫の約三パーセントに当たる。当時の上田一段の収穫は、現在の枡《ます》にして約一石（約一八〇リットル）である。調・庸・雑徭は成年男子に課される人頭税《にんとうぜい》で、調は絹や布・海産物など土地の産物を納め、庸は年に一〇日間都で働く代わりに布や米を納め、雑徭は国司の命令によって、年六〇日を限度として土木工事などに従事する労役である。このうち租は主として地方政治の財源に、調・

庸は中央政府の財源に充てられた。

　このような基礎のうえに律令国家の支配組織がそびえ立つ。その中心に位置するのが、天皇とそれを取り巻く貴族層である。つぎに天皇と貴族の権力について述べよう。

天皇の権限と貴族の特権　律令には天皇の権限については、詳細な規定はないが、立后《りっこう》・立太子《りったいし》や左右大臣・大納言《だいなごん》を含め八省の卿《かみ》、衛府《えふ》の督《かみ》など主要な官司の長官の任命、五位以上の高級官人の叙位などは天皇の詔《しょう》（大事に関する「みことのり」）または勅《ちょく》（日常小事の「みことのり」）で行われることが定められている。天皇の権力が非常に大きいことはこれでわかる。

　しかし一方、詔書を発布するにあたっては、大納言以上の最高級官人が副署することも定められており、天皇がかってに詔を出せるのではない。勅書は手続きが簡単で、中務省《なかつかさ》の長官（卿《かみ》）と次官（輔《すけ》）および大弁《だいべん》官の役人の副署だけでよいが、重要なことは詔書で宣するのが決まりである。また、太政《だいじょう》大臣・左右大臣・大納言は、太政官の首脳部を形成するが、祭祀《さいし》や財政・人事・軍事などの重要事項について会議を開き、決定事項を天皇に上奏することができる。そして、天皇はこれを拒否することは困難であったと思われる。天皇の権力はここでも制約を受けているのである。

　この太政官の会議の構成員は、はじめは五、六人であったが、のち中納言と参議《さんぎ》とがあらたに設けられて（令外の官）参加し、一〇人内外となった。おおむね畿内《きない》の有力氏族の代表者が、一氏族から一人ずつ選任されるのが原則で、大化以前の大和朝廷が、畿内豪族の連合政権として成立した伝統が、律令政治の中に存続したものといわれる。

　これら最有力の氏族を含めて、畿内の有力氏族出身の官人には五位以上の位階をもつ者が多いが、位階をもてばその位階に相当する官職を与えられることが令で定められている。これを官位相当の制という。また五位以上の位をもつ者の子と、三位《さんみ》以上の位をもつ者の子と孫とは、二五歳になると、父祖の位階に対応した一定の位階に叙せられるという特権をもつ。これを蔭位《おんい》の制という。有力氏族は、この官位相当の制と蔭位の制とによって、代々ひきつづいて高い位と官とをもち、支配階級の地位を維持することができたのである。

文武天皇から元明天皇へ　大宝元年（七〇一）正月元日、大宝令施行に先だって、天皇は大極殿《だいごくでん》に出向き、盛大な拝賀の儀式を行った。「文物《ぶんぶつ》の儀《ぎ》ここに於《おい》て備われり」と『続日本紀』は記している。大宝の年号はこの年三月に、対馬《つしま》より金が献上されたのにちなんで定められ、文武五年が大宝元年となったのだが、以後年号を用いる風はつづいて、今日に及んでいる。大宝令による新官位への切り換えは、この三月より施行され、太政官の首脳部は、左大臣多治比嶋《たじひのしま》、右大臣阿倍御主人《あべのみうし》、大納言《だいなごん》石上麻呂《いそのかみのまろ》・藤《ふじ》原不比等《わらのふひと》・紀麻呂《きのまろ》の陣容となった。

同年五月、三二年ぶりに遣唐使の派遣が計画され、粟田真人《あわたのまひと》が特命全権大使に相当する遣唐執節使《けんとうしゅうせつし》に任命された。彼は翌大宝二年（七〇二）に出発し、二年後に使いを果たして無事帰国した。

持統太上天皇は、久しい願望であった律令の完成・施行をみとどけ、大宝二年十二月に没した。その遺骸は一年に及ぶ殯《もがり》ののち、火葬され、夫天武《てんむ》の眠る大内陵《おおうちのみささぎ》に合葬《がっそう》された。これが天皇の火葬のはじめである。

持統の死後、刑部《おさかべ》親王は知太政官事《ちだいじょうかんじ》に任ぜられ、藤原不比等とともに政界の中心人物となったが、その刑部も慶雲《けいうん》二年（七〇五）に死に、さらに文武天皇も慶雲四年（七〇七）六月に世を去った。まだ二五歳の若さで、皇后宮子《みやこ》の生んだ首親王《おびと》（のちの聖武《しょうむ》天皇）はようやく七歳である。草壁《くさかべ》皇子が死んだあと、六歳の軽《かる》皇子（文武）がのこされた状況によく似ている。その時は、草壁の母の持統が即位したが、この時は、文武の母の阿閇《あへ》皇女が即位した。これが元明天皇だが、孫の首親王の成長を待って譲位するつもりであったと思われる。

文武の死の翌年（七〇八年）正月、武蔵国《むさしのくに》より銅が献上された。天皇は詔《みことのり》を下し、これは吉兆であるとして、年号を和銅《わどう》と改めた。日本最初の貨幣である和同開珎《わどうかいちん》（珎は珍に同じ。ただし宝の略字とする説もある）は、この年に発行されたと考えられる。天武朝以来、すでに何度も鋳造されていたとする意見もあるが、確証はない（後記　一九九七年以降に、明日香村飛鳥池遺跡より「富本《ふほん》」と刻んだ銅銭が出土し、本邦最古の貨幣と考えられている）。

Ⅲ　大和朝廷と地域社会

吉備の首長の墓と考えられる造山古墳

一　吉備氏と古代国家

1　なぜ吉備氏を語るか

関心が高い吉備　古代国家の成立過程とか法隆寺の美術とか、または『万葉集』というような課題でしたら、相当多くの方が関心を持たれるだろうと思いますが、吉備氏のような地方の豪族について、お金を出してわざわざ聞きにこられる方はどのぐらいあるのか、と思っておりましたら、ちょうどこの部屋に好い加減来ていただいて、驚いております。

前の週の土曜と日曜は鳥取と松江へ行って、そこの博物館や風土記の丘の主催の講座で話をしてきましたが、そういうところへ来ておられるのはほとんど男の方です。両会場とも二〇〇人ぐらい集まれましたが、九〇パーセントぐらいは男の方で、女性の方はほんとうにわずかでした。大阪のこの会では、女性の方のほうが男性より多いですね。やはり大阪の女性は解放されているということになると思います。松江でも鳥取でも感想を聞かれて「こっちは女の方が少ないですね、大阪のほうでは逆ですね」といったら、「へえ、そうですか」とびっくりされました。

今日の話には多少女性の問題が加わってまいります。吉備氏の反乱とかかわる星川皇子の乱は、女性問題がはじまりです。しかし、吉備氏の反乱の話は四、五年前に、こちらで話をして、それが『エコール・ド・ロイヤル古代日本を考える』という学生社から出版された本の第二巻（『古代日本の争乱』）に収録されています。吉備氏を取り上げる以上、そこでお話ししたことと多少は重複しますが、できるだけダブらないようにお話をしようと思います。

盛んな吉備をめぐる研究　前にお話をしたときは、その話の内容を論文としてまとめて間もないころでしたが、それが私の『古代史の窓』（学生社）という論文集に掲載されるころに、岡山大学に転勤することになりました。妙な縁だなと思ったのですが、岡山大学で三年勤めて、三年目の一九八三年の秋、岡山大学の日本史の初代の教授だった藤井駿先生の七七のお祝いに、記念論文集『岡山の歴史と文化』という書物を現在の岡山大学の日本史の教授の吉田晶さんが中心になり、私もいささかお手伝いして作りました。

臣のカバネを持つほど強力な吉備氏　その論文集に、私は「吉備の渡来人と豪族」という題の論文を書きました。主として鉄と渡来人の問題を考えてみたものです。この論文で考えたことを中心にして、今日のお話をしようと思っているわけです。

前回は四、五年前ですから、お聞きになった方は少ないかと思いますが、そこでは主として吉備氏と大和政権の関係、とくにどんなに吉備氏が大和政権に重んぜられていたか、また吉備氏の反乱がどのような意味を持っていたか、ということをお話しいたしました。

そのとき、吉備氏が強力であったということの証拠として、天皇家と婚姻関係を持っている度数が地方豪族では例外的に多いということと、海外、あるいは国内に派遣された将軍で吉備氏から出ている者がかなりあったと伝えられているということ、それから、臣《おみ》という姓《かばね》を持っている地方の豪族は少なくて、ふつう臣という姓を持っているのは葛城《かずらぎ》とか平群《へぐり》とか、春日《かすが》、蘇我《そが》といったような大和を中心として大和政権を構成している有力豪族に多い、地方豪族で臣を持っている出雲臣《いずものおみ》、吉備臣は例外的な存在である、それだけこの両氏は重要視されたのだというようなことを申したわけです。

2　渡来人の製鉄技術

いつ鉄生産は始まったか　そのときも申しましたが、この吉備氏の強力な地位を支えているものとして、やはり鉄の問題があろうかと思いますので、最初に鉄のことをお話ししたいと思います。ただ、考古学のほうでは日本における鉄の生産がいつから始まったかということについて、じつはまだ結論が出ていないようです（後記　この講演をした後、鉄のわが国での生産は六世紀とする説が有力になってきたようにみえたが、二〇〇二年刊の田中琢・佐原真両氏編『日本考古学事典』〈三省堂〉をみると、「鉄」の項に「砂鉄を原料とする日本の鉄生産がどこまでさかのぼるのか、古墳時代説と弥生時代説があって決まらない」〈桑原文蔵氏〉とあり、現在もまだ決定していないようである）。

早くみる方は、弥生時代の後期から日本で鉄の生産が始まっているだろうといわれ、以前はこれがほぼ通説的なところであるかと思います。弥生時代の前期、中期は石器がまだだいぶ使われていて、いわゆる金石併用期ですが、弥生時代の後期になると石器が激減いたします。石鏃は残りますが、石庖丁のような弥生時代を代表する石器はなくなってしまって、鉄鎌にとって代わられます。

したがって、弥生の後期には鉄が大量に使われている、それを輸入だけに頼っていたのではそういう急激な変化は起こりにくいのではないか、という考えです。日本国内でも鉄が造られるようになったので、石器の使用が激減してくるのだろうということです。

それでは、鉄を生産するタタラの痕跡があるかというと、弥生時代ではまだ確実なものは発見されていないようです。だからいわば状況証拠だけで、直接の物証がないのであります。古墳時代に入りますと、鉄の精錬をしたと思われる跡は、中国地方（山陽、山陰）でたくさん発見されていますが、年代判定がむずかしいのです。製鉄遺跡から、年代を判定する材料になる須恵器《すえき》などが出てくればいいのですが、なかなかそういううまいぐあいにいきません。

そこで、科学的に鉄の鋳造や鍛造を研究する冶金工学のほうの研究が進められていますが、その方面では、日本における鉄の生産は案外遅れる、五世紀ごろまでの日本で発見される鉄の刀などを分析して調べてみると、中国で造られた可能性がたいへん多いという意見が出されています。

しかし、五世紀には一つの古墳から鉄刀など、鉄製武器が二〇〇本、三〇〇本と出る場合があります。一〇センチ以上の大型の鏃なども含めますと、小さな陪冢《ばいちょう》から鉄器が一〇〇〇以上も出てくる例もあります。それがはたしてぜんぶ大陸からの輸入によるものかというと、それもちょっと考えにくい。

ですから、少なくとも古墳時代に入るころには、輸入もないことはないけれども、日本で鉄器の生産が始まっていたのではないか、というのが学界の有力説のように私は考えています。私はその方面が専門ではありませんので、多少考えちがいがあるかもしれませんが、いちおうこのように考えて話を進めさせていただきます。

文献による鉄の伝来　ただ、鉄は最初は朝鮮の鉄が日本に持ちこまれてきたらしいことについて、文献的にいくらか材料があります。有名な『三国志《さんごくし》』の東夷伝《とういでん》の弁辰条《べんしんじょう》には、次のようなことが書かれています。弁辰は加羅《から》、日本では任那《みまな》といっている地方です。

それは、「国、鉄を出す。韓《かん》・濊《わい》・倭《わ》皆従いてこれを取る」というところです。倭については、東北大学の井上秀雄さんのように、朝鮮半島にいた倭だというお説もありますが、やはり北九州あたりの倭人が海を渡って取りに行ったと、考えるべきであると思います。もちろん取りに行ったといっても、物々交換でもらってくるのでしょう。

濊《わい》は、朝鮮の東北地方から昔のことばでいえば北満・東満の地域（中国東北の北部・東部）にいた北方系の民族、韓は朝鮮南部にいたいわゆる韓族で、のちに百済《くだら》や新羅《しらぎ》をかたちづくっていく人民だと考えていいと思います。

『日本書紀』の古い部分は伝説的なことが多く、どこまで信用していいかわかりませんが、有名なのは神功皇后《じんぐうこうごう》の四十六年に、百済の肖古王《しょうこおう》が五色の綵絹《いろどりのきぬ》一匹と角で作った弓や矢とともに、鉄鋌《ねりがね》四〇枚を日本に贈ったという記事があります。

肖古王は『日本書紀』にしばしば出てまいります。『古事記』では照古王と書いて、この王のとき、百済から博士王仁《わに》に論語《ろんご》・千字文《せんじもん》をつけて日本に貢上したと記しています。肖古王は実在した百済の王ですが、論語・千字文の話はあまりあてになりません。

ウワナベ古墳出土の鉄鋌の謎　ところで、戦後まもなく末永雅雄先生の調査で、奈良市の西にある佐《さ》紀《き》盾列古墳群《たてなみこふんぐん》の中にあるウワナベ古墳の陪冢の小さい方墳から、大小二種類の鉄鋌《てってい》が約八〇〇枚出土しました。その古墳のあったあたりが戦後アメリカの進駐軍のキャンプになって、道をつけるか、建物をこしらえるかで、小さい古墳が破壊されることになり、アメリカ軍のキャンプ内に入って調査が行なわれましたが、その古墳に大和六号墳という名前がつけられています。

この古墳から出土した鉄鋌が、肖古王のときに送ってきた鉄鋌四〇枚だというわけにはいきませんが、たぶん朝鮮から入手した良質の鉄を副葬したものだろう、とその当時からいわれていました。現在はこれははたして朝鮮から持ってきたものか、日本国内で生産したものかという結論はまだ出ていないようですが、こういう『日本書紀』の記事などをみますと、良質の鉄が朝鮮から日本に運ばれてきたことは事実と思います。

国内の鉄生産の中心は中国地方　しかし、それで日本の鉄がぜんぶ賄われていたのではなくて、少なくとも、五世紀の段階では日本国内でも鉄生産が行なわれており、その中心をなしたのは中国地方とみていいのではないかと考えます。

中国地方の砂鉄生産ということがよくいわれますが、この地方が古代における日本の鉄生産の中心地域で、それを押さえていたのが吉備氏であると常識的にいわれていますが、私もそのように考えております。

鉄生産における渡来人の技術　そうなると、技術の問題が出てまいりますが、製鉄や鍛冶の技術は渡来人によって伝えられたと考えられます。『日本書紀』の神功五年のところに、葛城襲津彦《かずらぎのそつひこ》が新羅に行って俘人《とりこ》を連れてきたと書かれています。

このような記事は今日問題になっています。日本は四世紀の末から五世紀にかけて実際にどれぐらい朝鮮に勢力を及ぼしていたか、朝鮮から捕虜を日本に連れて帰ったという伝えははたして事実かどうか、これはむかし日本は新羅を支配していたという伝説や、『日本書紀』が編纂される八世紀において、日本が新羅を支配したいという欲望にもとづいて作られた話で、このまま事実として認めるべきではないという意見が強くなっていますが、『日本書紀』によると、このとき新羅から連れてきた俘人《とりこ》たちが、今の葛城《かずらぎ》の地域の桑原《くわはら》・佐糜《さび》・高宮《たかみや》・忍海《おしぬみ》という四つの邑《むら》にいる漢人《あやひと》の祖であるということが出ております。

佐糜というのは、このばあいは濁ってサビですが、サヒは鋤《すき》または刀を意味することばであって、新羅の技術者が渡来人として日本にやってきて、葛城・忍海の地方に住みついて、大和政権のために製鉄に従事していたということは認めていいのではないか、ただし、俘人として来たのではなく技術者として渡来したのだ、と私は考えておりますが、だいたいそれが現在のところ有力説になっているかと思います。このことは、日本における鉄生産に渡来人の与えた力が大きかった、ということを示していると考えられるわけです。

忍海部造細目の活躍　忍海というのは、もとの忍海郡の地域で、葛上《かつじょう》（南葛城）郡・葛下《かつげ》（北葛城）郡のあいだに、忍海《おしみ》郡という小さな郡がありました。いま御所《ごせ》市と高田市の間に新庄町という町がありますが、あの辺になるかと思います。そのあたりに製鉄技術者が住みついて、製鉄に従事していました。

その技術者を部《べ》として組織して忍海部《おしぬみべ》と呼んでいたと思いますが、忍海部はやがて各地に広がり、製鉄技術を各地に伝えたようです。『日本書紀』の清寧《せいねい》二年の条や顕宗《けんぞう》前紀には、播磨《はりま》の明石郡に忍海部《おしぬみべの》造細目《みやつこほそめ》という人のことが見えています。

播磨の明石郡の北が美嚢郡（昔はミナギ郡と読んでいたようですが、いまはミノウ郡といっております）で、いまは明石郡とは別ですが、もとは明石郡に含まれていました。もとの明石郡のうちの美嚢郡の地に縮見屯倉《しじみのみやけ》（志深屯倉）というのがあって、忍海部造細目というのはこの屯倉の首《おびと》（管理人、支配者）であります。

雄略天皇のあと清寧天皇が位につきますが、清寧天皇に子どもがなくて跡継ぎが問題になったときに、履中《りちゅう》天皇の孫にあたる億計《おけ》・弘計《をけ》の両皇子が、忍海部造細目が管理している縮見屯倉に身を寄せているということがわかって、大和に両皇子を連れて帰って、清寧天皇の次の顕宗・仁賢《にんけん》とのちになって呼ばれる両天皇になったという話があります。

この二人のお父さんは市辺押磐《いちのべおしいわ》皇子で、市辺押磐皇子は履中天皇の子どもです。つまり、履中天皇の孫で播磨に身をかくしていた皇子が中央に返り咲いて、天皇となったという物語であります。

製鉄の神を祭る神社と鉱脈の分布　この話はどこまで事実かわかりませんが、ここに忍海部造細目という人が出てきます。私は細目というのはおもしろい名前だと思います。なぜかというと、製鉄とか鋳物の神様は片目の神様が多いからです。『延喜式《えんぎしき》』には神祇官《じんぎかん》の祭祀を受ける神社、つまり官社が二〇〇〇社以上、神名帳《しんめいちょう》に列挙してありますが、その中に、天目一《あめのまひとつ》神や天一神玉《あめひとつかんたま》神というおもしろい名の神がいます。天目一神は多可郡、天一神玉神は多可郡より西のほうの佐用郡に鎮座しています。佐用郡は播磨国のいちばん西北で、多可郡はそれより東で、播磨の中央北寄りのほうですが、そこにこういう神社があります。

これは、たぶん製鉄の神様だろうと思います。中国筋の砂鉄の鉱脈は岡山県で終わるのではなくて、播州に続いていて、『播磨国風土記《はりまのくにふどき》』を見ますと、讃容郡（佐用郡に同じ）からその隣の宍禾郡《しさわ》（『風土記』では宍禾郡、『延喜式』では宍粟郡）にかけて、鉄を産すという記事が点々と出てまいります。

中国山脈の砂鉄の鉱脈が兵庫県まで続いているのです。その山の中にこういう神社がありますが、刀などを鍛えるばあいには刀がうまくできたかどうかを片目をつぶって見ますし、トンカチトンカチやっているうちに、火花で目をつぶす機会が多いということで、鍛冶の神、製鉄の神は一つ目の神となったと思われます。天目一神はそういう神です。一つ目小僧は、鍛冶の神の衰退したものといわれています。細目というのは、火花を避けるために目を細くする、または刀などのでき具合を見るために目を細める、ということから来た名でしょう。

私は『兵庫県史』の仕事で佐用郡に行ったときに、『延喜式』の天一神玉神社といわれる天一《あめのひとつ》神社に参詣しましたが、手水鉢《ちょうずばち》が変わっていて、目玉の形にくり抜かれています。手を洗おうとすると、その目玉の中へ柄杓《ひしゃく》を突っこむことになり、なんだか気味の悪い感じがしたことを憶えています。

億計・弘計の両皇子返り咲きの背景　話が横へそれましたが、『播磨国風土記』には、忍海部造細目に相当する人物として志深《しじみ》の村の首《おびと》、伊等尾《いとみ》というのが出てまいりますが、イトミはイトメのなまったものではないかと思います。細い目のことを糸のような目と申しますので、細目はすなわち糸目《いとめ》です。こういうふうに天目一神社とかかわらせて考えてみますと、忍海部は大和の忍海とかかわりがあり、製鉄技術者の集団かと思われます。

美嚢郡（明石郡）は中国山脈がほとんどなくなってしまうところですから、そこで砂鉄を生産したかどうかはわかりませんが、やはり製鉄関係の仕事をやっていて、縮見屯倉というのも鉄生産に関係のある屯倉ではないかと思います。そこに身を寄せていたということは、億計・弘計の両皇子は製鉄とかかわりを持っていて、その勢力をバックにして大和へ返り咲くことができたのではないかというのが、私の顕宗・仁賢の問題についての解釈です。

少し解釈のしすぎかもしれませんが、この二人の人物がとくに縮見屯倉の忍海部造細目の庇護下にあったということは、何かそういうふうな事情を思わせるものがあります。

3　吉備を支えた渡来人

名簿に残る渡来人　このように渡来人による製鉄技術ということを考えますと、吉備の地方にはどういう渡来人がいたか、ということを調べる必要が出てまいります。それを調査したのが、資料1「備中国の渡来人」の表1・2です。1は「備中国大税負死亡人帳」という名前の天平十二年に作られた帳簿を史料としています。当時の日本には古代の農業生産と結びついて出挙《すいこ》という制度がありましたが、それに関係する帳簿です。

農民にとっては米ができた秋は生活が豊かだけれども、翌年の春になって種まきをするときになると、秋にはゆたかだった米も、少なくなってきます。そこで政府が、直接には各地域の国司が、そのとき稲を農民に貸し出します。農民はそれを借りて、種まき、田植をすませ、秋になって返還しますが、そのときは五割のかなり高い利子がつきます。三割に減少されたときもあります。これが出挙の制で農民は生活が維持できますし、国も利子をとって財政が豊かになります。律令国家成立以前にもこのような制

〔資料１　備中国の渡来人〕

表１「大税負死亡人帳」の渡来系氏姓

郡	郷	里	戸主又は房戸主	戸　　口
都　宇	建　部	岡　本	（丸部得麻呂）	西漢人志卑売
〃	河　面	辛　人	秦人部稲麻呂	秦人部弟嶋
〃	撫　川	鳥　羽	（上道臣意穂）	服部首八千石
〃	〃	〃	史戸置嶋	史戸玉売
賀　夜	庭　瀬	三　宅	忍海漢部真麻呂	
〃	〃	山　崎	忍海漢部得嶋	忍海漢部麻呂
〃	大　井	粟　井	東漢人部刀良手	
〃	阿　蘇	宗　部	西漢人部麻呂	
〃	〃	磐　原	史戸阿遅麻佐	西漢人部事元売

備考　窪屋郡美和郷に「氷人麻呂」と人物がみえる．あるいは渡来系かもしれないが，氷連は物部連（石上朝臣）と同祖の伝承をもつ（姓氏録）ので，上の表からは除いた．史料（「大税負死亡人帳」）に「戸」とあるものは房戸主と判断した．

表２　渡来系氏姓の比率

郡	全人数 A	渡来系 B	B/A
都　宇	15	6	0.40
窪　屋	24	0	0.00
賀　夜	33	7	0.21
計	72	13	0.18

備考　表１にみえる渡来系氏姓についての統計．窪屋郡には渡来系の氏姓がみえない．

度があり、それによって豪族も自分の地位を安定させ、自分の持っているものを有効に回して増収を図ったと思います。

律令国家が成立すると、その貸出し制を律令政府がやるわけです。かつて地方豪族がやっていた出挙の権利を政府が取り上げて、政府がやるわけですが、出挙の稲のことを大税《たいぜい》といっております。春に大税を貸してもらって、秋に返すまでに死んだ人の名簿が「大税負死亡人帳」ですが、なぜそういう名簿を作るかというと、出挙とか大税の支出というのは、社会政策の意味を持っているというのが建て前ですから、死んだ者からは取り立てないというのが原則なので、死んだ者の名簿を作って元本、利子の返還を免除したわけです。

天平十二年の備中国の「大税負死亡人帳」も完全には残っておりませんが、ある意味では、その地方の人民の氏・姓を知るためには戸籍の代わりをしてくれます。そこでその中に、渡来人はどういう人たちがいるかということを調べてみました。渡来人以外の者ももちろんいますが、わりあい渡来人が多いのです。都宇《つう》郡と賀夜《かや》郡の分が残っていますが、備中国では都宇郡はわりあい備前寄りで、賀夜郡は都宇郡の少し北です。

それによると、都宇郡の建部《たてべ》郷岡本里の戸主丸部得麻呂の戸口に、西漢人《かわちのあやひと》がおり、河面《かわも》郷の辛人《からひと》里(辛人里というのですから、この里全体が朝鮮からの渡来人によってできていたのかもしれません)の戸主に秦人部《はたひとべ》、撫川《なでかわ》郷鳥羽里の戸主上道臣意穂の戸口に服部首《はとりべのおびと》、同じ郷里の戸主に史戸《ふひとべ》、賀夜郡の庭瀬郷の三宅《みやけ》里の戸主に忍海漢部《おしぬみのあやべ》、同じ郷の山崎《やまざき》里の戸主にも忍海漢部、戸口に忍海漢部、大井郷粟井里の戸主に東漢人部《やまとのあやひとべ》、阿蘇郷宗部里の戸主に西漢人部、同郷磐原里の戸主に史戸、その戸口に西漢人部、といった氏姓が知られます。

備中に多い渡来人　「大税負死亡人帳」で知られる全人口は、都宇郡が一五人、窪屋郡が二四人、賀夜郡が三三人で、その中に出てくる渡来人の人数を勘定すると都宇郡が六人、賀夜郡が七人です。窪屋郡には渡来人らしい名前は一人も見えません。合計すると、七二人のうち一三人が渡来人系です。

〔資料2　備前国の渡来人〕

表1　備前国の渡来系氏姓（1）

郡	郷	姓名	出典
藤野		忍海部与志	続日本紀，神護景雲3年6月
邑久	旧井	秦勝小国	平城木簡概報，15
〃	積梨	(戸主)秦造国足(戸口)秦部国人	宝亀5年3月勘籍
上道	揭勢	秦部犬養・秦部得万呂	平城木簡概報，6
〃		秦春貞(白丁)	三代実録，仁和元年12月
児島	賀茂	三家連乙公	平城木簡，1—323
(不明)		韓部広公(直講博士正六位上)	続後紀，天長10年8月

表2　備前国の渡来系氏姓（2）

姓名	出典
漢部阿古麻呂	阿古麻呂解，収税解B
書直麻呂(税長)	阿古麻呂解，人夫解
漢部古比麻呂(徴部)	阿古麻呂解，収税解A
桉作部千紲	人夫解，収税解A
漢部真長	人夫解，収税解A
漢部大楯	収税解A

備考　宝亀5年11月23日付「津高郡漢部阿古麻呂解」を「阿古麻呂解」，宝亀7年12月11日付「津高郡人夫解」を「人夫解」，同年同月同日「津高郡収税解」を「収税解A」，宝亀8年正月18日付「津高郡収税解」を「収税解B」とそれぞれ略称した．

もちろん、漢人という氏を称しているからといって、それが渡来人とは限りません。在来の日本人で、渡来人と婚姻関係になるとか、一種の親方・子方関係の同族関係に取り入れられるということで、こういう名前を称したばあいがあるので、これがぜんぶ渡来人だとはいえませんが、少なくとも、渡来人の影響下にある人たちといってよいと思います。したがって、一〇〇分の一八、二割ぐらいは渡来人、または渡来人とかかわりのある人がいたというのですから、備中国には相当渡来人がいたといえると思います。

秦が多い備前　それでは、隣の備前国はどうでしょうか。岡山と縁の少ない方は、備前といっても、備中といっても、備後といっても、それはいったいどこかということになると思いますが、岡山市は備前に属します。「わたしゃ備前の岡山育ち、米のなる木をまだ知らぬ」という歌にある通りです。岡山がだいたい備前の西の端で、岡山のちょっと西が備中です。岡山の南に児島半島があります。児島湾の西の端は備中で、いまは児島から備中へ陸続きでゆけますが、もとの児島は備前国児島郡です。

その東寄りの備前でみると、秦《はた》以外もありますが、秦がわりあい多いのです。藤野郡に忍海部、邑久郡に秦勝《はたのすぐり》・秦造・秦・秦部がいます。出典は前ページの資料2をみて下さい。上道郡には秦部・秦、児島郡には三家《みやけ》連、津高郡には桉作部《くらつくりべ》・漢部・書直《ふみ》がいます。津高郡にはいまのところ秦関係の史料はありませんが、備前ではいちばん西寄りで、備中にほとんど接しています。備前と備中の境目は、はっきりとした自然的なものはなくて、かなり人為的に作られています。それはともかく、秦が多いのが備前の特色です。

備後は、備前・備中とはちがい、備中との間に山がずっと連なったりして、自然的境界がはっきりしています。そのためかどうか、備後は備前・備中から切り離されて、いまは安芸国と一緒になって広島県になっています。ここには渡来人の史料はいまのところ見つかりません。そのほか『続日本後紀』によると、郡はわかりませんが、備前に韓部がいます。

これらの史料のなかには、平城出土の木簡によるものがわりとあります。備前には「大税負死亡人帳」のようなまとまった史料はありませんが、木簡は比較的多くて、どういうわけか備中や備後国の木簡はほとんど出てまいりません。出てきても、渡来人の名前が出ている木簡は少ないのです。

そのほか『続日本紀』に、邑久郡新羅邑久浦（シラギムラノヒサウラとも読めるが、シラギノオオクノウラと読むのであろう）という地名があります。やはり新羅とかかわりのある所でしょう。

美作《みまさか》国の渡来人関係の史料は少ないのですが、美作国久米郡に秦豊永という人名が見えます（『三代実録』貞観七年十一月条）。美作はもとは備前の一部で、備前国はもと、海岸地帯から中国山脈の山奥深くまでを領域としたのですが、あまり大きすぎて不便だというので、奈良時代の初めの和銅六年ごろに、六つの郡を切り離して美作国をつくっています。

秦の出身は新羅　いままで見てきたように備前国は秦系が多いのですが、秦は出身は新羅ではないかといわれています。漢《あや》にもいろいろありますが、忍海漢などというのは新羅系のようです。先ほど申したように、新羅の捕虜を連れて帰ったのが、桑原・佐糜・高宮・忍海四邑の漢人らの始祖と『日本書紀』に書かれています。捕虜云々は疑問ですが、新羅系の漢もあったようです。

しかし、倭漢氏《やまとのあやうじ》は応神天皇のときに百済から渡来した阿直使主《あちのおみ》の子孫だといわれているように、漢は一般的にいって百済系のほうが多く、それに対して、新羅系を代表する渡来系氏族は秦氏《はたうじ》であるといわれています。

聖徳太子の側近に従っていた人物に秦河勝《はたのかわかつ》という人がいますが、秦河勝が新羅の国から渡ってきた仏像を聖徳太子からもらって、蜂岡寺《はちおかでら》を建てた、これがいま京都の太秦《うずまさ》にある広隆寺《こうりゆうじ》であるといわれています。太秦のあたりは昔の郡名で申しますと、葛野《かどの》郡になるかと思いますが、それと伏見稲荷のある伏見一帯、これは紀伊郡です。つまり山城盆地の西北と東南に秦氏がいた、それは新羅系だろうといわれているわけです。

先ほども申しましたように、備前国には新羅系が多く、備中国には新羅系もいないではないけれども、東漢人部などというのは、おそらく百済系です。西漢人というのも、東漢に対していわれる西文氏《かわちのふみうじ》と同族ではないかと思いますが、百済の肖古王が奉った王仁《わに》氏《うじ》の子孫が、西文氏になったといわれていますから、百済系です。西漢人部などはおそらくその系統であろう、とみていいのではないかと思います。いちおう、そういうふうに大まかに分けてみたいと思います。

播磨にも多い秦　先ほど申しました播磨ですが、播磨は西のほう、つまり備前に接する西播の赤穂郡、あるいはその東隣の宍粟《しさわ》郡、その東の賀茂郡のあたりにやはり秦系の人が多く住んでいました。奈良時代や平安時代の史料から知られています。

赤穂郡には平安前期に大領（郡の長官）秦造内麻呂《うちまろ》がおり、平安時代の中ごろに、秦為辰《ためとき》という有力者がいました。その隣の揖保《いぼ》郡には、奈良時代に秦田村君有礒《はたのたむらのきみありいそ》という人がおり、小宅秦公《おやけのはたのきみ》という氏族がいたという史料があります。賀茂郡には秦人水間《みずま》という人がいました。このように播州の西から備前にかけての地域には、秦系氏族が少なくなかったのであります。

渡来人の製鉄技術と吉備氏　この秦氏と鉄との関係については、平野邦雄氏の詳しい研究があります。それによると、主として奈良時代の史料ですが、鍛冶の鋳工には秦系の技術者が多く、鍛冶の鍛工には漢系の技術者が多いようです。そして鋳工と鍛工の差は、銑鉄を作るか錬鉄を作るかの差で、中国の銑鉄を作る技術がまずわが国に伝えられて倭鍛冶となり、そののち錬鉄を作る技術が伝えられて韓鍛冶《からかぬち》となったとする石川恒太郎氏の説があります。平野氏は、この石川説により、鋳工の技術を持つ秦氏系が倭鍛冶、鍛冶工の技術を持つ漢氏系が韓鍛冶となった、前者は四世紀末ないし五世紀のはじめごろ新羅より渡来、後者は五世紀後半以降に百済より渡来した、という構想を立てられました。

この説のうち、渡来の年代はもう少し下げたほうがよいかもしれませんが、説の大体は従ってよいと思います。

それに従って考えてみますと、まず備前の地方、あるいは播磨の西のほうで、秦氏系の製鉄技術による鉄生産が始まって、これが備前を根拠とする吉備氏の勢力基盤になり、やや遅れて備中のほうに漢氏系の技術による鉄生産が始まり、この地域の吉備氏が勢力を高めてきた、というようなことを考えることができるのではないかと思います。

4　反乱伝承を持つ吉備の豪族

吉備の豪族　一方、吉備の豪族を考えてみますと、有力なものがいくつか挙げられますが、七世紀以降の歴史でも活躍するのは上道《かみつみち》氏と下道《しもつみち》氏と笠《かさ》氏です。おそらく、かつていちばん有力なのは上道と下道で、そのほか加夜《かや》氏とか苑《その》氏とか吉備の一族はいくつにも分かれますが、上道氏は備前の吉備氏を代表し、下道氏は備中の吉備氏を代表する氏族と考えていいかと思います。
この両氏族はいずれも反乱伝承を持っています。これはこの前の講演でも申したことですが、吉備上道の反乱伝承として有名なのが、つぎにあげる資料3「吉備と葛城氏」という記事なのです。

〔資料3　吉備と葛城氏〕
1　『日本書紀』雄略元年三月条（雄略の后妃）

次有二吉備上道臣女稚姫一。（一本云、吉備窪屋臣女。）生二二男一。長曰二磐城皇子一。少曰二星川稚宮皇子一。（見二下文一。）

2

『日本書紀』雄略七年条（上道臣田狭の婦と葛城氏）

是歳、吉備上道臣田狭、侍二於殿側一、盛称二稚媛於朋友一曰、天下麗人、莫レ若二吾婦一。茂矣綽矣、諸好備矣。曄矣温矣、種相足矣。鉛花弗レ御、蘭沢無レ加。曠世罕レ儔。当レ時独秀者也。天皇、傾レ耳遥聴、而心悦焉。便欲下自求二稚媛一為中女御上。拝二田狭一、為二任那国司一。俄而、天皇幸二稚媛一。田狭臣娶二稚媛一、而生二兄君・弟君一。（別本云、田狭臣婦名毛媛者。葛城襲津彦子、玉田宿禰之女也。天皇聞二体貌閑麗一、殺レ夫自幸焉。）田狭既之二任所一、聞三天皇之幸二其婦一、思三欲求レ援而入二新羅一。

上道氏の反乱伝承　反乱伝承をぜんぶは書いておきませんでしたが、雄略元年三月条によると、雄略天皇のお妃の名前と生んだ子どもの名前がずっと列挙してあって、「次に吉備上道臣の女稚姫《わかひめ》（一本に云はく、吉備窪屋臣の女といふ。）有り。二男を生む。長を磐城《いわき》皇子と曰ひ、少を星川稚宮《ほそかわのわかみや》皇子と曰ふ」という伝えが書かれています。それが資料3の1です。

一本にいうという文中に出てくる窪屋《くぼや》というのは、都宇郡と賀夜郡の間にある郡の名で、備中国のほうになります。上道臣の女であるのか、窪屋臣の女であるのか、両説ありますが、のちに稚媛《わかひめ》の生んだ星川皇子が反乱を企てたとき、上道臣が応援のために兵を出したという伝えがあって、上道と考えたほうがいいようです。

これと関連する伝えが雄略七年条に出てまいります。資料3の2です。雄略七年是歳条に、「俄にして、天皇、稚媛を幸《め》す。田狭臣《たさのおみ》、稚媛を娶《めと》りて、兄君《えきみ》・弟君《おときみ》を生むなり」という記事が出てまいります。田狭は吉備上道臣氏です。稚媛は天皇に幸される前に、吉備田狭臣の妻になっているわけです。

ここだけ読むと、なぜそんなことになったのかわけがわかりませんが、もう少し詳しくその前後の文章を読んでみますと、田狭臣はもと稚媛という妻を持っていて、美人の聞こえが高かったので、自分でもそれを自慢していた、大和の朝廷に出仕したおりに、御殿の近くで自分の妻の自慢をした、それを天皇が聞いていて、そんなに美しい女なら自分のものにしたいと思い、田狭を任那《みまな》の国司に任命し、その留守に天皇は稚媛を呼び出して、それを自分のものにしてしまったというのです。

そうなるまえに、稚媛はすでに田狭の子を二人生んでいます。兄君・弟君という名です。田狭臣は任那に行ってから、自分が故郷に残してきた妻を天皇が寵愛しているということを聞いて、謀反の心を起こして、任那支配を命ぜられていたけれども、任那を捨てて新羅へ行って、新羅と心を合わせて大和の朝廷に反抗したという話になってくるわけです。

その後、天皇は二人の子どものうちの弟君に命じて、父親の田狭臣を討伐に行かせます。これも不自然な話で、子どもに命じて父親を討たせにやるというのは、どこまで事実かわかりませんが、けっきょく弟君は父の田狭を討つことに成功しないで帰ってきます。しかし、帰ってくる途中で人に殺されてしまって、田狭臣を討つのは失敗におわります。田狭臣の最期はわかりませんが、新羅に行って大和朝廷に対し反乱を起こしたという話が伝わっているのです。

稚媛は雄略の寵愛を受けて、磐城《いわき》皇子・星川《ほしかわ》皇子という二人の皇子を生みますが、星川皇子は雄略天皇が死んだあと、雄略のあとを継いで皇位につこうとした清寧《せいねい》天皇に反抗し、自分が皇位につこうとして兵を挙げ、大蔵の官を占拠します。

その話を聞いた上道氏は船四〇隻を用意して救援に出かけますが、大和では上道氏の救援軍が到着する以前に大伴室屋《おおとものむろや》が中心になって、若い清寧天皇を助けて星川皇子を攻め亡ぼします。上道氏はそれを聞いて吉備へ引き上げますが、清寧天皇はその行為を責めて使を遣わし、上道氏の持っていた山部《やまべ》を奪い取ってしまいます。これが上道氏の反乱事件に関する所伝の大要です。

なぜ反乱できたのか　こういうふうにして、上道氏はその後勢力を失ったと思いますが、いま申しあげた反乱事件がどこまで事実かわかりません。これは『書紀』編者が、吉備氏の勢力を削るために作りあげた話であって、こうした反乱事件は、事実としてはたいへん頼りない伝えで信用できないという意見もありますが、反乱事件の伝承ができるぐらい、吉備氏は朝廷に恐れられていた面も一方ではあったのではないかと私は考えています。

そうすると、それはおそらく五世紀ごろに盛んになる秦氏による製鉄事業と関係があることでしょう。上道氏は秦氏と結んで製鉄事業で勢力を得、秦氏が新羅系であるので、上道氏も新羅とかかわりが深くなったと思われます。こう考えると、朝鮮に渡った上道氏出身の田狭が新羅と結んで朝廷に対して対抗しようとしたということも、理解しやすいわけです。

下道氏の反乱伝承　下道臣《しもみちのおみ》については、童話的な反乱事件の伝えしか残っておりません。下道氏の前《さき》津屋《つや》という人が小さな女を天皇に見立て、大きな女を自分に見立てて相撲をとらせた、大きな女が小さな女を投げ飛ばすだろうと思ったら、逆に小さな女が大きな女を投げ飛ばしたので、怒って小さな女を殺してしまった。

その次に鶏を連れてきて、小さな鶏を天皇、大きな鶏を自分であるとして、大きな鶏がとうぜん小さな鶏をけ倒してしまうだろうと思って闘鶏をやらせたところ、こんども小さな鶏のほうが強くて、大きな鶏が逃げていったので、また怒って刀を抜いて小さな鶏を殺してしまった、という話があるわけです。

これは幼稚な話で、いかにも作り話めいていますが、それが朝廷に知れて、前津屋とその一族は朝廷の派遣した物部《もののべ》のために殺されたというのです。これもどこまで信用できるかわかりませんが、備中には物部氏が分布していることは事実です。ですから、あるいは朝廷が備中の吉備氏の勢力を抑えつけるために、物部氏を派遣したという事実があって、それがもとになって、備中の下道氏も天皇に対して叛意を抱いていた、という物語ができたのかもしれません。

「任那日本府」と下道氏

しかし、こういうことで全体的に吉備氏が衰えてしまったわけではなくて、吉備氏の活動は六世紀の史料にもたびたび出てまいります。六世紀の史料ではどこに出てくるかと申しますと、『書紀』の欽明二年、同五年条にいわゆる任那《みまな》の日本府の話と関連して出てくるわけです。

吉備臣がたびたび「任那日本府」の府臣として出ております。このとき「任那日本府」に日本系の氏族として姿をあらわしてくるのが物部連《もののべのむらじ》、河内直《かわちのあたい》、的臣《いくはのおみ》および吉備臣などですが、物部氏がいちばん有力なものとして出てくるようです。しかし、「日本」というのは、七世紀後半以降に用いられることばで、五、六世紀にはまだありませんでした。当時、日本と関係のある役所があったとすれば、「倭府」といっていたのでしょう。任那にある倭国の役所という意味で、近代の朝鮮総督府のような大げさな役所ではありません。

ここにみえる吉備臣は上道か下道かわかりません。ただ、吉備臣とだけ出てくるのですが、私はこれは下道系であると思います。先ほど渡来人のところで申しましたように、下道のある備中には秦系もいないではありませんが、百済系のほうが多いように思われます。

「任那日本府」が、六世紀の半ばから後半にかけての欽明天皇の段階で連絡をとっていたのは百済です。「任那日本府」は問題があるのでかっこをつけておきますが、大和政権のある種の出先機関が任那、いわゆる加羅《から》の国に置かれていたということは認めていいと思います。

したがって、「任那日本府」は百済王の命令も受けており、日本からの命令も受けていますが、日本と百済の連絡の機能を果たしていました。つまり、六世紀に非常に強力になってきた新羅に対抗するという役割を果たしていた反新羅系の機関です。そうすると、備前の吉備氏、つまり上道氏の田狭が少し年代はさかのぼりますが、新羅と結んだのに対して、この吉備氏が下道だとすると、百済とより親密な関係があるので、「任那日本府」に派遣されたということで話が合うのではないでしょうか。

そこで六世紀には、この下道氏が鉄生産の上でも秦系よりもより進んだ生産技術を持って、勢力を振るった、そして外交関係にも関与していたというふうにみていきたいと思います。

5　上道氏の没落と葛城氏

葛城氏とも結んだ上道氏　ところで、上道氏の没落ですが、ただたんに上道氏が反乱に失敗したために失脚した、というだけではなくて、葛城氏《かずらぎうじ》の没落と関係があるのではないかと考えております。そこで、資料3の「吉備と葛城氏」の2の雄略七年是歳条の分注を見ていただきますと、「別本に云ふ、田《た》狭臣《さのおみ》の婦、名毛媛《けひめ》は葛城襲津彦《そつひこ》の子、玉田宿禰《たまたのすくね》の女なり」と書かれています。田狭臣の妻は葛城襲津彦の孫娘であるということです。

そしてこの分注は、つづけて「天皇、体貌閑麗《みなりきらぎら》しとを聞してめして、夫を殺して自ら幸《め》しつ」と書いています。田狭臣を任那国司に派遣するという遠回りなことはしないで、夫、すなわち田狭を殺して、天皇は毛媛を自分のものにしてしまったということになっております。

『日本書紀』は古いいろいろな伝えを按配して書いているので、どちらが事実かわかりません。分注の伝えのほうが本文より古いとしても、それが事実かどうかわかりませんが、吉備上道臣が葛城氏の女と結婚しているという伝えは非常におもしろいと思います。稚媛は資料3の1によると、吉備上道の一族であるということになり、分注の毛媛は葛城氏の一族です。

分注の伝えと本文の伝えと、どっちが正しいか疑問ですが、吉田晶さんは先ほど紹介した論文の中で、両方ともそれぞれ認めていいのではないかといっておられます。つまり、田狭は本国にいるときは同族の稚媛と結婚した、そして朝廷に出仕して大和で生活をしているときに、大和の有力豪族の葛城氏の美しい女と結婚した、と考えればいいのではないか、分注と本文は両方生かせるといっておられるわけですが、私もそういうことは十分ありうると思います。

瀬戸内海も含む葛城氏の勢力範囲　この葛城氏ですが、葛城部の分布をみると、瀬戸内海周辺に多いのです。上道の本拠である備前には、赤坂郡に葛城郷というのがあり、邑久《おく》郡の須恵郷に葛木部小墨《おずみ》という人がいたことが、平城宮出土の木簡にみられます。

備中や備後にはみえませんが、周防《すおう》に行くと、平安時代の延喜八年の玖珂《くか》郡玖珂郷の戸籍に、葛木部乙道ほかの人名がみられます。延喜二年の阿波国板野郡田上郷戸籍に葛木福売ら、讃岐《さぬき》国では平城宮木簡に山田郡海郷の葛木部竜麻呂、寛弘元年の大内郡入野郷戸籍に葛木有町がみられます。伊予《いよ》国では、正倉院蔵の調絁の墨書（天平十八年）に越智郡石井郷に葛木部竜がみえます。

葛城氏は大和盆地の西南部の葛城の地方を本拠にしておりますが、その始祖であるソツヒコは『古事記』孝元記に葛城長江曾都毗古《ながえそつひこ》と呼ばれています。私はこの長江というのは、大和川を意味することばではないかと思っています。淀川は大江でしょう。南河内にある仲哀天皇の陵は「河内恵賀之長江に在り」と『古事記』にみえますが、この長江は大和川を指したものと考えられます。

葛城襲津彦の女の磐之媛《いわのひめ》は仁徳天皇のお妃になりますが、仁徳はいうまでもなく難波《なにわ》の高津宮《たかつのみや》を本拠にしています。仁徳天皇が非常に大きな力を振るいえたのは、摂津から河内にかけての大阪平野を本拠としながら、大和西南部の有力豪族の葛城氏と結んだからです。同時に葛城氏も大和川のルートを通って摂津に進出して、さらに摂津から瀬戸内海に勢力を伸ばしたものと思われます。

なぜ葛城襲津彦が朝鮮に進出できたか　先ほど、新羅の捕虜を連れて帰ったのは葛城襲津彦だと『日本書紀』に書かれていると申しましたが、葛城襲津彦は朝鮮にしばしば出陣したという伝えを持っています。

朝鮮側の史料の『百済記《くだらき》』などに、沙至比跪《そつひこ》というのが出てきています。『百済記』は現在失われていますが、『日本書紀』に引かれています。この沙至比跪は襲津彦のことを指すのだろうと考えられますが、葛城襲津彦が朝鮮に進出できたというのは、大和川を通って難波に出、難波から瀬戸内海に勢力を広げていたからだと思います。

瀬戸内海に勢力を広げるためには、瀬戸内海の重要な港である児島津を押さえなければなりません。のちに大和政権は難波に難波屯倉を設け、北九州でいちばん重要な港である那津《なのつ》、いまの博多に那津官《なのつのみや》家《け》(屯倉)を設け、その中間地点である備前の児島半島に児島屯倉を設けて、瀬戸内海の制海権を握りますが、これは六世紀の話です。そういう屯倉が設定される以前の五世紀では、吉備氏、とくに上道氏と手を結ぶことによって、葛城氏は瀬戸内海から朝鮮に進出することができたのでしょう。

上道氏の没落過程　その葛城氏を滅ぼすのが雄略天皇です。雄略天皇が即位するときに、眉輪《まよわ》王という王子が雄略の兄の安康《あんこう》天皇を暗殺します。その眉輪王を助けたのが葛城円大臣《つぶらのおおおみ》です。眉輪王を攻め滅ぼすとともに葛城氏を滅ぼして皇位についたのが雄略である、と『日本書紀』には伝えられています。そして、ほぼ同じ話が『古事記』にも出ています。

これもどこまで信用していいかわかりませんが、ともかく雄略が専制的な権力を持つためには、かつては大王家の協力者であった葛城氏を倒す必要があったのだと思います。そして雄略――ワカタケル大王――は本拠を河内から大和へ移して、磯城《しき》に宮を造りますが、それと共に、葛城氏と手を結んでいた吉備上道氏が没落していく、という過程をとるのではないでしょうか。

6　吉備に多い渡来人

吉備氏が連れてきた技術者　吉備上道氏はこうして没落したと思いますが、資料3の資料をちょっと見てください。その2の終わりのところに、田狭臣《たさのおみ》が「援《たす》けを求めて新羅に入ろうとした」とありますが、田狭は新羅と結んで、叛を計ります。『書紀』はそれにつづいて、「天皇、田狭臣の子弟君と吉備海部直赤尾《あまのあたいあかお》とに詔して曰はく、『汝、宜しく往きて新羅を罰《う》つべし』」と書かれています。新羅を討って、同時に田狭も討て、という命令を下したわけです。

そしてその次に、「是に、西漢才伎歓因知利《かわちのあやのてひとかんいんちり》、側に在り。乃ち進みて奏して曰はく、『奴より巧《たくみ》なる者、多く韓国に在り。召して使うべし』と」とあります。奴は自分のことを卑下していった言葉で、自分より技術の巧みなものが韓国にたくさんいるので、これを召し出して使うべきであるということを、西漢才伎である歓因知利が天皇に申し出ているのです。

そこで「天皇、群臣に詔して曰はく、『然らば、則ち宜しく歓因知利を以って、弟君等に副《そ》へて、道を百済に取り、幷に勅書を下し、巧なる者を献せしめよ』。是に於いて、弟君命を銜《ふく》み、衆を率て、行きて百済に到る」ということで、この話はなお続きます。弟君は帰る途中で殺されるのですが、これによって漢系の技術者、すなわち百済の技術者を多数日本に連れて帰ったという話が詳しく書かれていま す。

このときに、技術者は桃原《ももはら》（河内または大和）と真神原《まかみのはら》（大和）に安置された、となっていますが、連れて帰ったのが吉備氏の関係者ですから、吉備にも入ったと思われます。

なぜ吉備にも住みついたか　そのばあい、大和政権の権力を背景にして技術者をともなって来たというのですから、ほんらいなら吉備氏が関係した朝鮮系技術者は、ぜんぶ大和朝廷の管理下に入らなければならない道理ですが、当時の大和政権は、そこまで専制的な権力を持っておりませんでした。各地域の豪族の自主性を五世紀や六世紀のはじめごろの段階では、あるていど認めなければならなかったのではないかと思われます。

けっきょく、大和政権と吉備氏との共同によって朝鮮に技術者を求めると、その技術者は大和に入るとともに、一部は大和を介さずに吉備地方に住みつくものもあったのではないか、また、そういう状況を知って、百済から日本にやってくる渡来人には、大和のほかに吉備の地方も自分たちの安住の場所である、と考えるものもあるという状況ではなかったかと思います。

「かや」地名から探る渡来人

吉備地方の郡の中に賀夜《かや》郡（備中）というのがありますが、任那地方のことを伽耶《かや》の地方、あるいは伽耶の国と申しますし、朝鮮側では駕洛というふうにも書いております。いずれも同じ地域で、ヤとラは音通するようです。そのカヤという地名が備中にあるわけです。

そのほか、筑前国志麻郡にも加夜郷があります（「観世音寺資財帳」）。ただし『和名抄《わみょうしょう》』には見えません。玄海灘に面したところで富士山を小型にしたようなきれいな山があり、可也富士と呼ばれています。但馬国気多《けた》郡にも賀陽郷があります（『和名抄』）。

それから、出雲にも神門《かんど》郡朝山郷に加夜里があります（「出雲国大税賑給歴名帳」）。出雲の国引き神話では、新羅の国の一部を切り取って出雲国に引っ張ってきたという話があるように、出雲は朝鮮と関係が深い土地です。出雲も筑前も朝鮮南部と関係が深いのです。これらを考えあわせると、カヤ（加夜・加也等）の地名は伽耶の土地の人が渡来したことによって生まれた可能性が多いと思います。但馬には、新羅王子天日矛《あめのひぼこ》を祭る出石神社があります。

備中の賀夜も、渡来人によってついた名前ではないでしょうか。先に申したように、三三人中七人が渡来人の名前を名乗っています（資料1の表2参照）。このように吉備にはかなり渡来人が多い。渡来した人がぜんぶ製鉄技術を持っていたわけではないとしても、その中に何人かは製鉄技術を知っている人がいたのではないかという気がいたします。

7　下道氏の勢力と鉄生産

『日本後紀』の不自然な内容

もう一つ製鉄に関して申しておきます。資料4の「吉備の鉄」のBは、延暦十五年（七九六）十一月の『日本後紀』で、平安遷都直後の時期の史料ですが、「勅すらく」とあって、「今備前国もと鍬鉄なし。貢調に至るごとに、常に比国（隣の国という意味）に買う。自今以後宜しく鉄を貢することを停《とど》め、絹にあらずんば則ち糸、便に随《したが》いて輸さしむべし」という記事が出てまいります。

これはちょっと考えると妙な話です。勅の内容は、備前国はもとから鍬や鉄を産出しなかった、そのために貢物を奉るときになると、鍬や鉄を奉ることができないので、つねに隣の国から買っていた、それはぐあいが悪いから、これからは鉄を貢することをやめて、絹織物に変えろということです。では備前国にがんらい鉄や鍬がなかったかというと、そういうふうには思われません。

〔資料4　吉備の鉄〕

A　『続日本紀』神亀五年四月条

辛巳（十五日）。太政官奏《ソ》曰《ク》。美作《ノ》国言《ス》。部内大庭真嶋《ノ》二郡。一年之《ノ》内。所《ノ》レ輸《スル》庸米八百六十余斛《ナリ》。山川峻遠《ニメ》。運輸大難《ニナヤミ》。人馬並《ニ》疲《レテ》。損費極《メテ》多《シ》。望《ミ》請《ラクハ》。輸《ス》レ米之《ヲ》重《キ》。換《ヘン》二綿鉄之軽《キニ》一。

B　『日本後紀』延暦十五年十一月条

庚子（十三日）、勅、納レ貢之本、任二於土宜一。物非レ所レ出、民以為レ患。今備前国、本無二鍬鉄一。

毎レ至二貢調一、常買二比国一。自今以後、宜下停レ貢レ鉄、非レ絹則糸、随レ便令上レ輸。

C　『日本後紀』延暦二十四年十二月条

壬寅（七月）、公卿奏議、（中略）又備後国神石・奴可・三上・恵蘇・甲努・世羅・三谿・三次等八郡調糸、相二換鍬鉄一。

ここで資料5を見ますと、1・2の木簡に「備前国赤坂郡周匝郷調鍬十口　天平十七年十月廿日」「上道郡浮浪人調鉄一連」と書かれています。この木簡は、鍬や鉄材につけられていた荷札でしょう。備前産の鉄があったことを直接に証明するものではありませんが、備前国から奈良時代に鉄を貢した資料が二つあるわけです。

〔資料5　備前・備中・備後の木簡と鉄〕

1　備前国赤坂郡周匝郷調鍬十口　天平十七年十月廿日　（『平城木簡』一―三一一）
2　（備前国）上道郡浮浪人調鉄一連　（『平城木簡』二―二八三四）
3　備中国賀夜郡□□□□鉄一連　（『平城木簡概報』四―二〇頁）
4　（表）大井鍬十口
　（裏）九月十日　（『平城木簡』一―三一二）
　（註）備中国賀夜郡に大井郷あり。
5　（備後国）三上郡信敷郷調鍬十口　（『平城木簡』一―三一三）
6　備後国三上郡調鍬壹拾口天平十八年　（『平城木簡』一―三一四）

今までに申しあげたことや製鉄遺跡の存在からいっても、備前国に鉄がなかったということは考えられません。奈良時代の中期である天平年間に、隣の国からわざわざ鉄を買って、鍬を一〇口奉ったとすれば、それはあまりに不自然な話です。鉄のおもな産地であった美作国が、和銅六年四月に備前から独立したことが影響しているかもしれませんが、それなら、そうと書くでしょう。

原始的な鉄生産技術の限界　この問題に関連するのが資料4のA（二五三ページ）で、かつては備前の一部であった美作国に関する資料です。ちょっとおもしろいので読んでみます。その日付は神亀五年（七二八）四月ですから、もう奈良時代に入って二〇年近くたったころです。

「美作国言《もう》す。部内大庭真嶋《ぶないのおおばまします》の二郡、一年の内、輸するところの庸米《ようまい》八百六十余斛《こく》なり。山川峻遠《しゅんえん》にして、運輸大いに難《かた》し。人馬並びに疲れて、損費極めて多し。望み請うらくは、米を輸するの重き、綿鉄の軽きに換えんことを」とあります。

一年のうちに庸としての米を八六〇石も調貢している、山奥なので、米を運ぶのはとてもたいへんだ、米はかさばって重たいから、もっとかさの少ない、あるいは米にくらべると軽くて値打ちのある綿や鉄に換えてほしい、といっているわけです。

ですから、この段階すなわち、奈良時代前期の神亀五年には、美作国で鉄を産していることはまちがいないと思われます。したがって、備前国にもとから鉄がなかったというのはおかしいのですが、これはどう考えたらいいかと申しますと、備前国は鉄生産の先進国であったので、八世紀も末の延暦期になると、鉄の鉱脈が荒れてしまって、鉄生産が衰えてきたのではないかと思います。もっと進んだ技術なら、この段階でもなお鉄はとれたかもしれませんが、原始的な鉄生産の技術ではもう限界にきてしまったので、絹か、または麻糸に換えなければならなくなったと思われます。

ところが、かつては備前の一部であった美作国は、山奥だけに鉄鉱はなお豊かで、奈良時代の前期ではまだ十分鉄を産していたのだと思います。

備前、備中、備後と動いた鉄生産　資料4のCは、『日本後紀』の延暦二十四年十二月条の公卿の奏議です。「備後国神石・奴可・三上・恵蘇・甲努・世羅・三谿・三次等八郡の調の糸は、鍬鉄に相換えんことを」と書かれているので、平安時代に入ってくると、この地方では鉄生産が進んだということを思わせます。

備前、備中は渡来人がたくさん入りこんで鉄生産が盛んに進められていましたが、備後は渡来人の移住が少ないという関係もあって、鉄生産が遅れていました。しかし、奈良時代には渡来人だけではなくて、在来の日本人でも鉄生産の技術を十分身につけて、鉄生産の後進国である備後国で盛んに製鉄が始まったのでありましょう。

それ以前に定められた税制では、調の鉄は先進地域の備前、美作、備中からとっていて、備後からはとらなかったけれども、次第に鉄の生産が増すので、備後からも絹糸よりも鉄や鍬を貢納させるほうが、政府にとっても在地にとってもつごうがよいということになったのではないか、と思われます。これらをまとめると、鉄生産は備前から美作・備中へ、さらに備後へというふうに動いていったのではないかと思います。

備中の下道氏の勢力の背景　五世紀や六世紀では、備前の鉄生産はまだ衰えていなかったでしょうから、備前の上道氏が衰えたのは、鉄生産の減退ということが理由ではないと思います。葛城氏が朝廷によって滅ぼされたため、葛城氏と結んでいた上道氏も勢力を失って没落したと考えたいのです。

しかし備中の下道氏は、六世紀にも勢力を持ち続けて朝鮮にも進出して、物部氏などと連携して勢力を持っていた、その背後には六世紀の備中に鉄の生産の発展がある、という状況を考えてみたいわけです。

8　古墳からみる吉備

備中に残る造山・作山大古墳　もう一つ申しますと、吉備を考えるばあいには考古学の材料、とくに古墳を使うことができれば非常につごうがいいのですが、残念ながら、吉備のもっとも巨大な古墳である造山《つくりやま》・作山《つくりやま》両古墳は、まだ発掘調査が行なわれておりません。ようやく外形の測量が実施されたというていどです。それも、造山古墳といわれているほうの調査が行なわれたていどで、作山と呼ばれている古墳のほうは、まだ外形の完全な測量図もないようです。

ただしこのごろは飛行機からの測量で、三〇〇〇分の一の地図などはわりと簡単に作られており、そういう測量はあります。造山・作山いずれも備中にありますが、造山古墳は三五〇メートルの長さを持ち、前方後円墳の長径の長さからいうと全国第四位です。伝仁徳陵、伝応神陵、伝履中陵がビッグスリーで、それにつぐのが造山古墳です。

作山古墳の長径は人によって長さがちがいますが、だいたい二七五メートルないし二八五メートルで、九位ぐらいになるようです。こういう大古墳が、下道氏の勢力範囲になると思われる備中にあります。

これに対して、備前には両宮山《りょうぐうさん》古墳がありますが、これも正式な調査は行なわれておりません。作山古墳より少し小さくなって、二〇〇メートルていどであったと思います（一九八二年刊の東京堂出版の『古墳辞典』では一九二メートル）。

古墳の築造年代　年代がよくわかりませんが、春成秀爾さんの推定では、造山古墳は四三〇年から四四〇年ぐらいに考えたらどうか、作山のほうは五世紀の後半ぐらいではないか、つまり造山のほうがやや古いとみておられます。これは古墳の墳丘の土の中から発見された須恵器の年代などから考えるわけですが、正式の発掘調査をやってみなければ結論を出すのはむずかしいのではないかと思います。

両宮山古墳は、岡山におられる考古学者の西川宏さんのお説では作山よりさらに新しく、備中の勢力が衰えたのち、備前の両宮山古墳が造られたのだといわれますが、春成さんのご意見は少しちがうようで、作山とほぼ同じ時期だと考えたほうがいいのではないか、といっておられます。そうなると、両宮山古墳の年代は五世紀の中葉ないし五世紀の後半になるわけです。

濠を持つ両宮山古墳の意味　ですから、この古墳を先ほどいった下道・上道氏の没落という問題と直接結びつけるには、まだ材料が不足だと思いますが、両宮山古墳という前方後円墳は、水をたたえたる立派な濠を持っている点は注意してよいと思います。

おもに大和の古墳を見ている私どもは、こうした濠があるのは前方後円墳であれば、どこにでも共通する状態だと思いがちです。しかし、これは近畿地方の古墳の特色で、関東地方あるいは九州へ行くと、濠はあっても空濠のばあいが多くて、ほんらい水をたたえている濠はほとんどありません。埼玉県の鉄剣銘を出して有名な稲荷山古墳は濠があったようですが（現在はうずもれています）、あれはまれな例で、だいたい濠がないのがふつうです。

造山・作山古墳は、両方とも現在水をたたえた濠の痕跡は認められません。空濠のようなものがあった痕跡はあるようですが、水をたたえた濠まではなかったようです。しかし、両宮山古墳はそういうものを持っているだけではなくて、古墳の墳形などが畿内の古墳と非常によく似ているということを、春成さんは指摘しておられます。ですから、両宮山古墳はたいへん畿内的ということになります。そうなると、上道氏が、葛城氏と密接な関係を持っていた、という先ほどの推定とうまく話が合うわけです。

もちろん、これが上道の田狭ないし田狭の一族がこしらえた墓かどうか、ということまではわかりませんが、備前に根拠をおく吉備氏は畿内勢力と結びついていたので、古墳を造るにも畿内的な古墳を造っているのではないかと思われます。

朝鮮、九州との関連がある榊山・千足古墳　造山・作山は畿内とは無関係ではありませんが、近くの榊山古墳、あるいは千足古墳の形態、あるいはそこから出てくる石棺は、朝鮮南部と関係が深いといわれています。とくに千足のばあいは直弧文の飾りのある石室がありますが、そういうものを調べてみると、朝鮮南部、さらに肥前、肥後あたりと関係が深いということを春成さんは論じておられます。

そうすると、下道氏が六世紀において朝鮮に進出して、欽明朝にはいわゆる「任那日本府」の官人として活動していたという所伝とも結びついてくるのではないかと思います。もちろん「任那日本府」については種々問題があり、この古墳（榊山・千足）は、六世紀後半の欽明朝までは下がらない、もっと古いものですが、こういう古墳から朝鮮や肥前・肥後との関連が考えられるということは、吉備の豪族も瀬戸内海を通じて九州の勢力と結びついており、九州からさらに朝鮮にまで進出し、朝鮮から渡来人を迎え入れるということもありえたのではないでしょうか。

横穴式石室にみる六世紀の発展　そして、そういう結びつきによって朝鮮から技術者を迎え入れて、鉄生産をいっそう発展させるという力を持っており、朝廷もそれを、あるていど利用しなければならなかったのではないかと思います。吉備氏をぜんぶ討ち滅ぼすということはできないので、葛城氏との結びつきで力を振るうおそれのあった上道氏は倒したけれども、下道氏の外交上における実績はやはり認めて、朝鮮政策に利用しようとした、それで吉備氏は全体としては六世紀を通じて、なお発展したと考えてもいいのではないかと思います。

造山・作山・両宮山といったような非常に大規模な古墳は、六世紀にはもう造られなくなりますが、古墳の規模が小さくなるのは日本全体の傾向です。六世紀以降前方後円墳はだんだんなくなって方墳がふえ、竪穴式石室《たてあなしき》から横穴式石室に転換していきます。横穴式石室の段階では、二〇〇メートルや三〇〇メートルの大古墳を造る必要はなくなります。

しかも、吉備で造られている横穴式石室の巨大なものは、石室の奥行きの長さにおいて見瀬《みせ》丸山《まるやま》古墳や石舞台《いしぶたい》古墳、また北九州の宮地嶽《みやじだけ》古墳などにある巨大横穴式石室の次にランクされています。備中の箭田大塚、こうもり塚、亀山の諸古墳がそれで、石室の長さでは四位、五位、六位あたりに位置づけられています。備前にも、牟佐《むさ》大塚という大きな横穴式の古墳が残っています（石室全長一八メートル）。そういうものから考えますと、吉備の勢力は六世紀に入ってもそれほど衰えたとはみえません。

屯倉の設定による吉備支配　ただ、大和朝廷も六世紀に入ると、今度は別な方法で吉備氏の力を制約しようとします。これが先ほどちょっと触れた屯倉《みやけ》で、児島屯倉、白猪《しらい》屯倉に代表されますが、児島も白猪も備前です。さらに、備中、備後にもいくつかの屯倉を設定したことが、『日本書紀』の安閑天皇のところにまとめて書かれています。

そういう屯倉を設定することによって、大和政権は吉備支配をさらに推し進めていきますが、それで吉備氏が没落したわけではなくて、いぜんとして吉備氏の独自性は六世紀を通じて維持されていた、というふうに考えていいのではないかと思います。

六世紀の後半から七世紀にかけて律令体制が進行していくと、吉備氏も一地方豪族になっていって、律令国家の体制の中では地位が下がっていかざるをえません。しかし長い伝統があるので、奈良時代には地方豪族出身でありながら、吉備真備《きびのまきび》は従二位右大臣まで昇るという破格の出世をします。吉備氏の長い伝統というものが背後にあってのことではないかと思います。

あまりまとまりのない話になってたいへん恐縮ですが、以上で私の話を終わらせていただきます。

参考文献
間壁忠彦・間壁葭子『古代吉備王国の謎』　新人物往来社　一九七二年
西川宏『吉備の国』　学生社　一九七五年
直木孝次郎『古代史の窓』　学生社　一九八二年
直木孝次郎『古代日本の争乱』（『エコール・ド・ロイヤル《エコール・ド・ロイヤル》・古代日本を考える』第二巻）　学生社　一九八三年
春成秀爾「造山・作山古墳とその周辺」（藤井駿博士古稀記念会『岡山の歴史と文化』）　福武書店　一九八三年
直木孝次郎「吉備の渡来人と豪族」（藤井駿博士古稀記念会『岡山の歴史と文化』）　同右

二　出雲の勢力圏と畿内政権

出雲と畿内政権のかかわり　出雲の勢力圏と畿内政権という話を申し上げるわけですが、環日本海文化と申しますが、日本海というのは日本のいい方で、朝鮮の方からすれば当然東海ということになります。ご了解いただいて、日本海文化ということで述べさせていただきます。その大きなテーマに対して、畿内政権との関係という、矮小なテーマで話をさせていただきます。

話の内容はまず、出雲の国造《くにのみやつこ》の性格というものを、特に神賀詞《かんよごと》というものを手掛かりにして考え、その次に、出雲の国造の勢力が、他の国造とやや性格が違うものになっているという理由について、畿内と出雲との交通路の問題から考えてみようというのが二番目でございます。

それから第三番目に、出雲は日本列島全体からいいますとやや不便な所に位置していたため、もちろん大和あるいは吉備の影響などは、弥生から古墳にかけて受けておりますが、かえって政治的圧力というものは比較的受け方が遅かったといえましょう。それも理由の一つとなって日本海沿岸に、出雲的文化圏ともいえる勢力圏を発展させることができたのではないかと思います。そのことを文献の方から考えてみようと、大体そういう三つのことを申し上げて、時間がありましたら、出雲の勢力圏ないし文化圏というものが、どういう理由で畿内政権に吸収されていくのかという経過について、簡単に付け加えておきたい、こういうふうに思っております。

出雲の国造　『出雲国造神賀詞《いずものくにのみやつこのかんよごと》』は『延喜式』におさめられた祝詞の一つで、新任の出雲国造が上京して天皇に奏上するのが慣例。そのなかには、「高天の神王高御魂《かんみおやたかみむすび》の命《みこと》に天《あめ》の下大八島国《おおやしまのくに》を事避《よ》さしまつりし時に（下略）」として、高天原《たかまがはら》の主宰神である高御魂命（高皇産霊尊《たかみむすびのみこと》）に国譲りをしたことが語られていますが、その時に出雲国造の先祖の天穂比命《あめのほひのみこと》（天菩比命）や天夷鳥命《あめのひらとりのみこと》（建比良鳥命）が活躍する話が出てきます。これは出雲国造の地位が高いことを、朝廷も認めていたことを示していると思います。

ご承知の通り、古くからありました国造の制度は天武朝に廃止されるわけなんですが、政治権力を取り上げられた各地域の国造のうち、国ごとに一つずつが宗教的な権威を持ってのこる。これを新しい国造、新国造と申しておりますが、その新国造が全国に数十あった中で、出雲の国造だけが、国造の代替りごとに朝廷にでてきて、天皇の政治を祝う祝いの言葉を述べる――これがいわゆる神賀詞でございます。その時に、水晶とかメノウの玉、あるいは鏡・剣、つまり三種の神器と同じ玉・鏡・剣を奉る。それから布とか白馬・白鳥などを献上するとともに、古い伝統を持つと思われる呪文を唱える。この呪文を含んだ祝辞が神賀詞であります。そこでは天皇をほめたたえるとともに出雲の国造が、朝廷に結びつく歴史も述べています。

この神賀詞奏上は記録に見えるところでは、七一六年、奈良時代の初めの霊亀二年が最初で、『続日本紀』にみえています。その慣習の起源は、もうすこし古く遡ることができるのではないかと思います。これはどこまで遡るのか、というのはすこし問題がございますが、多くの国造がある中で、出雲の国造だけがこういうことをやっているということは、注意しなければなりません。そして少なくとも平安初期までは続いたものと思われます。これは神賀詞を奏上する儀式のことは十世紀の初頭にこしらえられました『延喜式《えんぎしき》』の臨時祭の条に規定がありますし、神賀詞自身もさきに申したように『延喜式』の祝詞《のりと》を集めた中に出てまいります。ですから少なくとも平安時代前期までは継続した、というものでございます。

神賀詞を上奏するのは出雲臣《いずものおみ》という豪族であります。これが出雲の国造であるわけですが、ご承知のように出雲臣というものは、この松江市のあります意宇郡《おうぐん》を本拠としておりまして、出雲の西の方の杵《き》築大社《つきたいしゃ》、オオナムチすなわちオオクニヌシノミコトを祭る出雲大社の神主を兼ねております。これにつきましては、いくつかの説がありますが、通説では大和政権は東出雲の意宇の出雲臣をバックアップして、その力によって、東出雲の勢力が、西出雲の出雲大社を中心とする勢力を押さえたと考えられております。

他の国造と出雲の国造の違い　ではなぜ、多数の国造の内、出雲の国造だけがこのような儀礼を行っているのか。これは各地の有力豪族、かつての国造の内で、出雲の、朝廷への服属の仕方が違っていたからではないかと考えられます。有力な地方勢力、あるいは地域国家とも呼ばれておりますが、それには吉備《きび》・筑紫《つくし》、それから、関東北部の上毛野《かみつけの》の国などがあります。吉備というのは、雄略朝前後に、大和政権に抵抗して滅ぼされるという伝承が『日本書紀』に記されております。北九州の有力者磐井《いわい》、これは筑紫国造などと呼ばれておりますが、この磐井は、六世紀初め、継体天皇の時に非常に激しく大和政権と対立しまして、大和からは軍事の家柄・物部麁鹿火《もののべのあらかひ》が将軍となって、二年にわたる戦いののち、これを滅ぼしたということがございます。また、北九州のもう一つの有力者胸形氏《むなかたうじ》、これは、国造制度が敷かれるより早く、大和政権と連合した、ある意味では服属したというように考えていいのではないかと思います。それから毛野国の上毛野氏あるいは紀州の紀氏などは早く大和と結びついて、中央貴族化したのではないかと私は考えております。そうして吉備には白猪屯倉《しらいのみやけ》、児島《こじま》屯倉などというミヤケ、つまり大和政権の出張所がつくられ、軍事・政治・経済についての拠点となります。筑紫でも糟屋《かすや》屯倉・穂波《ほなみ》屯倉、その他が置かれます。上毛野すなわち上野《こうずけ》には緑野《みどの》屯倉が置かれます。それに対して、出雲にはミヤケが存在したという記録はございません。部《べ》についての記録、いわゆる部民制《べみんせい》についての史料はたくさんございますが、どうもミヤケが置かれたという記録はないようでございまして、他の有力地域とすこしその点で性格が違っています。こういう特色を出雲について指摘できる。出雲の服属は畿内の軍事力によって打破されて服属する、というような他の有力地方豪族の服属の仕方と違っていたのではないか、というのが私の考えている第一点でございます。

出雲と畿内の交通路

なぜそうなったかという問題を、交通路について次に考えてみたいと思います。結論を先に申しますと、畿内から出雲へ至る山陰道の成立が遅れた、ということに関係すると思います。

　大和政権は、日本の統一に必要な交通路について、いろいろな伝承を残しています。その一つが、崇《す》神朝《じんちょう》のいわゆる四道将軍《しどうしょうぐん》の物語です。『書紀』の崇神十年条に、「大彦命《おおびこのみこと》を以て北陸に遣はし、武渟川《たけぬなかわ》別《わけ》を東海に遣はし、吉備津彦《きびつひこ》を西道に遣はし、丹波道主命《たんばのみちぬしのみこと》を丹波に遣はす」とあります。これが四道将軍についての史料ですが、大彦命を北陸、武渟川別を東海、吉備津彦を西道、丹波道主命を丹波に遣わすという地域の表示のしかたが問題です。このうち北陸・東海・西道の三つは、それぞれあるまとまりをもった広い地域を意味し、令制の北陸道・東海道・山陽道に対応する地をさしていると考えられます。ところが丹波だけは、丹波のみをあげていて、後の山陰道の地域をさしていません。

ということは、この伝承では、丹波にはじまり、但馬《たじま》・因幡《いなば》・伯耆《ほうき》・出雲《いずも》・石見《いわみ》を含む山陰道を考えに入れていない。この伝承のできたのは、むろん崇神朝ではなく、それよりずっと後の時代でしょうが、その時、東海・北陸・山陽などの諸道はできていたが、山陰道はまだ成立していなかったことを意味します。

『古事記』では四道将軍という表現はありませんが、孝霊《こうれい》天皇の段と崇神天皇段に四道将軍に対応する記事があります。孝霊段に大吉《おおき》備《び》津《つ》日《ひ》子命《このみこと》と若建《わかたけ》吉備津彦命とが吉備国を「言向け和《やわ》した」とあり、これが西道に対応するものでしょう。崇神段に、大毘古命（大彦命）を「高志道《こしのみち》」に遣わし、建沼河別《たけぬなかわわけの》命《みこと》を「東方十二道」に遣わした、とあります。高志道は北陸、東方十二道は東海にそれぞれ対応するのでしょう。そして最後に「日子坐王を旦波《たにわ》（丹波）国に遣はす」とあり、これはむろん『書紀』の丹波に対応しますが、丹波一国だけで山陰道のような広い地域のまとまりがあったとは思われません。

くだって六世紀末期の崇峻《すしゅん》天皇二年の条に、近江臣満《おうみのおみみつ》を東山道に、宍人臣鴈《ししひとのおみかり》を東海道に、阿倍臣《あべのおみ》を北陸道に遣わして、諸国の境を観させたという記事がありますが、山陰道のことはみえません。孝徳天皇の大化二年正月の詔、有名な大化改新の詔ですが、そのなかに、

凡《おおよ》そ畿内は、東は名墾《なばり》の横河より以来《このかた》、南は紀伊の兄山《せやま》より以来、西は赤石の櫛渕《くしぶち》より以来、北は近江の狭々波《ささなみ》の合坂山《おうさかやま》より以来を畿内国とす

とあります。畿内と畿外を分ける四つの境界をいっているのですが、名墾の横河からは東海道、紀伊の兄山からは南海道、赤石の櫛渕からは山陽道、狭々波の合坂からは東山道と北陸道がはじまりますが、

山陰道は問題になっていません。丹波からはじまって出雲、さらには石見国《いわみのくに》へ至る山陰道のことは、改新詔の起草者の視野に入っていません。他の諸道にくらべて、山陰道の成立が遅れていることは、これからもわかります。

「山陰」の語が『書紀』にあらわれるのは、天武十四年九月条で、巨勢朝臣粟持《こせのあそんあわもち》を「山陰使者」としたとあるのが、最初です。浄御原令《きよみはらりょう》はまだ施行されていなかったのですが、ほぼできあがっていた、その時期にようやく「山陰道」が成立するのでしょう。

吉備政権と出雲　それまでは、それでは出雲へ行くのはどの道を行ったか。これは私が今さらいうまでもなく、多くの方々が指摘しておられるところでございますが、播磨《はりま》から美作《みまさか》の方へ出て因幡《いなば》に入る。あるいは備前・備中を通りまして、高梁川《たかはしがわ》をさかのぼり、今の伯備線のコースになるかと思いますが、そういうコースを通って伯耆《ほうき》から出雲へ行く。岡山県北部の美作へ行きますと、そこからは因幡へも伯耆へも出られますが、そういったようなコースがかつてはとられていたのではないかと思います。この経路を通って、畿内と出雲との文化交流はあったと思いますが、政治力、軍事力となりますと、古くはその間に吉備政権、吉備勢力がわだかまっている。吉備勢力を打倒しなければ、畿内勢力は直接には出雲に入れない。山背《やましろ》から丹波・但馬・因幡を通り、伯耆から出雲へ入るというコース（山陰道）が成立するのは、ずいぶんあとになってからのようです。ですから出雲が大和政権の強い統制下に入るのは、時期がおくれるわけです。私はこのように解釈しております。

私の次にお述べになる八木充さんとすこし意見が違うことになるのではないかと思いますが、私の考えを率直に申しますと、畿内政権が出雲に直接勢力を及ぼして、国譲りを迫るというのは、吉備政権を支配下に入れてからのことである、という解釈をとっております。吉備政権は、先ほどもちょっと申しました雄略朝前後に勢力を失う、もちろん全然勢いを失ったわけではなくて、六世紀になりましても、巨大な横穴式石室を持った古墳、ランクづけをしますと日本で四番五番くらいの位置になる大横穴式石室が吉備にありますから、吉備勢力がそんなにいっぺんに衰えたわけじゃないんですけれども、ご承知のように雄略天皇の没後、星川皇子の乱というのが起こった時に、吉備勢力は星川皇子を助けようとして失敗して、逆に畿内政権のために打倒される。年代は雄略没後と決めていいかどうか問題ですが、そのほかにも吉備氏打倒についての伝承がございます。こうして吉備氏の勢力は次第に衰え、児島屯倉《こじまのみやけ》、白猪《しらい》屯倉などの屯倉が作られていく、というようなことになるわけでございます。

ですから、屯倉が出雲やその周辺にないことは、日本海地域には五世紀から六世紀にかけて大和政権の力の及ばない安定した勢力が存在し得たことを、示すのではないかと考えております。

出雲の勢力圏　そういうことでみてみますと、いろんな史料がありまして、多少気が付くことがあります。出雲の勢力が東西に勢力を伸ばした史料といたしましては、古くは神話伝説に出てきます大国主《おおくにぬしの》命《みこと》が因幡《いなば》の八上比売《やがみひめ》に求婚したというような物語などがあるわけでございます。ただ八上比売の場合は大国主と八上比売は結ばれますが、大国主神はその後須世理比売《すせりひめ》を自分の本妻としますので、八上比売は泣く泣く故郷へ帰ったという悲劇的な話で終わっております。これは私は、八上比売はいわば采女《うねめ》的な存在であったのではないかと思います。八上比売のいた因幡の八上郡というのは、のちに大和政権に八上ノ采女というのを奉っています。畿内政権の力が入って来ますと、因幡も今度は、畿内に対して采女を献上することになりますが、この八上比売の話は、私は因幡の地方が出雲に服属して采女的な女性を献上したという史実の上に成立した説話と考えていいんじゃないかと思っております。

それからそういうことに関連することでは、出雲臣の先祖は天菩日《あめのほひ》と伝えられておりますが、天穂日《あめのほひ》神社というのが、出雲の能義郡《のぎぐん》にありますが、因幡の高草郡にもございます。また出雲は越《こし》（高志）の地方とも関係がある。有名なヤマタノオロチも、『日本書紀』の神代巻では出雲の八岐大蛇ですが、『古事記』では「高志の八俣の遠呂知」となっています。因幡や若狭をこえて越――越前・越中・越後の地方――にまで勢力をのばしたと思われます。国引きでは高志の都都《つづ》の三崎というのを引っ張ってきています。高志という地名は、出雲市に古志郷というのがございますが、これはやはり越の地方の人が移住してきたことを示すと解釈していいのではないかと思います。

それから、神社と地名では、気多《けた》神社および気多が山陰から北陸に分布しています。出雲には気多神社はございませんが、越後の頸城《くびき》郡、越中の射水郡、能登の羽咋《はくい》郡、この羽咋郡の気多神社がいまは一番有名ですが、それから加賀の江沼郡にもあります。こういった所に気多神社が分布するというのは、いわば、環日本海周辺――朝鮮まで及んだかどうかはわかりませんが――、少なくとも日本海沿いには、かなり広い範囲に気多神社というのがあったことを示します。また、但馬と因幡に気多郡というのがございます。

それから、西の方の北九州とのつながりで申しますと、『日本書紀』の崇神六十年条には出雲の振根《ふるね》が筑紫へ行っていたとみえます。これは大和の勢力が出雲へ出かけて神宝の献上を命じたところ、出雲の振根は筑紫へ行っているという返答であった云々――という物語ですが、『古事記』の神話では、大《おお》国主神《くにぬしのかみ》は、「胸形《むなかた》の奥津宮」に坐す神タキリヒメノ命を娶《めと》ったとあります。タギツヒメは姉のタゴコロヒメ、妹のイチキシマヒメとともに、「筑紫の胸肩君等がいつき祭る神」であると、『書紀』にあります。『延喜式』では「宗像神社」は筑前にありますが、出雲の隣りの伯耆国にも「胸形神社」があります。胸形と宗像とは同じ土地・神をさします。このように出雲とその周辺は北九州との関連も少なくありません。奈良時代の天平六年の正倉院文書の「出雲国計会帳《けいかいちょう》」に「越前に向う筑紫の府の舵師従八位下生部勝麻呂」とあります。つまり筑前の大宰府の舟が越前の国へ行っているのです。このように日本海航路の存在が知られます。神功皇后《じんぐうこうごう》が敦賀から舟出して西へ向かったという物語もあります。

こういうように、出雲の地方と筑紫から伯耆、それから越前・越中・越後など越（古志）の地域と交流があったということを、こういう史料から考えることができるのではないかと思います。それでは果たしてどの程度、出雲がその地域を政治的にまとめていたかというのは、少し証明が難しいのでございますが、文化的なつながりはかなり強かったというふうに考えております。

出雲勢力と大和政権　最後にそれではそういう出雲勢力の大和政権との結びつきがどういう経過で強化されていくかという問題です。

第一に北九州の有力勢力であった胸形氏が、大和政権と結びついて出雲勢力圏から脱落します。胸形（宗像）氏は出雲勢力とも結びついているけれども、大和の結びつきが強くなったのではないか。胸形氏のまつっている胸形三神、三つの神というのは、そもそもが素戔嗚尊《すさのうのみこと》と天照大神《あまてらすおおみかみ》の高天原《たかまがはら》での宇気《うけ》比《ひ》（誓約）の場で生まれるということになっております。天真名井《あまのまない》という所で刀、あるいは玉を水で清めて、嚙《か》んで吹き出す霧の中から生まれた神々――これが胸形氏の祭る神ということになっております。胸形氏の先祖というものが、早くから高天原神話にとり込まれているということであります。宗像神社は大和政権の本拠である大和の城上郡《しきのかみ》に奉られています。また胸形氏の娘の尼子娘が大海人皇子（天武）の妃となって、高市皇子を産んでいます。こういう形で九州勢力が脱落する。

それから越前に大きな勢力を持っていたと思われる男大迹《おおと》という人物がいますが、六世紀の初めに大和に入って、大和政権の首長、すなわち天皇になる。これが継体《けいたい》天皇です。そしてこの男大迹は武烈《ぶれつ》天皇の姉、または妹と結婚して大和政権を継承する。これは日本海文化からすれば、一種の裏切り的なことになってしまう。

三番目に、吉備氏が大和に服属いたしまして、大和が出雲に直接圧力を加えることが可能になる。こういったようなことが重なりまして、おそらく六世紀の後半ぐらいに、いわゆる国譲りとなる。

私は通説に従って大和政権が出雲の意宇氏《おううじ》をバックアップしたとみています。意宇氏が出雲臣を名乗ったのですが、それがいつからかというのは問題でございます。姓（カバネ）ができるのは、六世紀になってからのことと思いますが、大和政権が意宇氏のバックアップをして国譲りということになり、そうしてその経過が他の地方勢力、地方国家よりも遅れており、また、国譲りという平和的な手段で行われたので、出雲国造については、他の国造とは違う特別な地位が意宇氏に認められた、それが神賀詞の奏上にもあらわれている、という解釈をしておるわけでございます。どうも少し話が前後して解りにくかったことと思いますが、以上で終わらせていただきます。

私はなぜ古代を学んだか、その他——あとがき

1

二〇〇七年二月の末に額田王の伝記を書き上げたときは、ここ数年、専念していた仕事がとにかく出来上がったことだし、年も八八を過ぎ、目も耳も記憶力も衰えたし、これからはまとまった硬い原稿を書くことはあるまい、好きな小説や随筆などを読んで、いのちのある限りのんびり暮したいと思っていたら、『額田王』の出版元の吉川弘文館から、私の論文を、まだ論文集に入れていない講演筆記や、府県や市町などの自治体史に書いたものなども含めて、八冊程度の選集を作りたい、という提案があった。

思いがけない話であり、私の旧作を読んでみようという人がどれだけいるかわからないが、書き残したものが再び日の目を見るのは、著者としてはまことにありがたいことである。早速、応諾した。

入れるべき論文の選択や編集はおおむね吉川弘文館の編集部にお任せしたら、出来上がったのは一四巻という分量になった。収録する論文でもっとも古いものは、一九五四年発表の「壬申の乱と坂上氏」かと思うが、多くは古くても三、四十年前のものである。それほどの解説はいらないだろうが、必要に応じて若干の解説をつけることとしたい。

それより問題は、私の考えの未熟なために生じた誤りや、その後の歴史学の発達によって訂正する必要の生じた箇所についてである。とくに考古学の発達による新史料の出現によって、新しい事実が知られ、訂正しなければならないことも少なくない。私の気のついた範囲のことになるが、誤りを訂正するとともに解説をつけることとする。以上の解説は、大きなものはそれぞれの巻の「あとがき」のなかに記し、小さなものは本文中に記すこととしたい。

2

こういう取決めで選集の編集の仕上げにかかり、一九五〇年代のはじめから二〇〇七年にいたるまで、六〇年近い期間に書きつづった文章が集められた。テーマに従って分類し、前述のように一四冊に編集されることになった。自伝的な文章の多い最終の第十四巻「古代への道」以外は、邪馬台国から平安初期にいたる古代の研究・考察である。ながいあいだ、よくあきずに古代ばかりやってきたなと、われながら不思議な気もするが、自然な歩みであったという気もする。なぜそうなったかを考えてみると、つぎのような事情ではないかと思う。

私は子供のころ、ロビンソン・クルーソーの漂流記や『西遊記』などを繰りかえし読んであきない空想好きであった。自分でも物語りを作り、昼間は歩きながら、夜は寝床の中でその空想をたのしんだ。そういう物語を好む少年のつねとして、つぎには歴史物語に親しんだ。その点、私の生まれ育った神戸には、一の谷や鵯越《ひよどりご》えなど源平合戦の旧跡や、会下山《えげ》や湊川など、南北朝内乱の古戦場の史跡が市内の各所に散在していた。そのため『平家物語』や『太平記』の世界に熱中した時期もあった。

古代に興味をもつようになったのは中学時代からである。それはとくに二年生のころ、旧制高校へ行っていた兄から、『古事記』や『日本書紀』には作り話や誤りが少なくないと教えられたことや、中学三年のころ『万葉集』をはじめて読んで、最古の歌集なのに案外わかりやすいのに驚いたことなどから始まるのであるが、いままで何度も書いたので（たとえば「歴史との出会い」〈拙著『歴史との出会い』社会思想社、一九八四年〉、また本シリーズ最終巻に掲載する拙稿「わが心の自叙伝」のなかでもふれた）、詳しいことは略する。

なぜかつて興味をもった源平時代や、『太平記』の中世や、身近な近世ではなく、古代かというと、矛盾するようだが、故郷の神戸が近代都市であったからではないかと思う。私が中学にはいったのは一九三一年（昭和六）であるが、そのころの神戸はいまの神戸以上に繁栄したハイカラな街であった。当時は飛行機が発達していなかったから、ヨーロッパの流行の先端をゆく品物は船に乗せられ、まず神戸の港で陸あげされた。映画も東京にさきだって神戸で封切り上映され、シャリアピン（ロシアの世界的歌手）のような芸術家も神戸で入国した。一九二七年に兵庫の川崎造船所で五〇〇〇〇人以上の労働者が解雇される大きな労働争議が起こっており、神戸にも資本主義社会のかげりが生じていたのだが、比較的めぐまれた中流家庭に育った私には、それがわからず、神戸の近代に満足していたのだろう。

そんな私であったから、近代社会の発生を阻害した封建制の社会である近世や中世に興味がもてず、それよりもうひとつ前の時代、すなわち古代にあこがれを抱いたのではないかと思う。私の家系が兵庫の町人であることからも、武士の社会である封建時代を忌避する気持ちをもったのかもしれない。町人といえば、近世江戸時代には町人文化が発達するが、当時の私は町人文化は封建道徳や封建思想の枠内にあるように思えて——後になって町人文化の中にも反封建＝民主主義の思想が生じていることを知ったが——、その研究に身を投ずる気にはなれなかった。

これが階級の発達を鋭敏に感じとり、多数の貧困者を生む資本主義の罪悪を知る人は、はなればなれな個人が緊密に連帯する共同体の生きている中世の研究、あるいは近代を克服して共同体の世界を将来に求める社会主義の探究に向かったであろう。私は古代のなかに近代社会の理想像を求めることができるように思って、飛鳥・奈良時代の研究に向かったのである。

共同体の大切なことはよくわかるが、個人の独立と個性の発達を重んずる近代もまた大切である。「新しき村」の建設者武者小路実篤の詩に、

俺たちは杉の林
協力はするが独立する
俺たちは人間
協力はするが独立する

というのがある。私の古代研究は、この線上から生まれたともいえる。

3

この第一巻は、序とした「古代の王権」をあわせて一〇の論文からなる（ただしII—一・二・三・四は、

もと一つづきの論考）が、そのうちⅠ――一「国家の発生」は、今から四六年前の一九六二年の発表で、他の諸篇より一段と古い。こんどの選集のなかでもとくに古いものの一つであろう。この論文を書いた一九六一年は、私も若くて四二歳だった。それだけに忘れられない思い出がある。

原稿の依頼は一九六一年のはじめに岩波書店の編集部から来たが、邪馬台国を中心に国家の発生を書いてほしいというものであった。私はそれまでに小さなものを含めると、六、七十の論文を書いていたが、多くは七、八世紀に関するもので、邪馬台国の女王卑弥呼が姿を現わしてくる二、三世紀を研究の対象にしたことはなかった。

しかし関心だけは比較的早くから持っていた。戦前は旧制中学でも、卑弥呼や邪馬台国のことは一切習わなかった。旧制高校でも担当の日本史の先生はさらりとふれただけであったように思う。だが、そのころ読んだ和辻哲郎の『日本古代文化』（岩波書店、一九二〇年、改稿版、一九三九年）には「魏志倭人伝」という項目があり、二八頁を費やして邪馬台国のことが解説されていた。位置論を中心とする邪馬台国論争に深入りはしていないが、問題点は指摘してあった。その後京都大学に入学して二回生の夏休みであったと思うが、日本史の講師であった東伏見邦英（現在は改名して慈治）先生が、「魏志倭人伝」の全文を書写することを課題とされた（課題は他にもあって選択制であったと思う）。今のように岩波文庫など便利なテキストのある時代ではないので、私は大学の史学科の図書室で和綴じの『三国志』を借りだし、二〇〇〇字余りの倭人伝を原稿用紙に写して提出した。これで私の関心は高まった。

そのすこし前の一九四〇年に、京都大学考古学の教授であった梅原末治先生が『日本考古学論攷』（弘文堂）を刊行された。私は梅原先生の考古学概説をきわめて興味深く聴講したので、七五〇ページをこえる浩瀚な書物だったが購入して、第一ページから読んだ。この書物には邪馬台国研究史上重要な二つの論文「考古学上より観たる上代の畿内」と「本邦古代の状態に対する考古学的研究に就いて」が収められていたのである。そうとは知らず私は片端しから読んでいって、この論文にめぐりあった。論文は地味な表題にもかかわらず、内容は邪馬台国の位置をめぐる、東洋史学者の橋本増吉氏とのはげしい論争——橋本氏の九州説に対する梅原先生の畿内大和説——が展開されている。私の邪馬台国に対する興味がいっそう高まったことはいうまでもない。私は橋本氏の論文のでている雑誌も借覧して読みくらべた。

私はこの論争を通して、考古学と文献史学の方法の違いや、邪馬台国問題について考古学の寄与するところの大きいことを学んだ。

しかしこのようなことは学生時代の経験で、さきにもふれたようにその後とくに邪馬台国や魏志倭人伝を研究することはなかったが、関心は持ちつづけてきた。そこへ邪馬台国に関する論文の依頼が来たのである。なんといっても『岩波講座』は若い研究者にとって檜舞台である。受けるべきかどうか、私はおおいに悩んだ。しかし私は邪馬台国に関する研究歴がないだけでなく、中国の古典についての知識に乏しいし、考古学には学生時代多少親しんでいるとはいっても、しょせんは門外漢である。私は自信を持つことができず、辞退するむねの返事を書いた。

それに対して岩波書店の編集部の人が、一九六一年三月中ごろ、私の勤務先の大阪市立大学へ訪ねて来て、再度執筆を奨めてくれたが、私はやはりおことわりした。数日後、『講座』の編集委員で、とくに私を推薦して下さった北山茂夫さんから、ぜひ飜意して執筆してほしいという懇篤な書状が来た。私は熟慮のすえ、それほどまでに私を期待して下さる先輩の北山さんの信頼に背くわけにはいかないと考え、受諾するむねの返事を出した。北山さんからは折りかえし、私の受諾を喜ぶお手紙が来た。そのなかに、その喜びは、「最初難色を示した女性のイエスをきいた仲人のような気持といっていいでしょう」とあったのは、いかにも北山さんらしい表現で、今に忘れられない。三月二十九日付の手紙である。

こういういきさつがあって執筆した論文である。それだけ私としては全力を傾注したつもりであるが、その成果を北山さんがどう評価されたかは、わからない。

4

以下個々の論文について、いいたりなかったことや、訂正すべきことなどを中心に記す。

「序」とした「古代の王権」では、六世紀またはそれ以前に、日本列島に住む人の手になる金石文として埼玉県稲荷山古墳出土鉄剣銘、熊本県江田船山古墳出土鉄刀銘、和歌山県隅田八幡宮所蔵鏡の銘、島根県岡田山一号墳出土鉄刀銘、兵庫県箕谷二号墳出土鉄刀銘、計五例の銘文をあげて解説したが、この文章を発表した一九八六年の翌年の八七年に、千葉県市原市稲荷台一号墳出土の鉄刀銘が発見され、さらにその翌年の八八年に市原市教育委員会と同文化財センターから概報が刊行された。

それによると銘は銀象嵌で、鉄刀の両面に記され、「(表) 王賜□□敬[安]」「(裏) 北廷[刀]□□□」と解読されるという。出土の古墳の年代は伴出した須恵器により、五世紀中葉ごろ、銘のある鉄刀の年代は五世紀前半にさかのぼる可能性があると推定されるという。

なお稲荷山古墳鉄剣銘にみえる「乎獲居」の「獲」は、「獲」を省画した一種の略字である。正しくはこの字を用いるべきだが、便宜上「獲」と記すこととする。「乎獲居」を畿内豪族の出身とみる場合は、乎獲居の上祖意富比垝（オホヒコ）を、阿倍臣・膳臣などの祖の大彦と考え、阿倍氏・膳氏などの出身とみる説が有力である。

I—一「国家の発生」では、これを執筆した一九六〇年前後と今日とで大きく違っている研究情況がある。それは古墳の生れる時期の推定が以前より早まり、かつては三世紀末以降と考えられていたのが、三世紀中葉ないし三世紀後半のはじめのころと考えられるようになったことである。

その理由については、考古学を専攻していない私にはつまびらかでないが、以前は古墳から出土する鏡の年代が主要な手掛りとされていた。しかし鏡の年代は、鏡背に鋳出された紀年銘によってわかる年代で、それは原則として鏡の製造された年代である。それと鏡が古墳に埋められた年代とのあいだにはひらきがある。銘文から年代の推定できる鏡は中国の鏡であるが、日本の豪族がその鏡を製造後まもなく入手したとしても、入手者が死んだときに墓に副葬したのか、子供の代以後に副葬したかは不明である。小林行雄氏は種々の場合を慎重に勘案して、初期の古墳の年代を考え、三世紀末以降と推定した。

しかしその後、古墳時代の土器（土師器）の研究が進み、この方面から古墳の年代を考える道がひらけた。一方、弥生時代の研究も発展して、弥生時代の後期・終末期には盛り土で造られた墳丘を持つ墓が各地で造られたことが明らかになったことも、古墳の成立時期の研究に影響を与えたと思われる。また三世紀の中国鏡を代表する三角縁神獣鏡の研究も精緻になり、初期に造られた三角縁神獣鏡が初期のうちでも古い古墳から出土することが明らかにされた。それはつまり、鏡の入手と埋葬のあいだを従来ほど長く考えないでよいことを意味する。

このような情況が重なって、古墳の成立期がそれまでより半世紀近く古くなったと考えられる。卑弥呼の死んだ二四八年ごろに近接ないし重なってくる。私は「国家の発生」のなかで、「この（古墳発生の時期についての）推定は、将来考古学の発達によって訂正されるかもしれない」と書いたが、予測はあたって、現在では「考古学の発達」により、古墳時代のはじめ、すなわち古墳の発生は、三世紀中葉ないし三世紀後半はじめとする説が有力となったのである。戦後に始まった新しい学問である年輪年代法の研究も、この考えの後押しとなった。最初の本格的古墳といわれる奈良県箸墓古墳（箸中古墳）が卑弥呼の墓である可能性もでてきた。現在の段階ではそうとは断定できないが、卑弥呼の墓が古墳であることは、認めねばならないのではあるまいか（年輪年代法については、第二巻の「あとがき」でもう少し詳しく説明する）。

私は論文「国家の発生」で、「卑弥呼の墓が古墳ならば、（邪馬台国の所在論では）畿内大和説は断然有利なのだが、考古学の発達はその利点を消したという意味で、九州説にプラスした」（四三〜四四ページ）と述べたが、事態は逆転した。古墳からいうと、畿内大和説はきわめて有利になったと考えられる。

I―三の「飛鳥京から平安京へ―都城の興亡―」の一二七〜一二八ページで藤原京の規模について記し、藤原京は南北一二条東西八坊に分かれ、京全体の大きさは平城京の三分の一である、という趣旨を述べているが、訂正を必要とする。

藤原京についての私の解説は、主として岸俊男氏の研究（「緊急調査と藤原京の復原」「飛鳥から平城へ」。ともに岸著『日本古代宮都の研究』所収）によっている。拙文「都城の興亡」が公刊された一九八三年ご

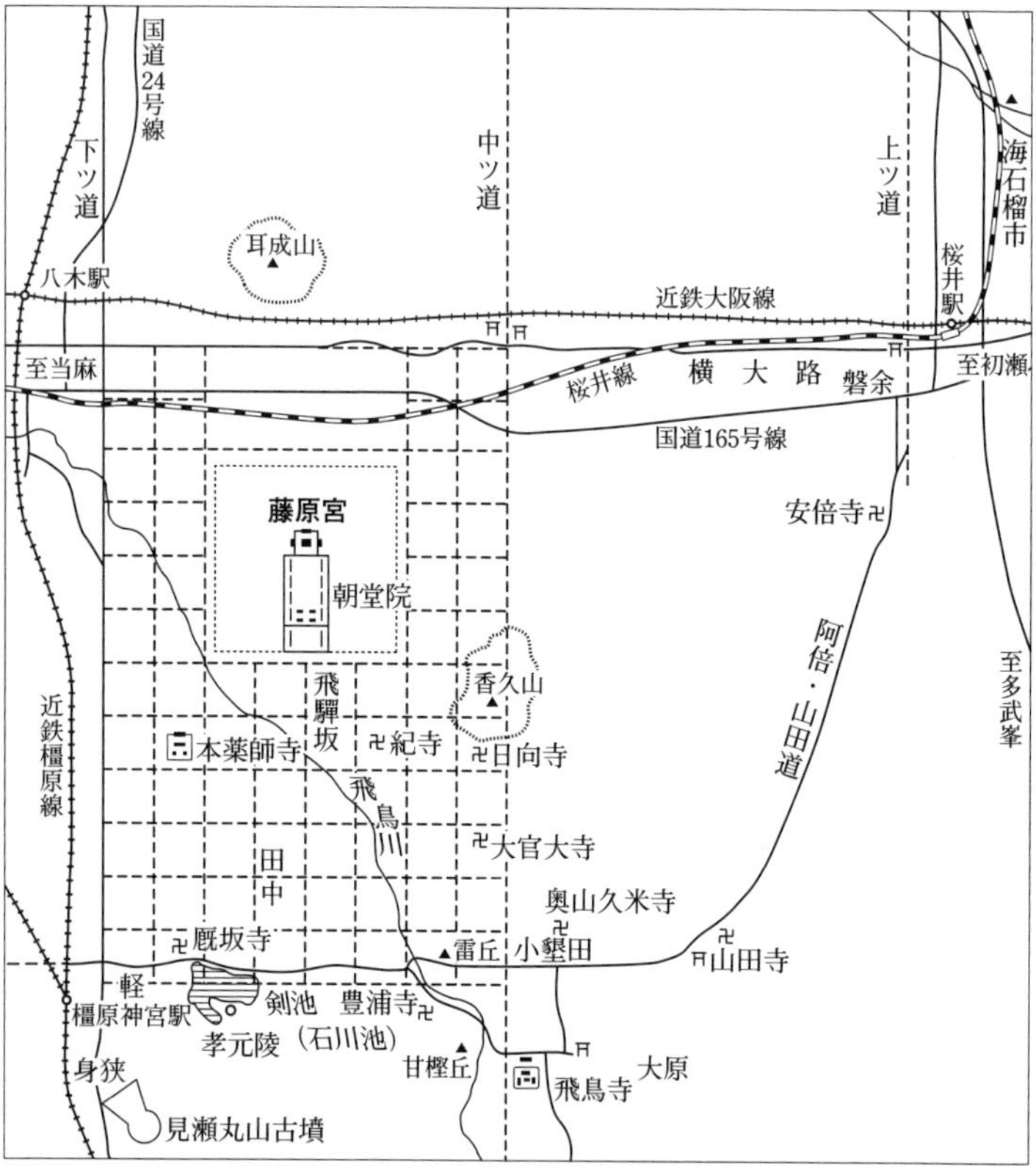

付図1　藤原京域と古道（岸俊男『日本古代宮都の研究』〈岩波書店，1988年〉による）

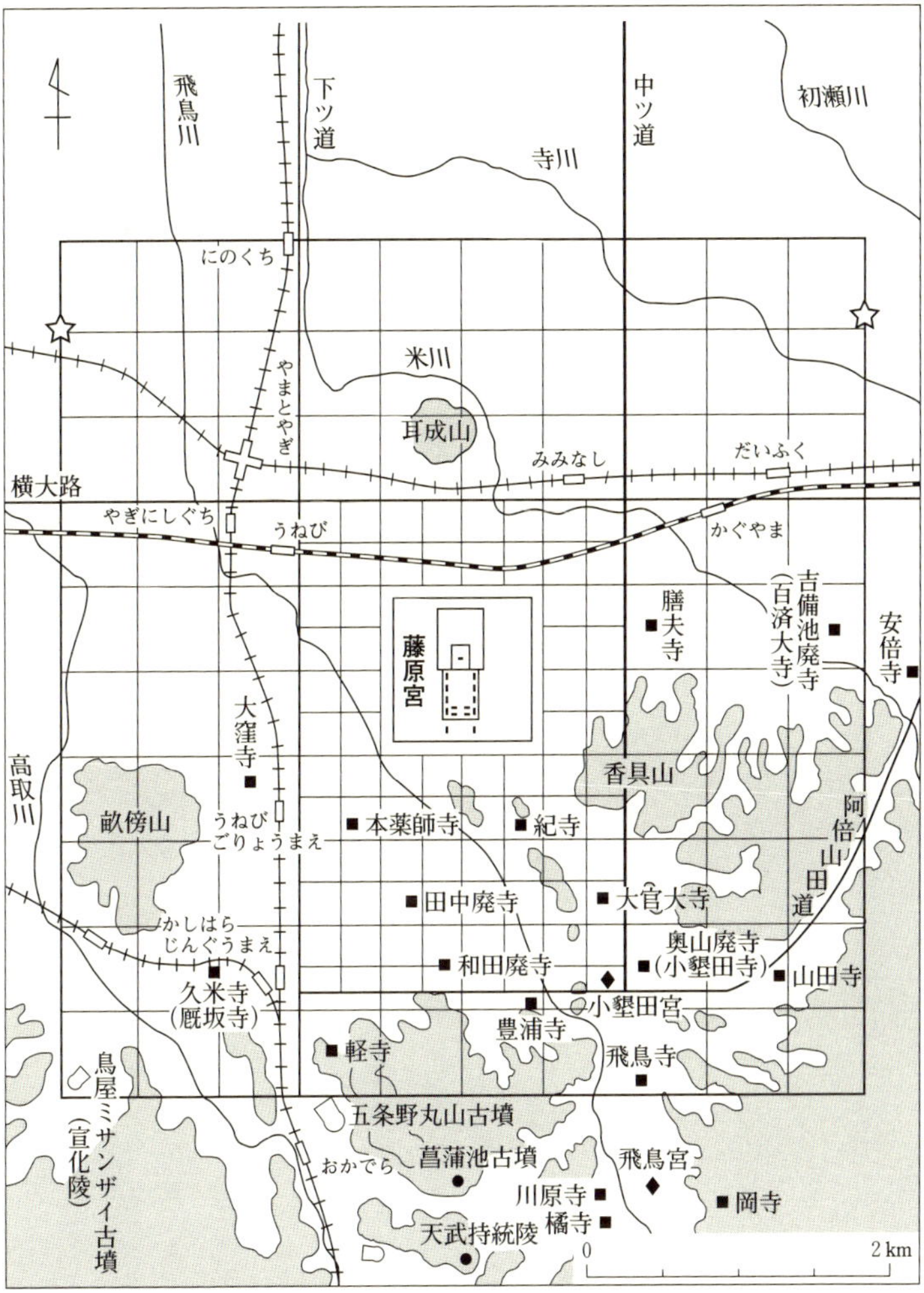

付図2　藤原京と周辺の遺跡（白い星印は京極確認地点，細かい格子部分は岸説京域．小澤毅「都城の誕生（藤原京）」〈森公章編『倭国から日本へ』吉川弘文館，2002年〉による）

ろは、この岸説が藤原京に関してはほとんど定説とみなされていた。ところが岸氏が逝去される一九八七年の前後より、宅地や道路の開発・造成により藤原京の条坊に関する新しい資料がつぎつぎと検出され、岸氏の推定は考えなおさなければならなくなった。こうして改めて復原された藤原京は、南北一〇条・東西一〇坊の規模と考えられる。外京を除く平城京は、外京を除いて南北九条・東西八坊であるから、藤原京はそれよりひとまわり大きいのである。つぎに岸氏復原の藤原京と、現在復原の藤原京の図を掲げておく。

藤原京の規模の問題につづいて平城京の人口を論じ、「約二十万を超えたと推定されております」と書いたが、これは沢田吾一氏の研究『奈良朝時代民政経済の数的研究』（冨山房、一九二七年）による。この説は長く有力説であったが、岸俊男氏「人口の試算」（『古代宮都の研究』塙書房、一九八四年）や鎌田元一氏「日本古代の人口」（鎌田『律令公民制の研究』塙書房、二〇〇一年）によって修正され、現在では平城京の人口は一〇万程度とする説が有力になっていると思われる。

5

IIの一・二・三・四は、すべて『日本歴史展望』第2巻所収の概説的論文である。そのなかでとくに注意しておきたい点を二つあげておく。

その一つはII—二の3「聖徳太子と斑鳩宮」の項で、聖徳太子の本名は「厩戸」であって、「聖徳」は後代（死後）に贈られた称号であることを述べ、さらに「たしかな初見は、死後八〇年余りのちの慶雲三年（七〇六）に造られた法起寺の塔の露盤の銘文で、「上宮太子聖徳皇」とある」と述べた。

これは、この論文を書いた一九八一年ごろの通説、または通説に近い考えであったと思うが、この意見は、一九九九年に大山誠一氏が「〈聖徳太子〉の誕生」（吉川弘文館）において主張したところの、「聖徳」の称号は七二〇年に書かれた『日本書紀』にはじまるとする意見と対立する。問題となる法起寺露盤銘は露盤が現存せず、鎌倉時代の法隆寺の僧顕真の『聖徳太子伝私記』に銘文が残るのみであるので、早く田中重久氏によって偽作の疑いがかけられている。大山氏は田中説を援用・発展させて偽作説を強化し、私とのあいだでつぎのような論争が行なわれた。直木「万葉集と木簡に見える皇」（『東アジアの古代文化』一〇八、二〇〇一年八月）、大山「法起寺塔露盤銘の『聖徳皇』について」（同上誌、一〇九、二〇〇一年十一月）、直木「聖徳皇の成立年代について」上・下（同上誌、一一〇、二〇〇二年二月、同上誌、一一一、二〇〇二年五月）。関心を持つ方は、ついて見られたい。私の主張をごく簡単にいうと、後代の偽作なら「聖徳皇」という中世にみなれない用語を用いず、「聖徳太子」と書きそうなものである、ということである。

本項のはじめに、「注意しておきたい点を二つあげておく」と記したが、以下がその二番目の点で、II—三で扱った「大化改新」の時期に用いられた「大化」「白雉」の年号についてである。一九九九年十一月に大阪市の前期難波宮跡の西北部から木簡二六点が出土したが、その中に「戊申年」の年紀を有する木簡があった。戊申年は六四八年にあたり、大化四年に相当するのに、大化の年号を用いず、干支で年を表わしている。田中卓氏が早くから注意したことだが、『上宮聖徳法王帝説』の裏書にも、大化四年を「戊申」、大化五年を「己酉」で表わした例がある（田中卓「年号の成立—初期年号の信憑性につい

て―」『神道史研究』二五巻五・六号、一九七七年）。

白雉に関しては、芦屋市出土の木簡に白雉三年に相当する年を「壬子年」と記したものがあり、金石文では、法隆寺旧蔵の金銅観音菩薩造像銘に白雉二年に当たる年を「辛亥年」、法隆寺旧蔵の金銅釈迦光背銘に白雉五年に当たる年を「甲寅年」と記し、白雉の年号は用いられていない。大化の年号も同様である。

ただ大化年号は、宇治橋碑（宇治市放生院蔵）に「大化二年丙午之歳」の銘文が存するが、八世紀末の建置とする説が有力と思われる（近年、藤原宮造営以前の作であることは確実とする説〈国立歴史民俗博物館『古代の碑』一九九七年〉が出されているが、検討を要する）。これらの例により、大化・白雉の年号制定は事実ではない、『日本書紀』の虚構であるとする説が出されている。そうかもしれないが、私は大化・白雉の年号は、朝廷の権威を飾るために、儀礼的に制定されたのであって、年次を表わす実用的な意味は持たなかったのではないか、と考えている。

論じ残したことが少なくないが、紙数が尽きた。最後にIII―二「出雲の勢力圏と畿内政権」でふれた山陰道については、拙稿「山陰道の成立について」（拙著『飛鳥奈良時代の考察』高科書店、一九九六年）があることを付記する。

出典一覧

序　古代の王権（原題「概説　古代王権の争奪」、直木孝次郎他著『大古墳と剣が語る　王権の争奪』〈日本古代史四〉一九八六年二月、集英社）

Ⅰ　古代国家と都の変遷

一　国家の発生（『岩波講座　日本歴史』一、一九六二年四月、岩波書店）

二　古代国家の成立（『奈良時代の伊予』一九八五年三月、愛媛県文化振興財団）

三　飛鳥京から平安京へ―都城の興亡―（原題「都城の興亡―飛鳥京から平安京へ―」、直木孝次郎著『古代日本の争乱』〈エコール・ド・ロイヤル　古代日本を考える二〉一九八三年九月、学生社）

Ⅱ　飛鳥・藤原の都とその時代

一　飛鳥時代の魅力（原題「古代の魅力」、直木孝次郎・岩本次郎編『万葉びとの夢と祈り』〈日本歴史展望二〉一九八一年四月、旺文社）

二　東アジアの中の日本（直木孝次郎・岩本次郎編『万葉びとの夢と祈り』〈日本歴史展望二〉一九八一年四月、旺文社）

三　大化改新（直木孝次郎・岩本次郎編『万葉びとの夢と祈り』〈日本歴史展望二〉一九八一年四月、旺文社）

四　天武・持統の世（直木孝次郎・岩本次郎編『万葉びとの夢と祈り』〈日本歴史展望二〉一九八一年四月、旺文社）

Ⅲ　大和朝廷と地域社会

一　吉備氏と古代国家（直木孝次郎他著『古代日本の豪族』〈エコール・ド・ロイヤル　古代日本を考える九〉

一九八七年四月、学生社）

二　出雲の勢力圏と畿内政権（環日本海〔東海〕松江国際シンポジウム実行委員会『環日本海〔東海〕松江国際シンポジウム報告書』一九八七年三月）

私はなぜ古代を学んだか、その他――あとがき（新稿）

著者略歴

一九一九年　兵庫県に生まれる
一九四三年　京都帝国大学文学部国史学科卒業
大阪市立大学教授、岡山大学教授、相愛大学教授、甲子園短期大学教授を経て
現在　大阪市立大学名誉教授

〔主要著書〕
日本古代国家の構造　持統天皇　日本古代の氏族と天皇　日本古代兵制史の研究　神話と歴史　飛鳥奈良時代の研究　万葉集と古代史　古代河内政権の研究　日本古代の氏族と国家　額田王

直木孝次郎　古代を語る1

古代の日本

二〇〇八年（平成二十）十月十日　第一刷発行

著　者　直《なお》木《き》孝《こう》次《じ》郎《ろう》

発行者　前田求恭

発行所　株式会社　吉川弘文館
郵便番号一一三—〇〇三三
東京都文京区本郷七丁目二番八号
電話〇三—三八一三—九一五一〈代表〉
振替口座〇〇一〇〇—五—二四四番
http://www.yoshikawa-k.co.jp/

印刷＝株式会社　精興社
製本＝誠製本株式会社
装幀＝山崎　登

ISBN978-4-642-07882-5

直木孝次郎 古代を語る

刊行に当たって

日本古代史の碩学、直木孝次郎先生は一九一九年（大正八）に生まれ、一九四一年（昭和十六）京都帝国大学に入学、大学卒業後の一時期太平洋戦争の終戦まで海軍飛行予科練習生（予科練）および海軍兵学校の教官として過ごされましたが、その後八九歳の今日まで一貫して古代史研究に邁進してこられました。

先生の研究領域は幅広く、古代史全般にわたっていますが、とくに国家の発生から奈良時代に至る、政治・社会構造・文化を総合的に究め、学術書・教養書・啓蒙書を合わせて四〇冊を超える著書を出版し、古代史の重鎮として学界を指導されてきました。この間、紀元節問題や教科書裁判にも自らの学問に基づき積極的に多くの提言をされ、難波宮をはじめ平城宮・斑鳩・和歌浦・吉野などの文化財保存運動にも取り組まれ、貴重な古代遺跡の保存に貢献されました。また、文学にも造詣が深く、自ら短歌の歌集を刊行されていることは周知の通りです。

このような先生の業績の多くは、著書にまとめられていますが、なお論文、講演記録、自治体史、一般雑誌・新聞のエッセイなどで、未収録のまま残されているものが少なくありません。そこで、小社では『直木孝次郎 古代を語る』のシリーズ名のもとに、読者にとって興味深いテーマを立て、全一四巻に集成することといたしました。

本シリーズの各巻が、多くの方々に読み継がれ、古代の魅力とロマンに浸っていただくとともに、読書から得られる創造の醍醐味を体感していただければ幸いでございます。

二〇〇八年七月

吉川弘文館

直木孝次郎　古代を語る

全14巻の構成　（価格は税込）

1 古代の日本　二七三〇円
2 邪馬台国と卑弥呼　（11月刊行）
3 神話と古事記・日本書紀　（12月刊行）
4 伊勢神宮と古代の神々　（09年1月刊行）
5 大和王権と河内王権　（2月刊行）
6 古代国家の形成—雄略朝から継体・欽明朝へ—　（3月刊行）
7 古代の動乱　（4月刊行）
8 飛鳥の都　（5月刊行）
9 飛鳥寺と法隆寺　（6月刊行）
10 古代難波とその周辺　（7月刊行）
11 難波宮の歴史と保存　（8月刊行）
12 万葉集と歌人たち　（9月刊行）
13 奈良の都　（10月刊行）
14 古代への道　（11月刊行）